言語　この希望に満ちたもの

TAVnet時代を生きる

野間秀樹著

北海道大学出版会

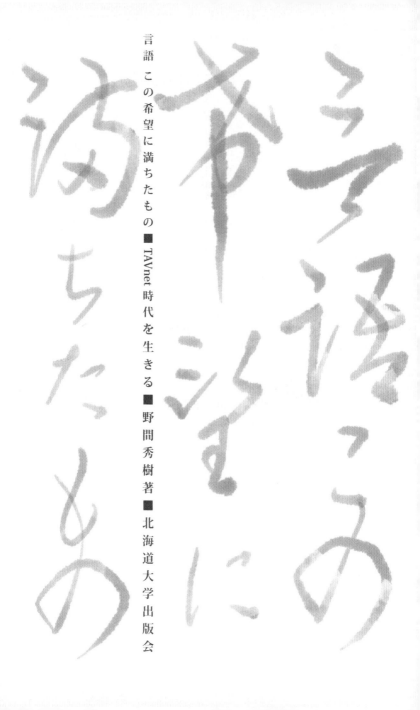

ᡤᡳᠰᡠᠨ ᠰᡝᡵᡝᠩᡤᡝ
ᡝᡵᡝ ᡝᡵᡝᠴᡠᠨ ᠵᠠᠯᡠᡴᠠ ᠨᡳᠩᡤᡝ

Lingvo, ĉi tiu esperplena

vivante tra la erao de TAVreto

언어, 이 희망에 찬 것

語言, 希望之光!

语言，你满载着希望

Sprache, dieses Hoffnungsvolle

Le langage, cette chose pleine d'espoir

A nyelv, e reménnyel teli csoda

gisun serengge, ere erecun jaluka ningge

Language --That Beacon of Hope

Hideki NOMA

Hokkaido University Press, 2021
ISBN978-4-8329-3413-9

はじめに

しかしいま、やっとわかるときが来た。世界の半分は言語でできている。これは信じていいことだ。世界の半分が言語でできている――もちろんこれは譬《たと》えに過ぎない。けれども本書を共にしていただければ、この譬えの巨大な重圧を感じていただけるであろう。

そうした世界に生きる私たちは、言語をめぐって、今日、次のような切実な問いを発せずには、いられない‥

私たちは言語をめぐっていかに生きるのか

世界がウイルスという名の見えない何ものかに、恐れ戦《おのの》いたとき、宇宙服のような防護服に象徴されるように、人と人とが直接触れ合うことは、禁忌となった。そして人と人との繋がりが、何とインターネット上に求められてゆく。あるいはPCの、あるいは携帯デバイスの、華奢《きやしや》なディスプレイ越しでなければ、人と人とが出会えなくなってしまった。互いの表情を見せてくれるディスプレイは、あたかも私たちのもどかしさを増幅させる装置のごとくである。人が人を求め、共にする、最後の砦は何であったろう。病棟に隔離され、人が人を抱擁さえできなかったとき、最後に残ったのは何であったろう。言語である。そこにはもうほとんどことばしかなかった。私たちはそのことを、嫌と言うほど、思い知らされたのである。言語こそは、私たちが共に在ることの、最後の砦であった。

でもウイルス年《ねん》以前も、実はそうだった。始まりはいつも言語であったし、最後の砦も言語であった。この地で生きている私たちが、直面してきた様々な困難のうち、言語をめぐる問題、あるいはことばに関わる問題の、いかに多いことか。新聞を見よう、雑誌を見よう、テレビを見よう。井戸端であってもいい、国際会議場でもいい、人々の集まるところで語られる言語を見よう。そこではきっとこんなことが言われている——誰々が何と言った、何を語った。ひどい。こんな発言が許されるのか、こんな暴言が罷《まか》り通っていいのか。許し難し。そこはしばしば、傷つき、傷つけられる、茫漠たる言語地帯である。インターネットを見よう、ＳＮＳを見よう。そこはさらなる言語暴力地帯である。ことばがことばを切断し、ことばをことばが叩きのめし、ことばがことばの首を絞める。そしてことばが私たちを刺す。ことばに刺される度ごとに、私たちの心が軋《きし》む。心が刻まれる。ヘイトスピーチ、フェイクニュースなどという外来語さえ日常語となった。

私たちの日常は、個人と個人の間の、ちょっとした言葉遣いから、国家間の威信を左右するような言語使用に至るまで、およそ言語とは関わりのない問題を探す方が、難しい。世界の半分は言語でできているのであるから。

世界を生きる私たちの息苦しさの底には、往々にして言語についての息苦しさが蠢《うごめ》いている。日本語と呼ばれる言語を〈母語〉とする人々にとっても、息苦しさは母語たる日本語にだけ感じられるのではない。日常のあちこちに聞こえる、「英語を学べ」などという進軍喇叭《らっぱ》もまた、言語をめぐる私たちの苛立ちを駆り立てる。この〈母語〉という概念をめぐっても、大切な問題群が蹲《うずくま》っている。

今日、言語は私たちにとっていかなる姿をとって、立ち現れているのか？　私たちを繋いでくれる最後の砦であったはずの言語は、真に私たちのものなのか？　反対に、いつしか私たちはあまりにも言語に苛《さいな》まれているのではないか？　これは単なる意思疎通《コミュニケーション》の不十分さなどといった、生易しい事態ではない。コミュニケーションなどという、実験室から取り出してきたような単語で、語りきれる事態ではない。

ことばを学ぶということにあってもそうだ。「国語」教育？　コミュニケーションのための「外国語」教育？　これらもまた、あまりにも空疎な号砲である。コミュニケーションになど辿り着きもしない、「外国語」への劣等感の巨大生産装置たる、公教育の累々たる屍《しかばね》を見よ。何か間違っているのではないか？　「外国語」教育の、目標も、方法も、あるいは出発点さえ間違っているのではないか？

日常のありとあらゆる局面で、言語がまるで私たちの脳を締め上げ、私たちの感性をすり潰《つぶ》すかのごとくである。原発が崩落し、ウイルスが蔓延する、そうした危機に乗じて、〈国家の言語〉が、〈差別の言語〉が、〈抑圧の言語〉が密《ひそ》やかに、時には公々然と襲いかかってくる。しばしば〈戦争する言語〉さえもが飛び交っている、これは、錯覚なのか？　杞憂なのか？

深いところから考えるとき、間違いなく言えることは、私たちの生のうちを、人類の歴史にかつてなかったほどの、圧倒的な量の言語が、恐るべき速度をもって蠢いているということである。ことばが私たちの生のあらゆるところに溢れている——言語のパンデミック。

質的な存在である言語が、今日、文字通り圧倒的な量と速度とを備えて、やって来る。重く、速い、言語の巨大な濁流が押し寄せる。今日の言語の圧倒的な量と速度が私たちを、ことによっては、巨大な津波のように飲み込みかねない。言語をめぐるこうした視座から照らすならば、私たちは人類史的な〈言語危機の段階〉へと立ち至っていることが、見えて来る。私たちは既に言語危機段階のただ中に在る。言語危機とは、人類史においてこれまで私たちが経験したことのないような言語のありようがもたらす危機である。言語パンデミック。ことばのパンデミック。そして世にことばが溢れているにもかかわらず、一方では人とことばを交わすことができない失語空間に追いやられる、老いの孤独。私たち一人一人が言語の前で日々壊れかねないありようである。私たちは言語危機をいかに生き得るのか？

私たちは〈日本語〉と呼ばれる言語のただ中に日々生きている。そして私たちが生きる言語のありようは、猛烈に変容し続けている。上古《しょうこ》の言語は、もはや辞書なしでは何が語られているか、今日の私たちには解することさえ、覚束《おぼつか》ない。古い言語を前にするのは、「外国語」と呼ばれる言語を前にするのと、何ら変わりはない。それは同じく「日本語」などと呼び得るのか。語彙、文法、表現といったことばそのものが、これでもかと、その姿を変えて来たし、間違いなく、これからも変えてゆく。

ことばそのもののみならず、実は、そうしたことばが現れる様々な場――言語場《げんごば》――こそ、その姿を留めない。今日に至るまで言語場のありようは激変し続けている

〈書かれたことば〉を見るならば、日本語の世界に初めて訪れた文字は、漢字であった。漢字は中原の地にあって、世界史の中に、刻《こく》された文字として出現した。刻される身体は、甲骨《こうこつ》であったり、石であったりした。刻される文字は、やがて色づけられる形で書かれることとなる。筆が生まれる。竹に、布に、紙に。〈書かれたことば〉は綴じられ、編まれ、時を得る。竹の札に記された竹簡《ちくかん》、薄絹《うすぎぬ》に認《したた》められた帛書《はくしょ》、そして紙が綺麗に巻かれた巻子本《かんすぼん》、あたかも糊で連なる胡蝶のような粘葉本《でっちょうぼん》、律儀に縫われ、綴じられた線装本《せんそうぼん》。巻物を紐解き、書物を繰《く》るとは、〈書かれたことば〉が時を得る営みである。

東アジアの朝鮮半島に誕生した最古の活版印刷術、ヨーロッパを形作ったグーテンベルクの活版印刷術。中近世から近代に至って、書物は量を獲得した。

他方、〈書かれたことば〉を永きに亘《わた》って支えてきた書物のありようも、電子書籍と称される何者かの登場によって、激しく揺らいでいる。刻され、塗られ、刷られてきた〈書かれたことば〉は、やがてピアノのごとくに打たれ《タイプされ》るものとなり、化粧のように触れられる《タップされる》ものとなり、電子的な被膜にあっては、〈書かれたことば〉自らが光り始める。

〈書かれたことば〉の変容の一方で、〈話されたことば〉もまた、あるときは音もなく変容し、あるときは鳴り物入りで変容する。人と人とが〈今・ここ〉で語り合うという、〈話されたことば〉の言語場のありようは、いくら拡大されても、都市《ポリス》・アテナイの討論の域を超えないものであった。それが「記録」という名のレコード record によって時を獲得した。〈話されたことば〉は、円盤に刻されたのであり、文字通り、時は刻まれたのである。

時を獲得した〈話されたことば〉は、空間をも獲得する。電話、放送、映像、そして中国語で言うところの、互いに聯《つら》なる網《あみ》、互联网《フーリエンワン》 hùliánwǎng = inter- 間に + net 網、インターネットによって、実体的な空間は電子的な空間と交差する。〈今・ここ〉どころか、〈いつでも・どこでも〉という〈話されたことば〉の言語場が現出する。

かくして言語が実現する場、言語場のありようも、激変し、言語場のありようの変容は、言語そのものの変容をも手繰《たぐ》り寄せる。ことばが変わっていく。

〈話されたことば〉と〈書かれたことば〉の相互変換、相互浸透も加速する。電子の暗箱《ブラック・ボックス》の中で言語音は文字へと搗《つ》き固められ、文字はまた言語音へと解き放たれる。掌の中のデバイスでは〈話されたことば〉が〈書かれたことば〉へと、そして〈書かれたことば〉が〈話されたことば〉へと、あたかも自在なごとくに、その姿をたちどころに変えて見せてくれている。ヒットチャートを駆け巡る vocaloid の歌声には、人の声には不可欠であった、横隔膜の運動も、両肺からの気流も、声帯の振動も要らない。人が踏み入ることのできない闇の中で、〈話されたことば〉は〈書かれたことば〉となり、また〈書かれたことば〉が〈話されたことば〉としても立ち現れる。これは既に禁断の領域である。

言語は紛れもなく動態である。「言語は生きている」というような生半可《なまはんか》な比喩を拒むほどに、言語はただ生きているのではなく、激しく、生きている。今日の私たちは人類史上かつてない、言語の危機段階にあって、圧倒的な量のことば、それも速度を持ったことばのただ中に、私たちは生を得る。動態としての言語の激流に、私たち一人一人は、しばしば息もできずに、なす術《すべ》を知らない。

私たちにはどうしても言語を生きる〈構え〉が必要である。言語を発すること、言語を学び、教えること、言語を問うこと、言語にとってのそうしたあらゆる局面に〈構え〉が必要である。何よりも、言語そのものと、言語場をめぐって、いったい何が変わって、何が変わっていないのか、その見極めは不可欠である。

本書はこう名づけられている：

『言語 この希望に満ちたもの』

そう、言語は何よりも私たちの生きることの根幹を動かしている。言語を生きていると言ってもよい。ことばによって疎外され、ことばによって抑圧されるなど、人の生きる姿ではあるまい。繰り返すが、世界の半分は言語でできている。言語のパンデミックの時代を迎えているなら、何よりもその言語とは、生きるための言語でありたい。よりよく生きるための言語。その根幹から照らすなら、言語とは実は、希望に溢れたものである。書名に焼き付けられているのは、本書の希《ねが》いである。

本書の構成をごく簡単に書き留めておこう。第1章では〈言語はいかに在るのか〉という、原理論的な問いを確認する。第2章では言語が実際に実現する場＝言語場の今日的な変容を見る。第3章において、ことばが私たちの生の隅々に溢れるさま、言語の環境パンデミックから身体パンデミックに及ぶさまを見据《みす》える。TAVnet（タブネット）という今日のことばの生態空間についてもここで見る。私たちが造っているはずの言語が、逆に私たちに襲いかかり、私たちを抑圧するという、言語疎外のありようも確認できるであろう。言語のパンデミック、言語のメルトダウンとも呼び得る、今日の言語の姿をしっかりと確かめよう。第4章では自らの内から、第5章は自らの外から、それぞれことばへの構えを築く総戦略を考え、明るく楽しい展望を得たい。第4章は既存の言語論でしばしば見落とされてきた、言語の同席構造、言語による存在化機能という問題、今日の言語教育を支配する言語道具観、言語は本質的に教え＝学ぶというありようをしているのだ、といった問題を考える。第5章では次のような課題を扱う——自らの言語を他者の言語に照らすということ、差異と対照、他者の言語と翻訳という言語場、多言語や言語間言語を歩くこと、ことば以前とことば以後、そして自らの外にあることばから、自らのことばを造るためになすべきこと、電子書籍やSNSが日常となった今日の言語場において〈書物を読む〉とはいかなることかも、位置づけ直すこと。

なお、本書の記述はごりごりのアカデミック本のような書き方はしていない。ちょっとだけ感性のフットワークを軽くしていただければ、中高生くらいの皆さんでも本書を充分に共にしていただけるだろう。モチーフは言語をめぐるいろいろなことがらに及ぶので、まず目にとまったページからお読みいただいたのちに、最初に戻っていただいて構わない。そんな構成になっている。

本書は動態としての言語の最も深き底を緩《ゆる》やかに流れる海流を見据え、言語を生きることを、考える。言語をめぐるありようを見据える〈構え〉がほしい。〈構えを作る〉であきたらなければ、〈武装する〉と言ってもよい。無論これは、貨幣と交換が可能な、銃弾や砲弾などといったものによる武装ではない。徹頭徹尾、〈知の武装〉であり、〈心の武装〉である。

私たちが生きるための言語を問う。その問いは、言語を単に記号論的な平面で眺めたり、単なるコミュニケーションの道具などに貶《おとし》める、既存の言語学や言語思想とは、大きく異なった問いとして問われることになるだろう。一言で言うと、〈言語はいかに在るか〉という言語存在論的な問いとして、問われることになる。問いを、共にしてくださらんことを。言語を生きるために。

野間秀樹

目次

●装丁・装画・扉の書・本文組版デザイン・図＝野間秀樹

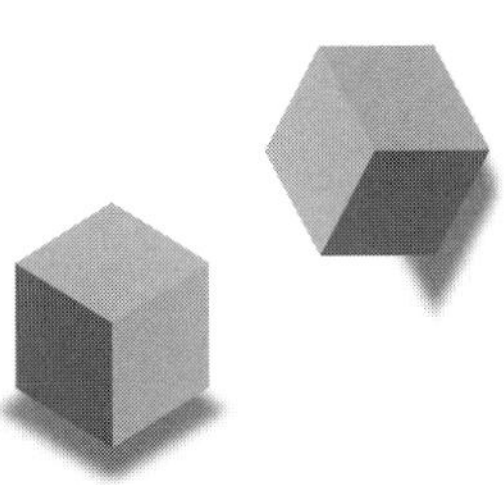

【凡例】

＊参考文献は「著者名（刊行年：ページ）で示す
Saussure(1916: 166) とあれば、Saussure の一九一六年の著作の一六六ページを見よということ
ソシュール (1940; 1972: 168) とあれば、ソシュールの一九四〇年の著作の、一九七二年改訳版の著作の一六八ページを見よということ

＊人の生没年は「人名（生年 - 没年）で示す。参考文献の指示形式と区別されたい
フェルディナン・ド・ソシュール (Ferdinand de Saussure, 1857-1913)

＊「韓国語」と「朝鮮語」は名称は異なっても、基本的に同一の言語である。これを「韓国語＝朝鮮語」と表記する。ただし同じ節に繰り返し現れる場合には、「韓国語」とも書く。朝鮮王朝時代など近世以前の言語については「朝鮮語」と表記する。「ハングル」「訓民正音《くんみんせいおん》」は言語名ではなく、文字体系の名称。「グルジア語＝ジョージア語＝カルトリ語」もそれぞれ同一言語の異称である。

＊日本語でない言語の単語を示す際には、独仏露羅などのように付す。ハングルでの表記は韓国語＝朝鮮語。漢字の簡体字は漢語＝中国語。ギリシア文字は古典ギリシア語。英語には区別が必要な場合のみ「英」を付す。

第1章 ことばを最も深いところから考える——言語はいかに実現するか

一—一　言語はいかに在るのか——言語ハ夢デアルノカ

言語はいかに在るのかという問い

私たちは今、言語について考えようとしている。そうであるなら、一見、周り道に見えても、最も深いところから出発するのが、間違いがない。次のような問いから始めてみよう：

言語はいかに在るのか

この問いは言語学の入門などでしばしば目にする、「言語とは何か」といった形をしていない。もちろんそうした形の問いも大いにあってよい。ただし、「Aとは何か」という形の問いは、実のところ、その答えに謂わば何でも据えることができてしまう。例えば、「言語とは記号である」などという答えは、二〇世紀言語学の基本的な命題となった。多くの人々の思考に受け入れられたわけである。そのこと自体は良い。またあるいは「言語とは機能である」などと別な観点からの答えを提起することもできるだろう。

この「Aとは何か」という形の問いは、言語学でも哲学でも文学でも、そして様々な分野で、これまで無数に立てられ、無数に答えられてきた。いくつか挙げてみよう。中には書物の題名にしてもよさそうな大胆な命題もある：

「言語とは魔法である」
「言語とは優しさである」
「言語ハ夢デアル」

それぞれ次のように展開される：

「言語とは魔法である。あなたをいつしかその術の中に招き入れ、あなたを動かす魔法である」
「言語とは優しさである。人が人に配慮し、人を気遣い、人と人の絆を造り上げてくれる無限の優しさである」

「言語ハ夢デアル。ツヒゾ変ハリモセヌ冷厳タル現実ヲ脇目ニ見ナガラ、ソノ一方デ、ソレニヨツテ我々ガ喜ビモシ、悲シミモスル、果テナキ夢、ソレガ言語デアル」

こんな具合に、いくらでも言い張ることができてしまう。これらは比喩を用いた修辞的な性格の強い文による言明である。こうした修辞的な言明はまさに言語だから可能な、言語の真骨頂である。それはそれで楽しく、面白い知見を探り当てることになったり、さらにはしばしば美しくさえあるわけだけれども、私たちの出発の始めから修辞に遊ぶのは、いささか尚早に過ぎる。比喩と修辞に頼り切ると、問いを曖昧にし、答えを逃げ道だらけにすることになってしまう。今は差し控えておこう。なお、これは誰が言ったのだろうなどと、お調べになる必要はない。三つとも本書の創作である。

では件《くだん》の〈言語はいかに在るのか〉という問いはどうだろう。思考には今少し具体的な道筋を要求されることになる。いかに在るか、と問うわけだから、もしや「在る」のではなく、言語など「ない」のだなどという答えも、形式的な筋道だけからなら、導き出されるかもしれない。しかし「言語などないのだ」というのでは、私たちの等身大の知覚からすると、あまりにも離れすぎていて、これこそまさに比喩に遊んでいる感が免れない。「言語は存在しない」などという命題の理由づけも、いくらでもできそうである。『なぜ言語はないのか』などという書名にすると、それなりに喜ばれるかもしれない。ここでもやはりそうした比喩圏に遊ぶのは、慎んでおこう。

私たちのリアリティから離れずに、言語がいかに在るかを問うには、言語が実際に実現するありようを見ればよい。問いを〈言語はいかに実現するか〉と書き換えてもいい。このように〈言語はいかに在るか〉〈言語はいかに実現するか〉という問いを問う思考を、言語存在論と呼ぶ。ここでの議論を、野間秀樹（2018e）『言語存在論』で述べた、そうした言語存在論のごく基本的なところの簡単なスケッチから始めてみよう。

ことばの二つの〈ありよう〉

言語が人の営みと共に実現することは解る。ことばは常に人の営みと共に実現していることについては、まず疑い得ない。もちろんここでは人間の言語に対象を限っておかねばならない。動物の言語だの未確認生命体の言語だの何だのを外して、対象を厳しく限定したとしても、厄介なのは、大きく分けると、ことばには次の二つの〈ありよう〉が認められるという点である：

（a）話されたり、書かれたりして、ことばが頭の外に「在る」とき

（b）話されたり、書かれたりせずに、ことばが頭の中に「在る」とき

どちらもとりあえず「在る」と書いたけれども、これはとりあえずの階梯の便宜に過ぎない。大切なことは、誰が見ても、そして誰が聞いても、明らかなように、ことばは頭の中に「在る」ときと、

頭の外に「在る」ときは、同じ「在る」ということばで表していても、その〈ありよう〉が明確に異なっているという点である。では何が異なるのか？　答えは簡単である。頭の中に「在る」というそのことばは、その外からは知覚できない。あなたが頭の中でいくら愛を叫んでも、渾身の力をもって頭の中で愛を訴えても、あなたの前に佇《たたず》んでいる、その愛《いと》しき人には、文字通り、愛の「あ」の字も知覚されない。換言すれば、あなたが頭の中で語ることばを、世の中は「在る」と認めてくれない。頭の中だけではない。もちろん心の中のことばと言い換えても、ことは同様である。

言語をめぐるこうした議論にしばしば介入する言説に、「ことばに発していなくても、意味は通じているじゃないか」とか、「ことばがなくても意味は伝わる」だとか「以心伝心」だとか、あるいはその類いのヴァリエーションがいろいろある。もちろんあなたがその人をこの上なく愛していることは、仕草でも表情でも眼の光だけでも、あるいは「伝わる」かもしれない。でもそれは言語の領域ではない。ことばとは直接的な関わりがない。今はことばの話をしている。言語について考えている。

ことばと、ことばに即した意味を、考える

とりわけ二〇世紀以来の人文的な言説のうちで、私たちはしばしばとても乱暴に「〇〇の意味」とか「意味が伝わる」などと語ってきた。「意味論」という領域まで造り上げられた。ところが、そうした場で語られる「意味」には、ややもすると、あまりにも乱暴で乱雑で、ことによっては何でもありの「意味」が、混入するのであった。単語の意味、語彙的な意味、この文章の隠された意味、言外

の意味、意味の意味、……などから始まって、この映画の真の意味、人間存在の意味、愛することの意味、信仰の意味、生きる意味、無の意味、等々、「意味」は際限なく語り出せる。

私たちは今、言語のことを考えている。「意味」を云々するなら、どこまでも〈ことばに即した意味〉のことでなければならない。ピンポーン！ 正解。――鐘がそう鳴ったら、その通りという意味だ、などというのは、言語の話に混入させてはならない。「ピンポーン！」という擬声語についてであれば、それは言語の領域のうちで語ることができる。でも鐘の音そのものはだめだ。鐘の音も場合によってはあるいは記号の一種ではあるかもしれないが、いわゆる言語とは明らかにその姿が異なっている。鐘の音も言語の一種であり、そこに立ち現れる「意味」も、言語の意味と同じものだなどと論じたければ、どうしてもまずいわゆる自然言語、ことばで形造られる言語と意味を、厳密に見据えることが、求められる。その上で、それ以外の対象と照らし合わせてゆく、何が同じで、何が異なるかを、丁寧に見てゆく。そうした順序でなければならない。

何でもかんでも最初から乱暴に「言語」だの「意味」だのと混ぜ合わせて、出発することはできない。それは先に見た比喩圏に遊ぶことに陥ってしまうからである――「魔法は言語である」「優しさは言語である」「夢ハ言語デアル」。実は言語にはそう名づけると、とりあえず「そうだ」ということにしてしまう、あるいは「在る」ことにしてしまう、謂わば「存在」をアクティヴェイトするという、驚くべき働きがあって、その働きがこうした比喩の迷宮への導線となっているのだが、このことは後にまた触れることにしよう。

言語《げんご》未生《みしょう》以前《いぜん》論

ことばには頭の外に「在る」とき、頭の中に「在る」ときという、到底同じことばでは表せないような、二つの〈ありよう〉が認められ、頭の中に「在る」というそのことばは、その外からは知覚できない。つまり実のところ、他者からは「在る」ことが確認できない。この点で、これまではごく当然の如くに「在る」と一括《くく》りに語られて来た、しかし頭の外のことばと、頭の中のことばは、厳密に区別せねばならない。

実は現代言語学の圧倒的な主流は、言語が頭の中にある種のセットとして「在る」と考えてきたのであった。そして頭の中に在ることばを、外に（ex-）、押し出す（press）のが、「表現」（expression）であると、概ねそう考えてきた。ちなみに現代言語学では〈言語とは何か〉という問いは立てても、そもそも〈言語はいかに在るか〉という問い自体がほとんど立てられて来なかった。それほどまでに、「言語が頭の中に在る」ことは、謂わば自明の前提の如く扱われてきたのであった。でも私たちはここで、そうした乱暴な思考とは決別しよう。

頭の中に「在る」ことば、それは頭の外で実際に実現したことばから見ると、言語として物理的な形に生まれていない状態、〈未生以前《みしょういぜん》〉（in utero）のものだと言うことができる。謂わば〈言語未生以前〉のものである。言語未生以前のものに思いを巡らせるのは、面白いことではあるけれども、私たちが言語の原理的なことをめぐって考える際には、言語未生以前のものと、言語がことばとして〈かたち〉に実現されたものとは、厳密に区別して出発せねばならない。

【図】 ことばとして〈かたち〉となったものと、言語未生以前のものとを区別する

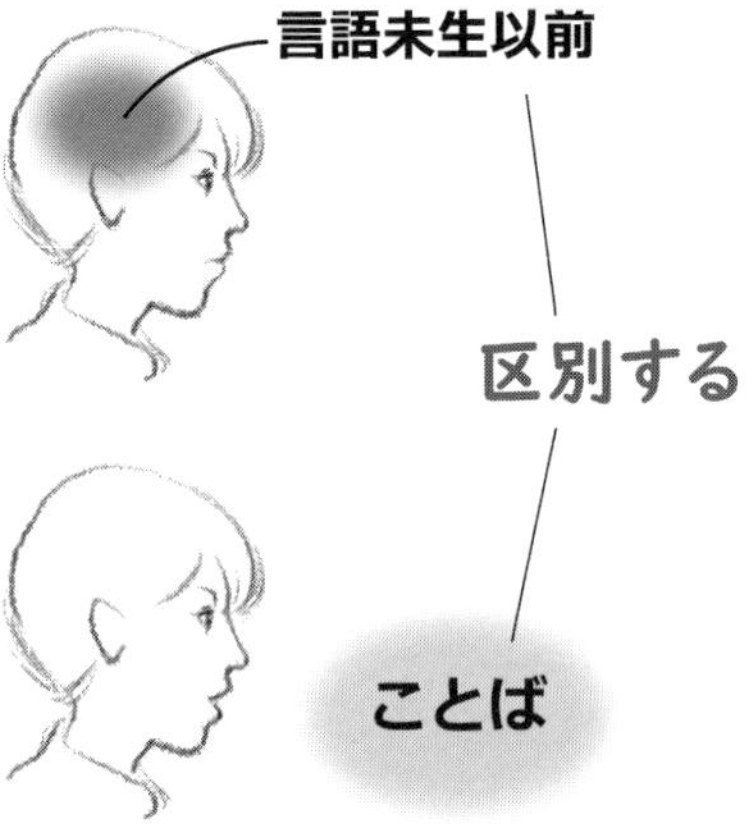

＊〈言語未生以前〉のものは様々に呼ばれてきた。プロイセンの言語学者、ヴィルヘルム・フォン・フンボルト (1767-1835) は、人間に備わった「内的言語形式」(独 innere Sprachform) と、その実際の外的な現れとしての個々の言語を別個に考えようとしていて、面白いけれども、フンボルト (1984: 73)「言語とは、分節音声を思考の表現たり得るものとするための、永劫に反復される精神の働きなのである」の言に象徴的に透かし出されているように、言語の実現のありかたをぎりぎりと問うことなく、心的なものに本質を求めてしまう。論は一九世紀のロマン主義的な筆致に満ちており、「内的言語形式」にも厳密な概念規定がなされているわけではない。Humboldt(1960, 1988a, 2003)、フンボルト (1948; 1998: 126-)、フンボルト (1984: 138-154)。なお、英訳 Humboldt(1988b, 1999: 81-) には「内的言語形式」にあたる章題は付されていない。メルロ＝ポンティ (1993: 91-94)、福本喜之助・寺川央編訳 (1975) も参照。ベラルーシに生まれた旧ソビエト連邦の心理学者、レフ・S・ヴィゴツキー (Лев Семенович Выготский/ L. S. Vygotsky, 1896-1934) の書 *Мышление и речь* (*Myshlenie i rech'* 思考とことば) も、影響力の大きな著作であった。そこではスイスの心理学者、ジャン・ピアジェ (Jean Piaget, 1896-1980) を批判しながら、論を展開している。ヴィゴツキー (1962; 1975, 2001)、Vygotsky (1934, 2012)。「内言」(inner speech, internal speech) は、「外言」(external speech) とは全く別の自律的なことば（露 речь《リェーチ》: language ではなく speech にあたる）であり、言語機能であるとし、区別している。内言から外言へという通常の考え方と異なり、逆に外言から内言が発達するという考えも、示している。同著作は言語存在論な観点から見ると、時代的な限界は拭えないものの、「外言」「内言」の区別を始め、傾聴すべきところが少なくない。「内言」は「内言語」「内語」、「外言」は「外言語」「外語」の訳語も用いられる。言語未生以前のものについては、多くの論者によって「内的言語」(inner language; mentalese) や「心的言語」(mentalese; mental language) の呼称も広く用いられるけれども、それらの内実とて一様ではない。言語未生以前論それ自体は魅力的な主題であって、何よりもまず〈かたち〉となった言語と、言語未生以前のものを鮮明に切り分けることから、再出発せねばなるまい。野間秀樹 (2018e: 1-18)。

一—二　ことばには〈かたち〉がある——音の〈かたち〉と光の〈かたち〉

〈言語〉と〈ことば〉

ここで「言語」と「ことば」という術語について確認しておこう。本書では個々の単語や、文や、それらのまとまりなどを指す際には、〈ことば〉と呼ぶ。これに対して、それら〈ことば〉を含めた、総体や性質を指す際には、〈言語〉の術語を用いている。要するに実際の〈かたち〉を問題にする場合には、〈ことば〉と呼び、例えば総体としてのシステムなどを言ったり、〈ことば〉が現れる過程などに言及する際には、〈言語〉と呼ぶ。言語にあって、ことばが〈かたち〉となるわけである。「日本語」「自然言語」などにも〈言語〉を用いる。従って「日本語という言語」とあれば、言語の総体や性質を問題にしているのであり、「日本語のことば」とあれば、個々の具体的な単語や文などの現れを問題にしている。「日本語ということば」とあれば、もちろん文字通りの「日本語」という単語をそのものを指すことになる。

また、「言葉」と書かず、「ことば」と書くのは、/kotoba/という単語が漢字を基礎に造られた漢語ではなく、漢字到来以前からの単語、所謂「和語」と考え得ることに、しばし心を留め置きたいからである。「言葉」という漢字表記は、どこまでも後付けで宛がわれた宛字《あてじ》である。そのことをややもすると忘れさせるほどに、「言葉」という表記は、よくできている。もっとも、仮名とて漢字の子である。〈ことば〉は本書では一種のキーワードなので、仮名にしただけで、和語を仮名で表記することに、とりわけ固執しているわけではない。

ことばの〈かたち〉とはどのようなものか

それでは、言語がことばとして形になるというときの、〈かたち〉とは何か？　その実体は音《オト》と光《ヒカリ》である。〈話されたことば〉にあっては、ことばの〈かたち〉の実体は言語音であって、それは音からなっている。〈書かれたことば〉にあっては、ことばの〈かたち〉の実体は文字である。そしてそれは光からなっている。

〈話されたことば〉については言語学のどの入門書でも最初に触れられている通りである。音の全てが言語音となるわけではない。世に生じている音のうち、人が〈かたち〉として知覚する言語音は限定されており、なおかつ例えば母音と呼ばれる言語音の単位の性質や数が、言語ごとに異なっていることを見ても解るように、「日本語」や「韓国語＝朝鮮語」「英語」などと、言語ごとに、さらにはそれら諸言語の方言など下位カテゴリーごとにも、言語音の内実は異なっている。

〈書かれたことば〉について見るなら、既存のほとんどの言語学書の出発点は書き換えられねばならない。それらは皆一様に〈文字〉から始めているからである。〈話されたことば〉における〈言語音〉の位置に相当するものが、〈書かれたことば〉にあっては〈文字〉なのであって、〈話されたことば〉における〈音《オト》〉一般に相当するものの位置づけは、言語学書ではまず見当たらない。どれもが〈文字〉から出発してしまっているからに他ならない。〈話されたことば〉における最初の出発点である〈音〉に、〈書かれたことば〉において相当するものは、〈光《ヒカリ》〉である。その光のうち、人が〈かたち〉として知覚するもののうちに、〈文字〉として位置づけ得るものがあることになる。文字が光であるというテーゼには、ためらう向きもあるやもしれない。文字は実は光の形である。書かれた文字は、光のないところではその存在の〈かたち〉を失う。試みに部屋の灯りを消してみよう。ディスプレイの光を消してみよう。そうした事実だけでも容易に、文字は基本的に光の〈かたち〉であることが、解る。

音《オト》	のうちに造形される	言語音が	〈話されたことば〉をなす
光《ヒカリ》	のうちに造形される	文字が	〈書かれたことば〉をなす

音の〈かたち〉と光の〈かたち〉

言語がことばとして〈かたち〉になる仕組みは、ごくかいつまんで言えば、音と光の粗密がなすのだと言うことができる：

〈話されたことば〉にあっては音の粗密が〈かたち〉をなす
〈書かれたことば〉にあっては光の粗密が〈かたち〉をなす

ここで言う〈かたち〉は、物理的な形一般とは異なっていることに注意しよう。もちろん形だから物理的な実体の支えが前提とはなるわけであるけれども、どこまでも人が知覚する〈かたち〉である点が、重要である。それは認知される〈かたち〉なわけである。こうした〈かたち〉を論ずる際に、私たちはとても役に立つ経験を知っている。それはゲシュタルト心理学で言うゲシュタルト（独 Gestalt）という術語である。日本語ではゲシタルト、形態などとも訳されている。ここでは、〈それをそれとして認知し得るまとまった形〉ほどに考えておけばよい。本書では概ね、形一般、物理的な意味での形などを「形」と表記し、このゲシュタルトにあたるものを〈かたち〉と表記している。

＊〈ゲシュタルト〉（独 Gestalt）はドイツ語で「形態」の意。術語自体は、ヴェルトハイマー（M. Wertheimer）やコフカ（K. Koffka）、ケーラー（W. Köhler）らのゲシュタルト心理学（Gestaltpsychologie）に由来。言語学の論

著も多い心理学者・佐久間鼎《かなえ》(1888-1970)は「ゲシタルト」とする。佐久間鼎(1946: 62)参照。英語圏でも英語に訳さず、そのままgestaltと言う。ゲシュタルトの概念は今日の認知言語学(cognitive linguistics)などでも用いられ、言語学にも面白い知見をもたらしてくれている。Lakoff(1987)、レイコフ(1993)のexperiential gestalt(経験のゲシュタルト)、また山梨正明(1995, 2009)、河上誓作編著(1996)、辻幸夫編(2003)などを参照。〈ゲシュタルト〉としての〈かたち〉と〈形〉一般の区別については、野間秀樹(2010: 262-265)も参照されたい。

ことばには〈かたち〉がある──音の〈かたち〉と光の〈かたち〉

ここまでをまずまとめておこう：

言語が実際に実現する言語場においては、
〈話されたことば〉は音の〈かたち〉として、
〈書かれたことば〉は光の〈かたち〉として現れる
言語場で〈かたち〉となっていることばと、言語未生以前のものとは、
厳密に区別して考えねばならない

こうしたことは、私たちが言語を考える大切な出発点となる。私たちの素直な感覚からは、右のことがらはどれも至極あたりまえに見えて、その実、既存の言語学とは根底的に考えを異にしている。何よりも重要なことはこのことである──ことばには〈かたち〉がある。私たちがことばを発する

とは、音にせよ光にせよ、〈かたち〉に造ることである。それも人が知覚する〈かたち〉に造ることである。たったこれだけのことを踏まえるだけで、私たちがことばを生きる〈構え〉が、その根幹から変わってくる。このことの意義の重さは、この先、様々な考察を進めていきながら、ひしひしと感じることになろう。

ことばには〈話されたことば〉と〈書かれたことば〉がある

これまで「話されることば」とは言わずに、〈話されたことば〉と言ってきた。また「書かれることば」とも言わず、〈書かれたことば〉と言った。理由は簡単である。ことばはいずれの場合も話されなければ、書かれなければ、〈かたち〉にならないからである。話された結果として、書かれた結果として、〈かたち〉になる。言語未生以前のものと厳密に区別して考えると、こんなところにも思考の手続きに違いが現れる。〈それはいかに在るのか〉〈いかに実現するのか〉をぎりぎりと問う視座からは、「話されることば」「書かれることば」のごとく漠然と一般化して出発するような、乱雑な手続きは厳しく退けられねばならない。それは話されたのか、まだ話される前なのか？　それは実際に書かれたのか、まだ書かれてはいないのか？　そこには音《オト》や光《ヒカリ》の〈かたち〉があるのか、ないのか？

〈書かれたことば〉はもちろん〈話されたことば〉が基礎になってできあがっている。しかしそれは〈話されたことば〉の単なる写しでも、ましてや写像などでもない。〈話されたことば〉には本質的に存在する音の高低や強弱が、〈書かれたことば〉にはない。〈書かれたことば〉は前に戻って読んだり、跳ばして読んだりといったことが可能である。つまり少なくとも私たちの身体感覚のレベルでは時を遡るといったことが、可能である。これに対して〈話されたことば〉は実現するや、消えてゆく。〈話されたことば〉に本質的な、時間軸に沿って現れるという〈線条性〉が〈書かれたことば〉では体感的には失われてしまうわけである。〈話されたことば〉と〈書かれたことば〉はかくのごとく、片方にあるものが、他方にないといった、謂わば位相の捻れた対応関係を示すのである。

＊〈話されたことば〉を英語に直訳すると、spoken words や spoken utterances ほどになる。概念規定さえ踏まえれば、英 spoken language, 仏 langue parlée, 独 gesprochene Sprache などと呼ぶほうが、馴染みやすいかもしれない。韓国語＝朝鮮語では말해진《マレジン》 언어《オノ》。〈書かれたことば〉を直訳すると、written words や written utterances ほどになるが、同様に概念規定を踏まえれば、英 written language, 仏 langue écrite, 独 geschriebene Sprache, 韓 쓰여진《スヨジン》 언어《オノ》など。なお、韓国語＝朝鮮語では〈話されたことば〉と〈書かれたことば〉を対照して述べるなら、それぞれ말《マル》と글《クル》という一単語からなる、固有語の術語を用いることもできる。いずれの言語でもこれらの術語はあるいは曖昧に、あるいはまた多様な意味で用いられており、注釈なしに用いては、混乱する。術語使用にあたってはまず厳密な概念規定が不可欠である。〈話されたことば〉と〈書かれたことば〉がどのように異なるかについては、野間秀樹 (2018e: 39-55, 121-222) を参看されたい。

＊Saussure（1916; 1972: 103）、ソシュール（1940; 1972: 101）は「時間の中にのみ展開」する「能記の線的性質」（仏 caractère linéaire du signifiant）を重要視し、言語記号の「第二原理」の位置に据えている。線条性（仏 linéarité; 英 linearity に相当）の術語自体は Charles Bally（1932; 1965: 144, 149, 201）、シャルル・バイイ（1970: 154, 159, 219）を見よ。

【図】音の〈かたち〉としての〈話されたことば〉と、光の〈かたち〉としての〈書かれたことば〉

音の世界に

〈話されたことば〉が実現する

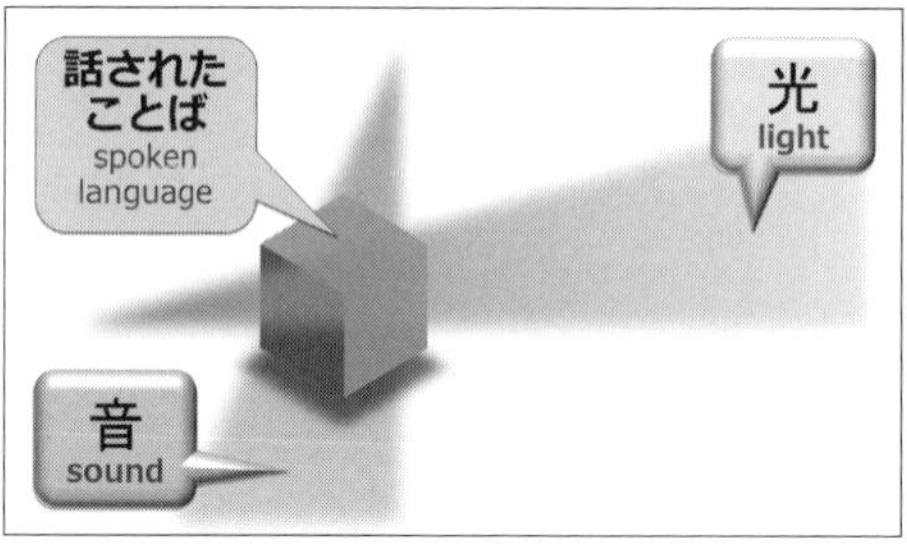

〈話されたことば〉を光の世界に照らし出す

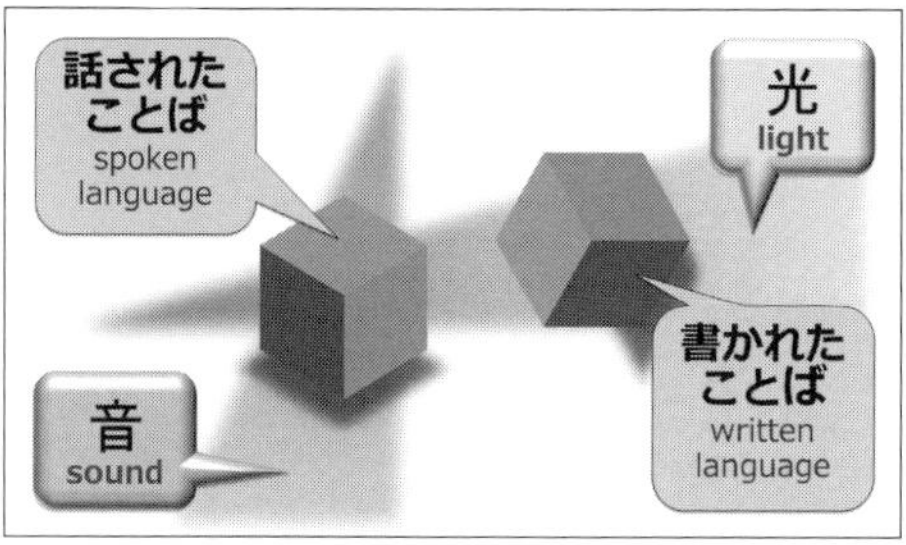

光の世界に〈書かれたことば〉が実現する

〈書かれたことば〉は〈話されたことば〉の単なる写しではなく座標軸自体が捻れた互いに位相の異なる実現体である

一―三　言語の存在様式と表現様式を区別する

言語の存在様式――〈話されたことば〉と〈書かれたことば〉

音で実現する〈話されたことば〉と光で実現する〈書かれたことば〉とは、言語が何によって実現されるかという、文字通り物理的な、そして知覚に係わる生理的なありようについての名づけである。そのことばが〈話されたことば〉か〈書かれたことば〉は、それが音なのか光なのかで、一般には苦もなく区別できる。言語の実現形態のありかた、言語の存在様式だからである。

ＰＣのスクリーン、立ち上げてあるアプリから流れて来る動画、そこでは人がこちらに向かって熱心に語っている。丁寧に字幕もついている。アプリで音をミュートしてみよう。そこで実現しなくなるのは、〈話されたことば〉である。今度は音を再生したまま、スクリーンの画面を、異郷の美しい山河の風景写真に切り替えてみよう。語っている人が、見えなくなると同時に、字幕も見えなくなった。声は聞こえている。そこで実現しなくなるのは、〈書かれたことば〉である。言語の存在様式から見た〈話されたことば〉と〈書かれたことば〉は、このように簡単に区別できる。

言語の表現様式――〈話しことば〉と〈書きことば〉

〈話されたことば〉と〈書かれたことば〉という言語の存在様式を踏まえると同時に、今一つ、ここで〈話しことば〉と〈書きことば〉という言語の表現様式を押さえておかねばならない。

〈話されたことば〉と〈書かれたことば〉は存在のしかた、存在様式が異なることによって、自ずからそこに現れる様々な表現のしかた、表現の様式にも違いがしばしば大きな傾向として現れることになる。日本語でも、文体の違いは著しい。現状であれば「ってか、まじ、やばいっすよね」とか、「うっそー、告《こく》っちゃったのー」「だよね。そ、そ、そ。それっきゃないって」などといった表現は〈書かれたことば〉よりは〈話されたことば〉の方に多く出現するであろう。

つまり、語彙の〈かたち〉や文法的な〈かたち〉といった表現の様式は、〈話されたことば〉に多く現れるとか、〈書かれたことば〉に好まれるなどといった、偏差がある。〈話されたことば〉に主として現れる、文体などの表現の様式を〈話しことば〉と呼び、存在様式としての〈話されたことば〉とは、厳密に区別する：

言語の存在様式：〈話されたことば〉〈書かれたことば〉
言語の表現様式：〈話しことば〉〈書きことば〉

前述のように、存在様式は物理的な実現が音に拠るか、光に拠るかであるから、明確に区別することができる。この点は決して混同してはならない。「ってか、まじ、やばいっすよね」と文字に書いてあれば、それは存在様式としては無条件に〈書かれたことば〉である。例えば携帯デバイスのSN

Sの上に現れる文字列は、それらがいかに表現様式として〈話しことば〉の姿をとっていても、存在様式は〈書かれたことば〉である。驚くべきことに、世の現代の言語使用についての記述には、言語研究者たちを含めて、この点の混乱が後を絶たない。「已んぬる哉！　嗚呼、我、これを如何せん」などと、いかに古風な〈書きことば〉的な表現様式をとっていても、それが口頭で発せられれば、存在様式は無条件に〈話されたことば〉である。こうした位置づけは言語がいかに在るかを精緻に見るための、基本的な出発点となる。

言語学における具体的な研究の点検は、野間秀樹 (2008a, 2018e)、また金珍娥 (2013: 9-39)「言語の実現体論」を参照されたい。日本語や韓国語＝朝鮮語の実際のありようをさらに詳しく見ることができる。

ここで原理的な位置づけを図に示しておく。文体など〈話しことば〉と〈書きことば〉という表現様式は、上述の如く、〈話されたことば〉〈書かれたことば〉の両方をまたいで現れることができる。

日本語で用いられる「話しことば」「書きことば」、また「口語」「文語」という術語は、あるときは存在様式のことを指していたり、あるときは表現様式のことを指していたり、そしてまたあるときは存在様式と表現様式を混同しながら、行ったり来たりしていたのである。悲しいかな、言語学的な議論でもそうした混濁は枚挙に暇がない。言語を考えるには、この点の峻別は必須である。

こう精緻に区別して見ると、例えば明治期の「言文一致」は、〈書かれたことば〉が〈話されたことば〉になったり、近づいたりしたわけではなく、つまり言語の存在様式の変容などではなく、〈書かれたことば〉に主として用いられていた既存の〈書きことば〉の文体が、〈話しことば〉の文体を取り入れた、言語の表現様式の変容だった、などという具合に、迷わず捉えることができる。

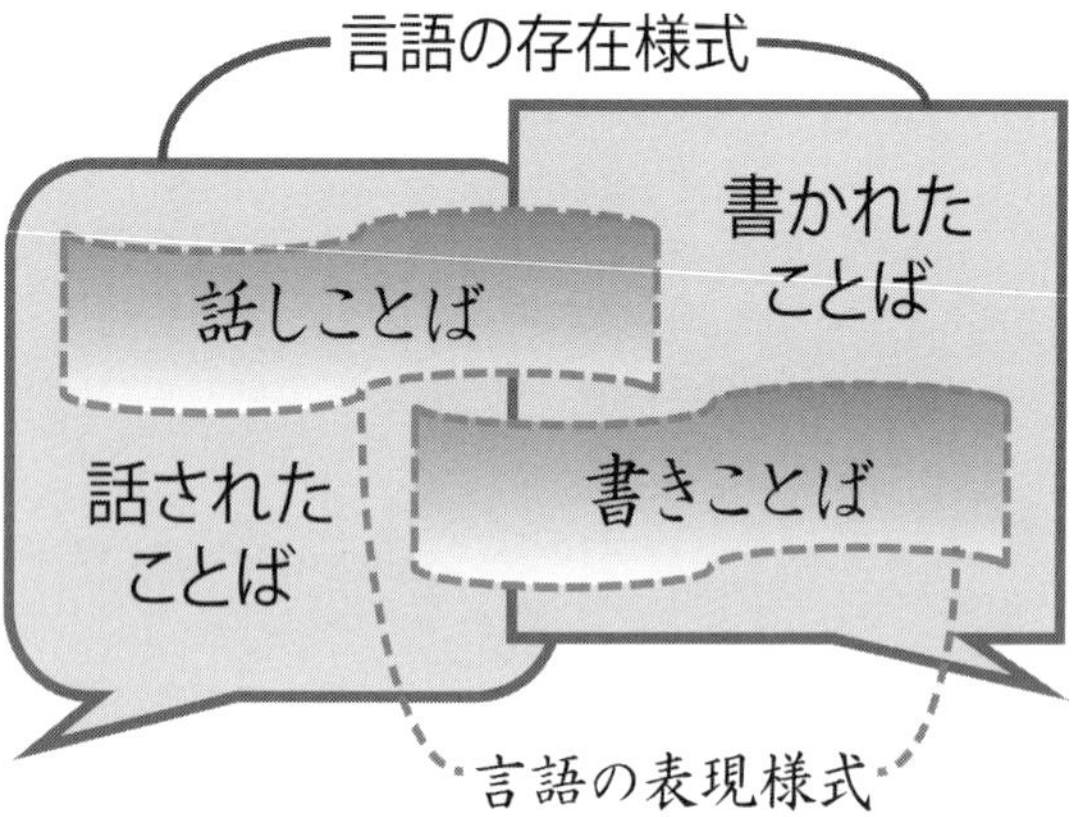

【図】 音か光かという言語の物理的な存在様式である〈話されたことば〉〈書かれたことば〉と、いかに表現するかという、言語における文体などの表現様式〈話しことば〉〈書きことば〉とを区別する
〈話されたことば〉に主要に現れる表現様式が〈話しことば〉、〈書かれたことば〉に主要に現れる表現様式が〈書きことば〉
——野間秀樹（2018e: 48）

＊言語の存在様式と表現様式を区別する論考が少ない中で、チェコ、プラハ学派の学者、ヨゼフ・ヴァヘク（Josef Vachek, 1909-1996）が、spoken language と written language の区別をすることのみならず、spoken utterances〈話された発話〉と written utterances〈書かれた発話〉の区別を力説していることは、注目に値する。一九三〇年代の論考も含む Vachek(1973, 1989) を参照。

〈話されたことば〉の談話と〈書かれたことば〉のテクスト

ここで今一つ術語を確認しておこう：

談話 (discourse) ＝〈話されたことば〉のひとまとまり

テクスト (text) ＝〈書かれたことば〉のひとまとまり

またぞろこんなふうに一々術語を確認せねばならないのかと、お思いになられたかもしれない。そう、一々、厳密に術語を確認しなければならない。右のような簡単なことさえ、既存の言語学者たちの間では実にてんでんばらばらと言ってよいほど、きちんとした位置づけを踏まえた研究が、非常に限られていたからである。

ある研究者たちは「談話」という術語を〈話されたことば〉と〈書かれたことば〉の双方に区別なく用い、またある研究者たちは「テクスト」という術語を同様に〈話されたことば〉と〈書かれたことば〉の区別なく用いてきた。「談話の文法」と呼びながら、実は書かれたテクストを分析していたりなどは、珍しいことではなかった。「テクスト言語学」という言語学の分野さえ打ち立てられ、大きな成果を得ているけれども、そうした領野でも〈話されたことば〉と〈書かれたことば〉を厳密に区別する論考は、極めて少なかったのである。

このような混乱、混濁、乱雑さは、要するに〈話されたことば〉と〈書かれたことば〉という言語の存在様式＝実現形態を厳密に区別する習慣が、打ち立てられていなかったことに、起因する。言語未生以前のものと言語として〈かたち〉になったものさえ、既存の言語学では、ほとんど区別ができていなかったわけであるから、〈かたち〉となったことばまで分け入って、厳密に区別できなかったのは、研究の時代的な制約であったとは言えよう。

私たちは今ここにおいて、そうした制約を脱した。

＊〈テクスト〉は〈文章〉とも呼ばれる。ピリオドなどで区切られる〈文〉(sentence) とも区別する。一文字以上の〈書かれたことば〉の実現体がテクストである。「文章」を〈文〉の意で用いる論者も少なくないので、ここでも区別が必要である。佐久間まゆみ (2002: 119-120) は「文章と談話は、それぞれ、日本語の文字言語と音声言語によるコミュニケーションの唯一の実現形態であり、最大かつ最も具体的な言語単位である。」(原著のゴシックは明朝にして引用) とし、音声言語の実現たる「談話」、文字言語の実現である「文章」と、二つを実現形態として鮮明に区別している。ごく常識的な記述に見えて、実はこうした明確な位置づけを持つ論考は、そう多くない。〈話されたことば〉〈書かれたことば〉と、〈談話〉〈テクスト〉の区別についての、西欧や日本語圏、韓国語圏における諸家の言説については金珍娥 (2013: 10-39) の整理を見よ。

人文思想などでしばしば〈言説〉と訳される仏語 discours〈ディスクール〉は、ここで言う言語学上の術語である discourse〈談話〉とは、異なる概念である。韓国語でも〈담화《タムァ》〉(談話) と区別して、「言説」にあたるものは、〈담론《タムノン》〉(談論) と訳されている。談話＝ディスコースが言語の実現体についての名づけであるのに対し、言説＝ディスクールの方は、「語り」「述べたこと」「論考」「思想」「考え」「言語で表された知」といった、遙かに広い意をしばしば包含する。

また、文芸理論や歴史学などでも用いられる〈ナラティヴ〉〈語り〉narrativeや〈物語〉の術語にも、配慮が必要である。story〈内容〉とnarrating〈語り方〉を切り分け、当該の文芸理論や歴史学の論考で〈ナラティヴ〉や〈物語〉として論じられているものが、そもそも談話とテクストの双方に共通していることなのか、区別が必要なのか、あるいは記号論的な平面でのみ可能で、談話とテクストという存在様式上の区別を考慮すると、有効性を失うことなのか、などといったことへの精緻な考察が、原理論的には必要となる。野間秀樹(2018e: 43-45)。

第2章 ことばと意味の場を見据える——言語場の劇的な変容への〈構え〉を

二—一　言語は言語場において実現する

言語が実現する時空間＝言語場

言語が実現する時空間を〈言語場《げんごば》〉(linguistic field) と呼ぶ。〈話されたことば〉であれ、〈書かれたことば〉であれ、ことばが実際に〈かたち〉となって実現する時空間が、言語場である。話す場、聞く場、書く場、読む場、それらが複合された場。

語りかける母のことばを、揺り籠で聞く言語場、親しき友とカフェで語り合う言語場、教室で熱い講義を聴く言語場、電話でボスからこれでもかと怒鳴られる言語場、イヤフォンでこの泣ける歌を聴く言語場、「ありがとう」という微《かす》かなことばを病床で聞く言語場、どれも〈話されたことば〉の言語場である。

「あ」という仮名を練習帖に書く言語場、初めて会った教室で、その人の名札を読む言語場、携帯デバイスをタップして、SNSで思いを伝える言語場、通り過ぎてしまった駅名を、動き出した電車の窓越しに読む言語場、締切までまだ三日、会心のレポートを余裕で校正する言語場、打ちのめされながら、漱石の一節を繰り返し読む言語場、葬儀場の名称を打鍵し、ディスプレイ上で検索する言語場、どれも〈書かれたことば〉の言語場である。

〈話されたことば〉と〈書かれたことば〉が複合している言語場もいくらでもある。イタリア語と日本語の双方で書かれたメニューを、恋人と二人で声に出して読み合う、レストランの言語場、字幕と共に興奮した口調で原発の崩落を伝える、空港のテレビニュースに大勢が見入っている言語場。

およそ人がことばと係わっている、ありとあらゆる時空間が言語場である。

＊〈言語場〉の術語自体は、言語学者、河野六郎(1912-1998)の、河野六郎(1977: 6, 1980: 111, 1994: 6)「対話の場面は話手と聴手の二人の人間を包む言語的場を構成する」の記述から発展させたもの。三尾砂《みおいさご》(2003: 23)の「あるしゅんかんにおいて、言語行動になんらかの影響をあたえる条件の総体を、そのしゅんかんの話の場という。」(かな表記は原文のまま)も参照。三尾砂の同稿は、『国語法文章論』(1948, 三省堂)に初出のものである。
また、本書では、言語が実現する時空間である〈言語場〉と、context〈文脈〉とは厳密に区別する。〈文脈〉という術語は、音であれ、文字であれ、言語の〈かたち〉をとって実際に現れたものについてのみ言う。従って例え

ば人文書などでよく言われるような、「文化的な文脈において」だとか、「この場の文脈では」などといった表現は用いない。言語学の内部でも、「それは文脈に依存する」「文脈依存性が強い」などと、しばしば言語場における非言語的な諸条件まで「文脈」の名で呼ぶなど、はなはだ大雑把で曖昧な使用に晒《さら》されてきた。言語哲学の分野の、ゴットロープ・フレーゲ（Friedrich Ludwig Gottlob Frege, 1848-1925）の「語の意味（独 Bedeutung; meaning）は文という脈絡において問われなければならず、孤立して問われてはならない」「ひとは常に全文を視野の内に捉えていなければならない。文の中においてのみ、語は元来一つの意味をもつのである」（野本和幸・山田友幸編 2002:8、Frege 1997: 90, 108）とする「文脈原理」（context principle; 独 Kontextprinzip）一つ見ても、その当否は別にして、言語的な実現に〈文脈〉を限ることの重要性は、決定的である。野間秀樹（2018e: 32-37）参照。そこで述べたように、言語場における多様な諸条件からことばに即した〈文脈〉を切り分けることなき一切の「文脈」論は、少なくとも言語に関わる問題を論じようとする限り、事実上、無効である。「文脈原理」の位置づけをめぐっては、ダメット（1998: 5-17）、Dummett(1993; 2014: 5-13）を、またダメットによる「文脈原理」の評価をめぐる、ダメット（1998: 148-149）に見える岡本賢吾の訳註も参照されたい。フレーゲの「文脈」（独 Zusammenhang：連関、繋がり、脈絡）と係わって、「意義と意味」を論じた Frege(1997:151-171)、フレーゲ（1986: 1-44, 1988: 33-63, 1999: 71-102）も参照のこと。

人の存在が言語場を言語場として駆動させる

言語場と呼んでも、それを相撲の土俵のようなものと考えてはいけない。土俵は力士や観客がそこに存在しようとしまいと、それは土俵であり続ける。あるいは綺麗に設《しつら》えられたり、清掃されたりして使われるのを、静かに待っている時であっても、そして人気《ひとけ》さえなくとも、それは土俵のままである。土俵は人にとって客体的な場だからである。俗に「場所」と呼ばれる対象は概ね、人と切り離されたところでも、そう呼べるような、客体的な場となっている。

これに対して言語場は違う。言語場は人がそこでことばを発したり、解そうとしたりすることによって、初めて成立する。換言すれば、ことばの発話者(addresser)や受話者(addressee)が存在し、言語的な営みを開始することによって初めて、その時のその場が、言語場として立ち現れるわけである。つまり空間的であると同時に時間的な性格を併せ持っているのみならず，そこでは何よりも〈能動する〉人の存在が決定的な条件である。こうした意味でも言語場とは存在論的な場である。言語場は、人にとっては自らと切り離されても存在しているような場所なのではない。そうした自立的で客体的な対象と言うより、人間にとっては自らを含めた、主体的な時空間＝場である。言語主体が取り込む時空間と言ってもよい。人によって言語場が生起するという、ある意味では現象学的なこうした動的リアリティを、言語学が正面から位置づけることは、驚くべきことに、ついぞなかったのである。

発話者、受話者ということばが出たので、ここで言語場に係わる人についての術語を整理する。〈話されたことば〉の発し手は〈話し手〉、受け手は〈聞き手〉、〈書かれたことば〉の発し手は〈書き手〉、受け手は〈読み手〉と区別して呼ぶ。〈話されたことば〉〈書かれたことば〉を問わず、話したり書いたりして、ことばを発する人は〈発話者〉、それを聞いたり読んだりして、受ける人は〈受話者〉である。こんなことも一々断りを入れねばならぬほど、これらの術語使用は言語学にあってさえ混乱していた。混乱は〈話されたことば〉と〈書かれたことば〉を厳密に区別する習慣がなかったことに起因する。

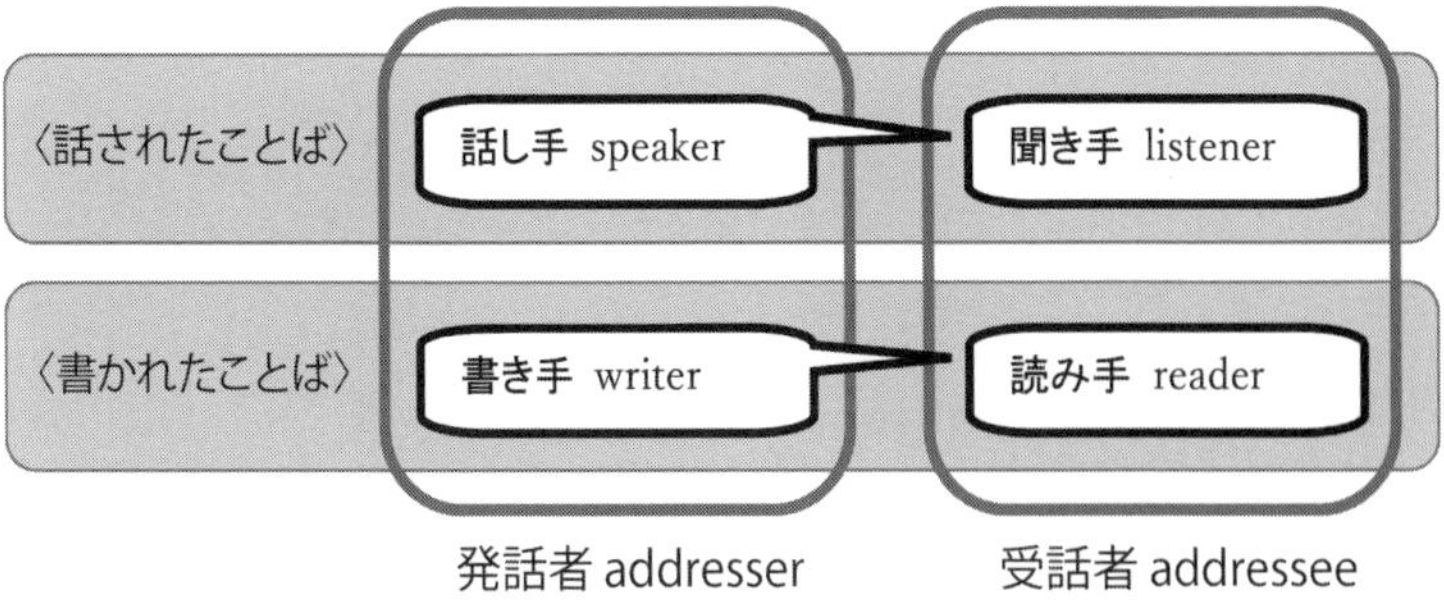

【図】言語場を駆動させる人について論ずる際には、それがどのような係わりの人であるかを、術語で正確に区別する

穏やかな薫風が吹く五月、ユミが田舎道を歩いている。ふと、「田舎町博物館５００ｍ」と記された道標が眼に入る。ユミは瞬時にそれを読み取ろうとする。この瞬間こそ、言語場が言語場として駆動する瞬間である。読み手としてのユミが道標を読み、ことばがことばとして立ち現れる言語場が実現する。〈書かれたことば〉が実現する時空間。もちろんユミは書き手を具体的には同定できない。ユミにできるのは、いま・ここに見えない書き手について、ただ想像を巡らせることだけである。

またしばらく行くと、建物がいくつか、そして道が分かれている。土地の人らしい男性がいるので、声をかけて、尋ねてみる。「すみません、田舎町博物館はこっちですか」。今度は〈話されたことば〉が実現する時空間、〈話されたことば〉の言語場が駆動する。その場は話し手であるユミにとっても、そして聞き手である、土地の人らしい男性にとっても、言語場として立ち現れている。

形が〈かたち〉となるとき

言語場が成立するのに、人の存在が不可欠であるという点は、私たちが言語のことを考える上で、あたりまえのように見えて、実は見落としやすい落とし穴となっている。

例えば先の「田舎町博物館５００ｍ」と書かれた道標を考えよう。文字の書かれた板を人が見ながら、金槌を打って道標を組み立てている時空間は、もちろん言語場である。では人がいない、道標が立っているだけの場は、どうなのだろう。そこに「文字」は記されていても、人が立ち会わなければ、それらの「文字」は光の粗密が作っている形（独 Form）に過ぎない。草の影、花の光、そうしたものが生み出す物理的な形。人が立ち会わない限り、世のありとあらゆる「文字」は光や影が織りなす物理的な形に過ぎない。この至極当然のことが、生まれ落ちたときから、ことばの溢れる世界に生きている私たちには、しばしば忘れられてしまう。人がいなくとも、ことばがまるで機能しているかのごとく、変わらぬ意味を保有したまま、五年も十年もずっとそこにあるかのように、意識のどこかで思い込んでしまいがちである。「だって文字がそこにずっとあったわけでしょ」。あったのは、人なき光景に過ぎない。人のいない荒れる大海原や、惑星たちが音もなくゆったりと動く空間、そういった類《たぐ》いの光景に過ぎない。ただ違いがあるのは、かの田舎道は、潜在的に言語場となり得る道標という契機を、内に秘めていたという点だけなのである。改めて確認しておこう。それが文字の〈かたち〉（独 Gestalt）として立ち現れるためには、どうしても人の存在が、それも文字を知る人の存在が、不可欠である。

面白いことに、たとえ読めなくとも、それが文字なのではないかということは、文字というものを知る人には、確信度の強弱はあっても、感じられる。清末の中国、薬として売られていた、「竜骨」と呼ばれる骨に、何かが刻まれていた。河南省の殷墟で出土する大量の骨には、同じように何かが刻まれているものも、少なくなかったと言う。そうした竜骨に、金石学者・王懿栄《おう・いえい》（Wáng Yìróng 1845-1900. 栄は栄の異体字）は文字らしきものを認めた。学者の名はこうして、何と殷代、つまり古代伝説の商の時代に一千数百年を遡る甲骨文字、その発見者として語り継がれることとなった。得られた形は、解読され、学者たちにとっては確かなる文字の〈かたち〉となったであろう。文字とは、常に、誰かにとっては十全たる文字、誰かにとっては文字らしきもの、そして誰かにとってはただの形に過ぎない。形は然るべき人に出会って初めて、文字の〈かたち〉となるのである。

そして文字の〈かたち〉だけでなく、言語音の〈かたち〉もまた同様である。音一般の形のなかから特定の音の粗密を言語音の〈かたち〉として駆動させるのは、人の係わりである。そこに初めて言語場が成立する。

道に落ちているスマートフォンから、録音されていたことばが鳴っていても、聞く人がいない。そこに音の形は実現していても、言語音の〈かたち〉、ことばの〈かたち〉は実現していない。言語場は駆動していない。スマートフォンからことばが鳴っているという、潜在的に言語場となり得る契機を、内に秘めてはいる。しかしそれは未だ言語場ではない。そこに生じている音は、風に揺れる森の音のごときものなのである。

二―二　ことばは言語場において、意味となったり、ならなかったりする

それは誰にとってもことばの〈かたち〉となるとは限らない

ことばが音の〈かたち〉であり、文字の〈かたち〉であることを見てきた。次の形はそれぞれどのように認知されるであろうか：

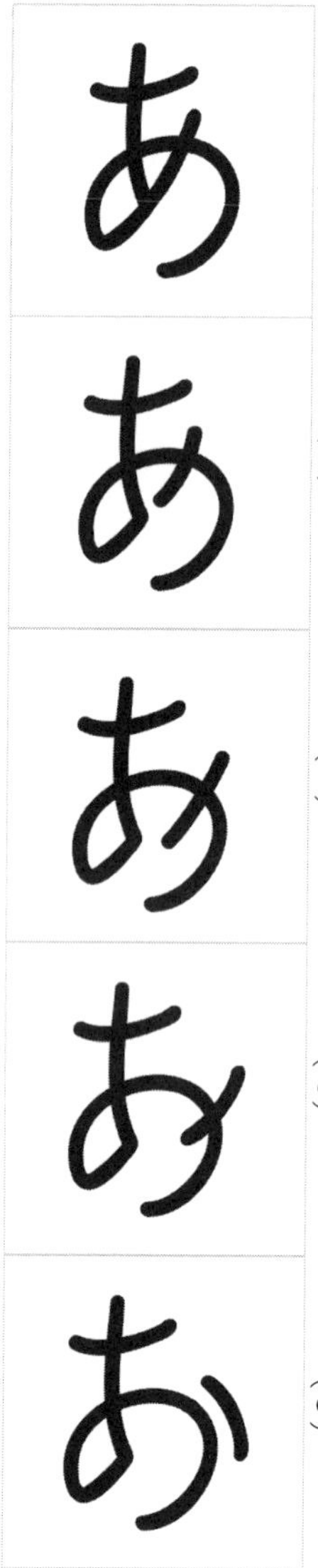

（a）（b）（c）（d）（e）

（a）は本書のほとんどの読者の方々に、平仮名の「あ」として認知されたことであろう。二画目が下に突き出るはずなのだがと、思った方もおられるかもしれない。（b）（c）と下るに従って、こ

れは「あ」に似ているけれど……といった具合に、躊躇や迷いが生じたかもしれない。（c）は何だか解らない、などとされたかもしれない。そうした躊躇や迷いの過程とは、まさにゲシュタルト崩壊の過程に他ならない。あるまとまった〈かたち〉として認知されなくなっている過程である。

ここで何よりも重要なことは、そうした認知のありようが人によっても、また見るときによっても、異なり得るという点である。このことは、私たちが言語を生きる〈構え〉を作るにあたって、いくら強調してもし過ぎることはない、ことばの原理に係わることがらである。ここでのように改めて言挙げされれば、誰しもが当然だと思うだろう。しかし私たちが現実に遭遇する様々な言語場では、そのことがしばしば忘れられる。換言しておこう——あなたのことばの〈かたち〉は誰にとってもことばの〈かたち〉となるわけではない。あなたのことばは誰にとってもことばとなるわけではない。

決定的なことに、（a）からを見せられたとしても、平仮名を知らない人にとっては、物理的な形ではあっても、「あ」という文字とは認知されない。〈話されたことば〉にあっても〈書かれたことば〉にあっても、実は人によって〈かたち〉となるありようは、皆それぞれ異なっている。このことが言語と意味にとって根底的な前提となることが解るだろう。もし（a）を「あ」という平仮名として、文字として、ある人が〈かたち〉にしても、他の人にとってはそれが〈かたち〉である保障など、どこにもないのだから。

次の例ではどうだろう：

（a）ᠨᠣᠮᠠ

（b）ნომა

（c）НОМА

（d）νομα

それぞれ（a）満州文字、（b）ジョージア＝グルジア文字、（c）キリル文字、（d）ギリシア文字でごく簡素な構造の/noma/ほどの音の連なりを表している。仮名で書くと「のま」となる。いずれも仮名のような音節文字ではなく、単音文字、即ちアルファベット式の文字である。右のうち満州文字だけは縦書きで、他は左から右方向への横書きである。満州文字は清帝国を作った満州族の満州語や、満州語と同系のシベ語を書くのに用いられた。やはり縦書きのモンゴル文字をもとに一五九九年に作られ、一六三二年に改良されて、いろいろ貴重な文献が残っているにも拘わらず、残念ながら満州語はほとんど絶滅状態である。ジョージア文字はロシア語式にグルジア文字と呼ばれた、四世紀に遡ると言われる、古くからある文字である。今日のグルジア語で用いられている、カフカス地方に生まれた文字である。キリル文字も一〇世紀には遡れる文字で、現在もロシア語、ウクライナ語、古くからのモンゴル文字に加えて使われるようになったモンゴル語など、いろいろな言語で用いられている。ギリシア文字は紀元前九世紀ともいわれる、非常に古い文字である。現代ギリシャ語で用いられているほか、アラビア数字と同様、いろいろな言語で記号のように文字だけ使われもしてもいる。

右の例で解るように、光の〈かたち〉である文字は、ある人にとってそれが文字としての〈かたち〉であっても、他の人にも文字の〈かたち〉であるとは限らない。

これは光の〈かたち〉としての文字の例であった。音の〈かたち〉としての言語音についても全く同様である。少女が掌に落ちた雫《しずく》を見て、/pi/「ピ」と言ったとしても、少女の前に立つ少年が、その音を「雨」の意だと解する保証など、どこにもない。逆に、少年が少女の髪が頬の前で揺れるのを見て、「かぜ」とことばを発しても、少女はそれを /param/「パラム」という意だとは、思わないかもしれない。韓国語＝朝鮮語で「ピ」は「雨」、「パラム」は「風」である。つまりことばが実現しても、そこに意味が立ち現れるかどうかは、その場に立ち会う人に拠る。もっと正確には、同じ人が立ち会っていても、ある場合には意味が立ち現れ、ある場合には意味が立ち現れないかもしれない。つまり〈ことばが実現する場〉ごとに、意味の実現のありようは異なっている。恐ろしいことに、意味は造形されるかもしれないし、造形されないかもしれないのである。

ことばは意味と〈なる〉あるいは〈ならない〉ものである

言語存在論の思考からすると、ことばと意味の関係は端的に次のようにまとめることができる：

ことばは意味を持たない。それは意味と〈なる〉のである

そしてことばが意味と〈ならない〉こともある

さらに言えば、〈意味となっているのか、なっていないのかさえ、不分明な言語場〉もいくらでもある。

意味の実現は謂わば実現から非実現の濃淡の階梯＝グラデーションのうちにあると言ってよい。意味の実現には濃淡がある。

同じことばが言語場ごとに異なった意味を実現し得る

同一のことばであっても、言語場ごとに意味は異なって現れ得るということも、重要である。昨日読んだ本の全く同じ文なのに、今日読んだら、私の中に立ち現れるその意味が、何ともう違っているではないか。明日読んだら、また違って現れるかもしれない。愛するあの人の全く同じことばが、そう、あの時と今とでは、あまりにも異なった意味をもたらしている。目の前のこの人のことばは、ああ、そういう意味だったのか、さっきまでは全く解らなかったのに。

これはまさに言語と意味をめぐる本質的なありようであり、今日の私たちにとってはいよいよ重要な前提である：

〈話されたことば〉であれ、〈書かれたことば〉であれ、言語が実現する場を〈言語場〉と呼ぶ
ことばが発せられても、当該の言語場で意味が実現するとは限らない
同じことばであっても、言語場ごとに異なった意味を実現し得る

ところが驚くべきことに、言語学はこうしたことに関心を払って来なかった。言語学は端的に言っ

て、「意味が通じる」ことを前提にして、ものを考えて来たと言ってよい。ことばが意味を持っていて、そのことばをやりとりするのが、コミュニケーションである、といった具合に。従って、どうやったらうまくコミュニケーションができるか、などといった問いの立て方はしても、そもそもの出発点に、ことばが意味を実現したりしなかったりすることがあるなどという現実は――悲しいことに、そしてしばしば滑稽なことに、こうした現実は私たちがこの地球上で日常的に経験している現実である――、言語学の思考の外にあったのである。

解り易いように、先には異なった言語間の例、異なった文字の間の例を典型として挙げたけれども、もちろんいわゆる同じ言語の間でさえ、ことばが意味を実現しないことは、私たちが日々経験している通りである。まずほとんどの言語に「それはどういう意味で言ってるの」とか「私はそんな意味で言ったんじゃないよ」といった類いの表現が存在するであろう。ことばが一定の意味を持っていて、それを遣り取りするのがコミュニケーションであるのなら、そうした表現が地球上で飛び交っている現実自体が、説明しにくい。

複数の人が聞くという言語場

ところで、一人が発することばを、複数の人が聞くという言語場が、いくらでもある。一人の発話者=話し手がことばを〈かたち〉にして、それを三人の受話者=聞き手が聞いたとする。そこには四通りの意味が実現し得るわけである。まず発話者自身が自らのことばに重ね合わせて造形する意味。

そしてことばを聞いている受話者三人が、それぞれのうちで造形する意味。四人のうちに造形される意味には濃淡がある。意味のこの濃淡は、意味の造形の確かさの濃淡であって、一郎はAという意味を造形し、幸子はBという意味を造形し、マキはCという意味を造形する、などといった、いわゆる「意味の違い」だけではなく、ここで留意したいのは、それぞれの意味に形造られる確かさの濃淡である。一郎は確実にAという意味を造形し、幸子はなんとなくBという意味を、マキはひょっとしたらCという感じかな、くらいに意味を造形するなどといった、そうした意味の造形の確かさといったものである。もちろん、ことばの意味の造形に失敗する聞き手、即ち意味が実現しない受話者＝聞き手も生じ得る。

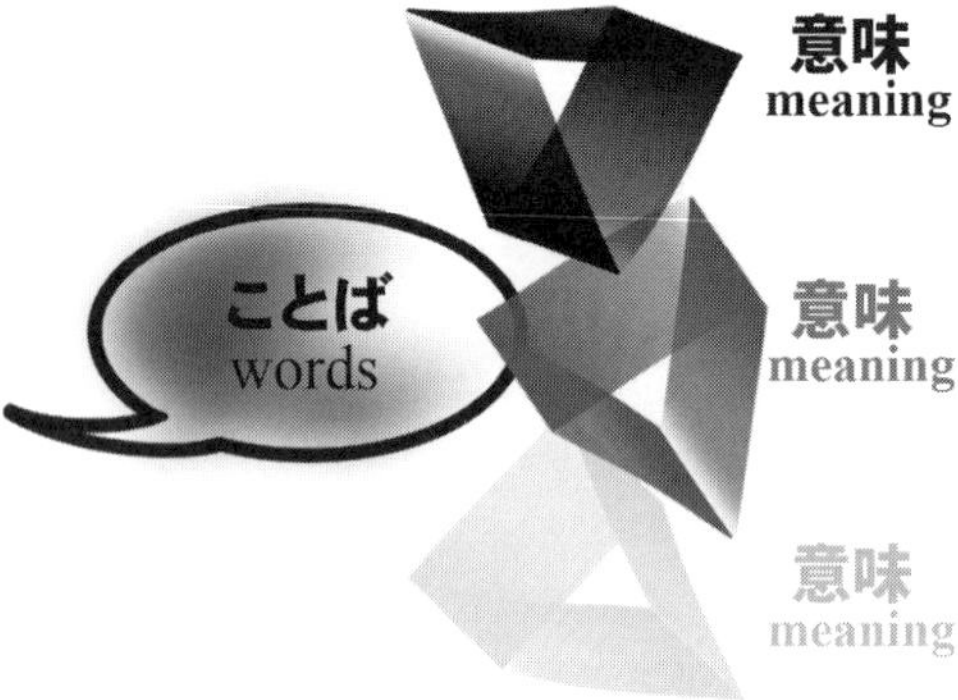

【図】言語場において同じことばに造形する意味は
人によって意味の姿形も異なり
意味の造形の確かさにも濃淡がある

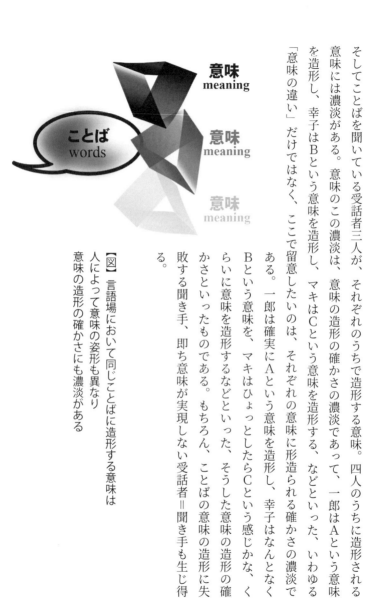

複数の聞き手＝受話者、複数の読み手＝受話者に、それぞれの意味が現れる

要するに、複数の受話者が存在する言語場では、いわゆる「意味の違い」だけでなく、右のような、意味の造形の濃淡までが複合されて、文字通り、人それぞれの意味が立ち現れることになる。これは〈話されたことば〉では日常のうちで目の当たりにする光景であろう。

釈迦のことばを、例えば十大弟子のように、釈迦が直接語る言語場を共にする人々が聞く。アーナンダ＝阿難陀が聞き、あるいはまたデーヴァダッタ＝提婆達多が聞く。もちろん釈迦のことばであっても、ことばはそれらことばに固有の意味を有しているわけではない。人は同じことばからそれぞれに自らの意味を造形し、記憶する。阿難陀は多聞第一と賞され、提婆達多は釈迦に違背したとされる人物であった。イエスのことばを使徒ヨハネが聞き、背信の汚名を着るイスカリオテのユダも聞く。受話者が異なれば、造形される意味もまた、異なるのであり、意味の先の生き方もまた、いよいよ異なるであろう。

言語学はこうした〈一人の話し手と複数の聞き手〉即ち〈一人の発話者と複数の受話者〉が存在する言語場についての意識は、ほとんど皆無であったと言ってよい。一人が話し、一人が聞く、そうした言語場しかほとんど頭になかった。二〇世紀後半にはとりわけコミュニケーション論では講義や講演などにも関心は向いたけれども、聞き手が複数あるそうした言語場については、一人が話し、一人が聞くことが、単に複数存在するくらいにしか、扱われてこなかった。いろいろな人がいるのだから、皆に解るようにきちんと話そうね、そういったコミュニケーションの技法の平面で扱われるのが、せ

いぜいであった。ことは、ことばと意味の原理に係わっているのである。同一の言語場に受話者が複数存在するなら、たとえことばは一つであっても、そこには複数の意味が立ち現れることが、言語にとって原理的なありかたなのである。言語学はそうした深い原理的なところまで下降しては行かなかった。

複数の受話者における意味のありようの多様さは、〈書かれたことば〉でもことは変わらない。同じホワイトボードの文字列の読み手、同じスクリーンの文字列の読み手＝受話者ごとに、同じ言語場であっても、意味の実現のしかたはそれぞれに異なっている。会議ではあなたが何の疑問も抱かない、自明と思うその文字列について、向いに座っている彼が、さも訝しげな表情で、発表者に質問していることだろう――「すみません、その○○○ってのは、どういう意味ですか」

同じ書物を異なった多くの人々が読む――古典に造形される意味

ところで、同一の読み手＝受話者が同じ書物を異なった場で読む場合に、意味の実現のありようが異なるといったことは、どうなのだろう。これも答えは簡単である。同じ読み手であっても、言語場が異なっているがゆえに、意味の実現のありようが異なるわけである。前に読んだ同じ本を読んでいても、読み手はもう以前の読み手ではない。その時間的な間隙の長さ如何に拘わらず、時が代わり、場が変われば、もう読み手の経験値は異なっている。自ずから、その時点でのその読み手が造形する意味も変化し得る。その場の環境のうちにあって、読み手の意味の造形の強度といったものも異なっているだろう。

例えば古典と呼ばれる書物が、古典として長らえていることを支えるのは、膨大な読み手＝受話者ごとに異なった意味が、まさに次々に実現しているという機制である。なるほどその古典の内容は深いかもしれない。しかし古典に記されていることばそれ自体に、何かしら神秘的な力が備わっているわけではない。文字列自体は全く変わりがない。しかしそのことばに造形される意味は、言語場ごとに常に異なっており、さらには多くの人が概ね似たように造形していた意味でさえ、時と共にどんどん移り変わりもする。古典だから人々が読むのではなく、人々が読むが故に、古典なのである。同じ読み手＝受話者が異なった時間や空間で読めば、同一の同じ文字列であっても、言語場が異なることによって、意味の造形のしかたも異なってくる。これもまた、多くの読書人が経験するところであろう。

古典などといった書物を前に私たちは、その書物が私たちを支えてくれているように感じるかもしれない。もちろんそこにことばが記されているという点においては、その通りである。その書物には敬意を払うに値する。しかしながら、実はかくも多様な私たち、そうした私たちが駆動させる個々の言語場こそ、その書物が古典としていま・ここで生きることを、支えているのである。

ことばはなぜ私たちを貫いて働くのか、ことばは私たちを繋いでくれているのか

今少し考えを進めてみよう。同じ言語場において〈かたち〉となった一つのことばに、その言語場に参画する人の数だけの、異なった意味が造形され得る。ことばと意味にとってこのことが原理的な

ありかただとすると、逆に、私たちは、個々にかくも異なった私たちを貫いて、ことばというものが働き得る仕掛けを、まさにその点にこそ見出すことができる。

ことばと意味について人々は古くから概ねこう考えてきた——ことばが特定の意味を持っているから、多くの異なった人々に通じるのだと。ことばは意味を持っていて、それを人々がやりとりしているのだと。ことばは意味を、つまり価値を持っていて——まるで貨幣のように——、それをやりとりするのがコミュニケーションであると、いつのまにか心のどこかで信じ切ってしまう。しかし事態は逆である。私たち皆それぞれのなかで造形される意味が異なるからこそ、ことばがことばとして生き続けるのである。ことばが私たちを繋いでくれているのではない。ことばを私たちが繋いでいるのである。私たちが私たちをことばで繋いでいる。謂わばこうしたパラダイムの転換を踏まえるだけでも、言語に対する私たちの構えは違ってくるだろう。

端的にこのように言ってもよい——私とあなたが異なるということ、それがことばがことばとして生きて働く仕掛けである。ことばに多様な意味を造形する、かくも多様な私たちの存在が、ことばを生きたことばとして、働かせている。私たちが皆、異なった人であること、そのことが言語を生きた言語たらしめている。

私たちが皆異なった人であるがゆえに、異なった人々の間で言語が働き得るというこのことは、言語というものの本質的な共生性の根拠でもある。

二―三　言語場は猛烈に変容している

太古、そこに在るのは〈話されたことば〉であったのか、〈書かれたことば〉であったのか

太古、人類にとって世界は自然でできていた。そうした自然の中にことばは生まれたであろう。ことばを生きる人々が現れたとき、そこに実現することばの一切は、〈話されたことば〉であった。未だ文字はなかった。

ここで疑問が湧くかも知れない。太古、海とか、雨とか、獣とか、子といった、自然のうちの様々な対象がまずあった。そしてそれらを例えば象徴するような記号のようなもの、前記号体とでも呼ぶべきものが、あるいは原記号態などと呼んでもいい、例えば近しい人と人との間に用いられるようになったりすることも、あるのではないか？　地面に書かれるとか、木に刻まれるとか、あるいは石を並べるなどして、食料たる獣、敵たる獣を意味するなどということも、あったのではないか？　だとすると、そうした前記号体はまさに文字の源泉に他ならないではないか。あるいはそうした〈書かれたことば〉が〈話されたことば〉より先にあった可能性も捨てきれないのではないか？　大体、ことばなどなくとも、絵は描けるではないか？　談話ではなく、テクストが先に存在したとも言えるのではないか？　そうした書かれたもの＝エクリチュールこそが始原なのではないか？

なるほど魅力的な思考である。だが、今一度思い起こそう。呼称はともかく、もしやそうした前記

号体のようなものがあったとしよう。するとそれは記号と呼べるようなものかもしれない。そこに示される「意味」といったものもあるかもしれない。しかしそれは〈ことばに即した意味〉ではない。

私たちは厳密なる前提から出発した。意味を論じ、記号を論じる際に、〈ことばに即した意味〉と、そうでない「意味」とは、厳密に区別せねばならない。ことばと関わりのないところでの〈象徴〉さらには〈想起〉〈連想〉といった働きは、例えばむくむくと育つ黒雲が、やがて来たる雨を想起させるなどといったように、人の世界のありとあらゆるところに見出すことができる。ある対象が人に別な対象を想起させる働き。ここで言われているような前記号体は、人の足跡が、「人がいた」とか「人が通った」という「意味」であると主張するのと、何ら変わらない。そうした想起や連想の一事例に過ぎないのである。

念のために付け加えておく。その足跡を目的意識的に記したかどうか、という点にことばであることやテクストであることの根拠を求めてはならない。私たちが自分を振り返って考えると解るように、ことばは常に目的意識的に発せられるものとは限らない。目的意識性はとりあえず簡単に棄却される。

私たちは自らを戒めねばならない。ここでの足跡論のような議論へと踏み入るのは、人《ヒト》の言語や意味についての思考を、動物たちの「言語」や「意味」に溶かしだしてしまう所為に他ならない。人の足跡から、人の存在を捉えるのは、ヒトだけではない、もしかすると、視覚や嗅覚や触覚を手がかりに獣たちにもまた、開かれているかもしれない。そこに立ち現れるのは、私たちが今考えようとしている〈ことばに即した意味〉ではないし、それら前記号体は未だテクストでも、エクリチュールでもない。性質の異なる対象に、比喩で触手を伸ばしてはいけない。もちろん、触手を伸ばすこと自体は、決して悪いことではない。ことばの始原や、〈話されたことば〉〈書かれたことば〉の始原に思いを馳せるのは楽しい。ただしそれは、〈ことばに即した意味〉をしっかり押さえることに徹してからでも、決して遅くはないし、そのほうがより豊かな実りへと誘ってくれるであろう。論への視界は広く解き放たれてよい。しかし論の階梯には禁欲的でなければならない。ことばと意味をめぐる議論にはいつも、例えばポストモダニズムなどが踏み入りやすい陥穽が、あちこちに口を開けている。

やはり素直にこう出発しておかねばならない——太古、そこに在るのは、〈話されたことば〉であった。

言語場の変容は世界史的な事態ではなく、遙かに長い、人類史的な事態である

太古、ことばは音の世界にのみ実現し、光の世界のことば、文字の出現までには果てしない時を経ねばならなかった。人類史という長いスパンの、極めて新しい時代に文字が出現したのであった。〈話されたことば〉と〈書かれたことば〉のこの時間的実現の密度の差には意を留めておこう。

ホモ・サピエンスと名づけられた種の存在が、数十万年を優に遡ると言われ、言語の起源との係わりに限っても、考え方によっては数百万年さえ遡るやもしれぬ人類史にあって、ことばが出現して以来、そのほとんどは、〈話されたことば〉だけが行われた時間であった。そして言語が行われる場は、基本的に〈話されたことば〉の言語場であった。人の声が届く、ごく限られた時空間であった。人と

人とが〈今・ここ〉で語り合う言語場であった。換言すれば、ことばとは、生身の〈声〉を実体としながら、常に〈今・ここ〉に在るものであった。そうした〈話されたことば〉の言語場のありようは、空間的にいくら拡大されても、都市《ポリス》・アテナイの討論の場を超えるような大きさには、決してなり得なかった。

永い〈話されたことば〉の時代に比して、僅か数千年しか遡らない、人類史の極めて新しい時代になって、〈書かれたことば〉が出現した。音の形でしか実現し得なかったことばが、光の形としても実現することとなった。

今日残っている古い文字の多くは、楔形文字や甲骨文字に典型的なように、平面に刻まれる姿をとっており、凹凸を含めた、テクスチュア=肌触りが際立つ姿をしている。光の世界に実現するという、原理的には視覚的な性格を基礎にしながら、文字たちは触覚的な性格も併せ持っていたのであった。岩石、木片、パピルスや布、紙、そして稀には人の肌。文字が位置を占める身体の変容は、そうした触覚性の変容をも伴っていた。文字は、反射光という光のうちに存在するものであったが、二〇世紀の電飾文字では文字が自ら光を放つものとなった。今日、ディスプレイの上の文字は、文字通り光の粗密そのものとも言うべき姿を湛えている。

文字は同時に文字自らが人の身体性をも曝《さら》け出させるものであった。刻んだり、焼き込んだり、貼り付けたり、擦りつけたり、押しつけたり、滲ませたりと、文字とはその姿のうちに身体性が如実に現れるものであった。文字はしばしばそうした身体性を誇示するものでもあった。例えば王羲之《おうぎし》

(307?-365?) の名に象徴される、東アジアの〈書〉はその究極形態である。他方、凹版や凸版印刷に続いて、平版の一種であるオフセット印刷の普及は、文字の身体性を希薄化させ、身体性を謂わばニュートラルな平面に擦り込んでしまった。オフセット印刷は版と紙の間に媒体となる転写体が存在しており、このことが身体性の希薄化をもたらしている。

いつの頃か、まるでピアノを演奏するように文字を打鍵する、タイプライタと呼ばれるギミックが現れた。それは謂わば活字を一本一本高速で紙に叩きつけるような仕掛けであった。そしてPC。同じく打鍵の姿を取っていても、その後の猛烈なデジタル革命は、文字そのものが醸し出す身体性を、完全に拭い去ってしまった。ディスプレイ上の文字は、文字通り光の粗密そのものである。それどころか、光の粗密によって形を結んでいる、まさにその文字の上を、指で触れたり、擦ったりしながら、新たなる文字を次々と形に産み出していくことへと至った。今日、掌の上のデバイス上で文字を書くという営みは、肌に触れゆく化粧のごとくである。

〈書かれたことば〉を書くという言語場だけ見ても、このように大きな変容を経て来ている。そして現在は〈話されたことば〉と〈書かれたことば〉の相互変換、さらにその過程における言語の取り替え＝翻訳といった言語場までが、日常のものとなっている。父はGoogleに声を掛け、母はSiriを呼び出し、姉はAlexaに相談する。街角では小さな翻訳機を片手にした異郷からの訪問者と、人々が微笑み合っている。言語場の変容は〈話されたことば〉と〈書かれたことば〉の存在の原理をも侵食し、話すことが書くこととなり、書くことが話すこととなる。

言語場のありようをこうしてほんの少し垣間見ただけでも、ごく短い密なる私たちの時代が、人類史的なスパンにおける、言語場の巨大にして急速な変容のただ中にあることが知れる。〈今・ここ〉というありかたの〈話されたことば〉の言語場の時が永く続いた果てに、やがて〈話されたことば〉と〈書かれたことば〉が密集する時代を迎えたのである。

第3章 世界の半分は言語でできている
——ことばのパンデミック

三—一　言語が私たちの生の隅々に襲いかかる

生まれてから、いや生まれる前から、死んだ後にまで

〈話されたことば〉と〈書かれたことば〉が密集する時代に生まれた私たち。私たちの周りはいつもことばで溢れていた。生まれるやいなや、いや、事によっては、母の羊水の中に浮かんでいるときからもう、ことばが聞こえていたのかもしれない。そして日々、人生を生き、やがて眠りにつき、ここでもまた事によっては、躬《み》など朽ち果てた後にまで、ことばは浴びせかけられているかもしれない。

満ち溢れることばから離れる時間は、今日多くの人々にとって、人生のごく普通の状態などではさらさらなく、むしろ意識的に獲得せねばならない特別な時間だったり、稀にしか得られない非日常の時間のごとくである。そう、喧噪を避けて、心を休ませねば。静かな旅にでも出よう。さて、どこへ行こうか、ちょっとサイトを調べて、お、こっちの宿のほうがいいかな、どれどれレビューは――そこでもまたことば、ことば、ことばである。広告のことば、様々な情報を知らせることば、ちょっとした幸せを分かち合ってほしいということば、不満をぶつけることば。そう、あちらこちらがことばに溢れている。私たちが生き、私たちが死に行く、ありとあらゆる時空間が言語場として駆動する。

ことばはただ溢れているのではない、速度を持って溢れかえっているのだ

今日の言語場に溢れていることばたちは、ただ密集しているのではない。速度を持って蠢いているのである。掌の上の小さなデバイスに、ことばは次々に送り付けられてくる。ニュースやSNS、YouTubeを始め、様々な姿でことばがやって来る。今日的なことばの特徴はそれらが圧倒的な速度を持っているという点である。換言すると、私たちの周りには速度を持ったことばたちが蠢いているのである。

グーテンベルクの時代の言語場の変容を見ると、それ以前に比して、〈書かれたことば〉の総量は格段に増えたけれども、ことば自体が速度を持っているというようなありようではなかった。むしろ人が書物を、ことばを訪ねていくというありようであった。書物に記されたことばたちは、人が書物を繙《ひもと》く、即ち人が訪れることによって、ことばの形が〈かたち〉として言語場の中に活性化したのである。今日の携帯デバイスに現れることばたちは、黙っていても送り付けられて来る。人がことばを

訪れるのではなく、ことばの方が人を訪れて来るのである。それも速度を持って。そのありようは、単に訪れるというより、しばしば襲いかかって来ると言うにふさわしい。

携帯デバイスやPCのマルチウィンドウ、マルチタブ、そしてマルチタスクといった仕組みは、デジタル処理における画期的な変容であるばかりではなく、人とことばのインターフェイスの画期的な変容でもあった。書物の時代の〈書かれたことば〉と人とのインターフェイスにおいては、ことばはいつも単一の平面に存在していた。これに対して、今日の人とことばのインターフェイスは、レイヤー(layer)構造が初期状態となった。つまり私たちは最初からレイヤー構造に向き合っている。これはテレビのチャンネルを回すとか、ボタンでチャンネルを切り替えるといった、ある階梯を経るような、テレビの時代の体感状態とも異なった、ヒトと言語の界面のさらなる進化態である。ここにおいてレイヤーとはことばがその身を置く生息地そのものである。そして今日の言語場に現れるレイヤーに注目すべきは、〈話されたことば〉と〈書かれたことば〉の双方を自由に受け入れ、装塡しているという点である。双方を見事に畳み込んで取り入れるレイヤー構造によって、マルチウィンドウ、マルチタブ、マルチタスクはことばの密集化を可能にした。かくしてレイヤー指向《オリエンテッド》のインターフェイスは、表示される面の重層化だけでなく、形となったことばの存在様態の重層化を可能にしたのである。文字通り、ことばの裏にはまた異なったことばが息づき、多重に重なったレイヤーそれぞれにことばが蠢いている。インターネット上を遠くからことばがやって来るという距離感のみならず、多層に重ねられたレイヤーそれぞれに、ことばが出番を待っているという重層感を、私たちはごくごく普通のものとして味わっている。

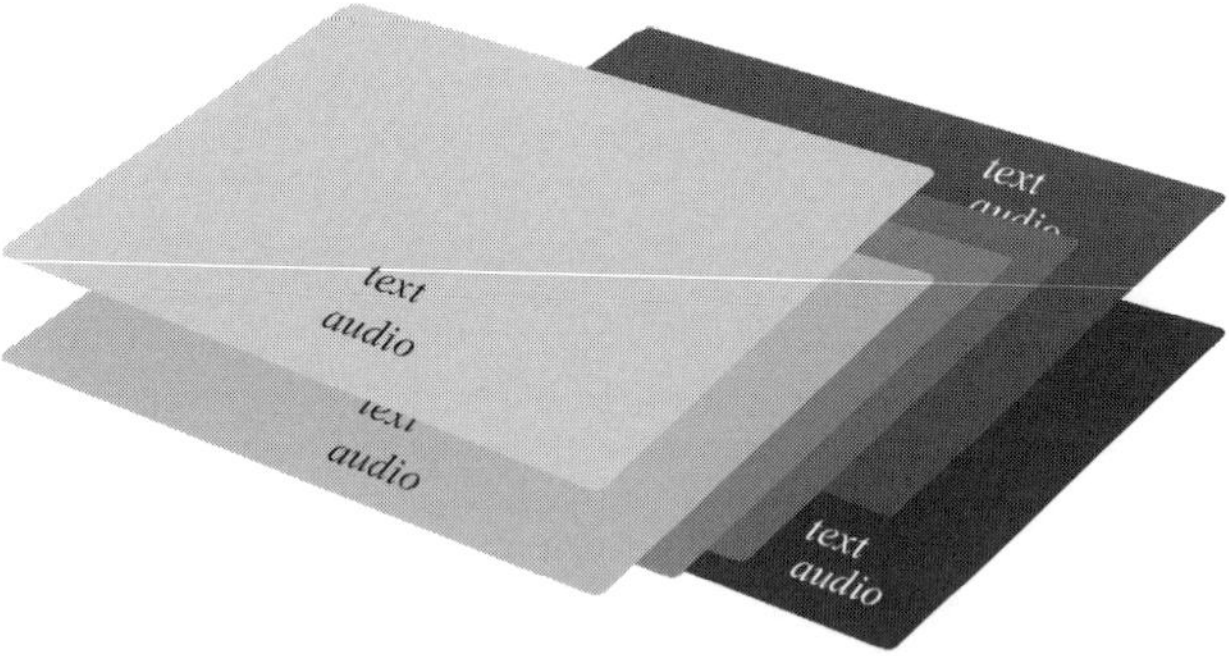

【図】今日のデジタル機器におけるヒトと言語の界面は
〈話されたことば〉としてのaudioと
〈書かれたことば〉としてのtextを
多層のレイヤーのうちに自在に畳み込んで装塡し、
言語場において特定の階層を一瞬で前景化し得る、
レイヤー・オリエンテッドな存在様態を示す

つまり私たちにとってことばとは遠くから一瞬でやってくるものであると同時に、一瞬で、そして次々に異なったことばに変容し得るという性質のもの、一瞬で自らの掌に密集するものとなっている。こうした一瞬性に象徴される速度感といったものは、書物の時代にはなかった、そしてテレビの時代にさえなかった、今、この時代の〈かたちとなったことば〉の著しい特徴である。今日の私たちはことばを前に、速度戦を強いられている。

ことばは速度のみならず、質量や質感を持ってやって来る

今一つ注目しておこう。ことばは言語場に単なる「情報」としてやって来るのではない。謂わば質量や質感を持ってやって来る。抽象化されたことばというものがやって来るわけではなく、言語場においては常に音や光のリアルな身体を曝しながら、そこに立ち現れるのである。

〈話されたことば〉は今日デジタル的な合成音でもあり得るし、人が話すことの録画や録音でもあり得ると同時に、生身の人の声でもあり得る。そのいずれであっても、そこには自ずから音の高低や強弱や大小、優しさや冷たさ、はたまた色艶《いろつや》などといったリアリティまでもが、謂わば質量や質感とでも呼べそうなリアリティが、不可避に纏《まと》わり付いている。

例えば、誘いに対する「いいよ」という承諾の一言が、歓びと共になされたのか、不承不承のそれなのかは、日本語の音韻 /iiyo/ だけからは解らない。表情や仕草は見えずとも、少なくともことばに纏わり付いている質量や質感といったリアリティを、当該の言語場において受話者が手掛かりにするしかない。

〈書かれたことば〉の有する質量や質感は言うまでもない。書があり、タイポグラフィがあり、文字という身体が躬《み》を横たえる紙や布やディスプレイがある。

言語場において〈かたち〉となることばには、常に質量や質感といった現実が本質的に纏わり付いている。そうしたことばが速度を持ってやって来るわけである。

言語学は濾紙によってことばから質量や質感を濾し、情報学と通婚した

スイスの言語学者、フェルディナン・ド・ソシュール(Ferdinand de Saussure, 1857-1913)をその決定的な始祖とする二〇世紀言語学は、ことばが持っている質量や質感、あるいは速度といったもろもろのリアリティを取りあえず不問にすることによって始めて、精緻な学問として成立したのであった。個のことばたるパロール(仏 parole)と公の言語たるラング(仏 langue)という図式が、言語学の根幹に据えられる。様々なリアリティがパロールの余計な不純物として取り除かれ、言語学はラングの研究として位置づけられることとなる。かくして言語学は、音韻論という濾紙《フィルター》で濾《こ》されたことばを、対象にしていたのである。

もちろんこのことを今日的な視座から一方的に非難はできない。何よりも言語学のその後の膨大な成果はまさにこうした濾過装置によって可能となったものだからである。重要なことは、そこで抜け落ちているものは、本当に失うままでよいような、副次的なものなのか、という点である。

一度濾過され、音韻レベルに平坦化されたことばは、「情報」という均一の平面で扱いやすくなる。二〇世紀後半からのデジタル革命にあっては〈話されたことば〉と〈書かれたことば〉の変換も容易となり、ことばをバイト(byte)といった単位で自由に扱えるまでになった。質の完全な量化である。ことばの量化さえ自由になれば、あとは量の巨大化はもうお手の物である。ビッグデータ。時代は大々的に言語学と情報学の通婚を奨励する。付け加えておくなら、そこで己の存在が霞み始める者たちの名を、人文学と言う。

変体仮名を捨てることによって、大切なものを捨てているかもしれない

日本語の〈書かれたことば〉の世界を考えてみても、ことばから質量や質感を濾過する過程を、私たちは仮名を用いて書かれた、膨大な〈古典〉群によって視覚的な形で明確に認識することができる。それらの古典群には今日〈変体仮名〉を呼んでいる仮名が、奔放に、自由自在に用いられていた。変体仮名は基本的に漢字の草体からなっている。例えば「あ」は「安」の草体からできているが、他にも「阿」「愛」「悪」などの草体が用いられるといった具合である。ところが今日私たちが普通に手にする書籍においては、変体仮名は全て現用の仮名に置き換えられている。「安」も「阿」も「愛」も「悪」も、いずれも濾過されて、「あ」という形に造られている。厳密な校訂を経た、学問的な裏付けのある古典の全集などでも、ことは変わらない。つまり私たちが触れている古典は、あるがままにとは言わぬまでも、少なくとも文字がもともとあった形で、十全にテキスト化されているわけではない。現行の仮名に慣れきっている私たちは、こうしたことをいつしか忘れている。

これは一九〇〇（明治三三）年の小学校令施行規則により、平仮名が一音一字に統一されたことに拠る。もちろん、変体仮名など仮名の字体のそうした統一を、無下に悪いことだと、決めつけることはできない。教育というものがほとんど一部の人々に独占されてきた歴史の過程を踏まえるなら、むしろ仮名の統一で得るものの方が、はるかに多かったであろう。

仮名の統一について以前、こう書いた：

〈書かれたことば〉の表記のこうした統一は、とりわけ貧しい農村などが、読み書きさえろくに学べない環境にあった時代ですから、教育という観点から言語生活全体を見ても、必要なことでありました。同時に、明治期における〈書かれたことば〉の表記の統一は、政治や軍事の網を国内の隅々まで張り巡らせる〈書かれたことば〉という実体そのものの統一だったわけです。法はまさに〈書かれたことば〉そのものですし、あらゆる示達《じたつ》、訓令や通達、告示、命令、指示などと、いろいろなことばで呼ばれているものは、全て〈書かれたことば〉で裏打ちされます。〈書かれたことば〉は私たちの生のありとあらゆるところを規定しているわけです。

——野間秀樹 (2014a:64)。傍点も

だが現在は条件が大きく異なっている。多くの人が書物を読むことができるようになっている時代なのである。「人」を漢字で「人」と書くのか、「ひと」と書くのか、あるいはまた「悲と」と書くのか。音と対応する記号としての仮名であれば、どう書いても変わりはない。しかし〈書かれたことば〉にあっては、そこには紛れもなき光の〈形〉があり、わたしたちはそこに〈形〉を見、〈かたち〉を見るのである。今日の文字のデザイン、タイポグラフィの隆盛を考えれば、文字の形が私たちの感性にとって、いや、知性にとってさえ、どれだけ重要なものであるかが解ろう。変体仮名を捨てることによって、大切なものを得た一方で、私たちはきっと大切なまた一方のものを、捨てていたのである。変体仮名については、第四章で今一度触れることにしよう。そこでは希望の光が見えることだろう。

三―二　言語が私たちを造形する――知性も感性もイデオロギーも

言語と思考――それは「と」で結べるのか

私たちの思考を形造るのに、言語が、大きくしばしば決定的に関与しているとは、つとに説かれるところである。よく知られている言説には、例えば、ベルリン・フンボルト大学（独 Humboldt-Universität zu Berlin）の名称にも創立者としての名を留める、プロイセンの言語学者、ヴィルヘルム・フォン・フンボルト（Wilhelm von Humboldt, 1767-1835）の論考や二〇世紀米国の構造言語学の象徴的な言語学者、エドワード・サピア（Edward Sapir, 1884-1939）とその弟子、ベンジャミン・ウォーフ（Benjamin Lee Whorf, 1897-1941）によるサピア＝ウォーフの仮説、いわゆる言語相対論、あるいは言語決定論を挙げることができる。ウォーフ(1993)。ただしこの問題をめぐる言説には心してかからねばならぬものも、少なくない。言語学の立場からの研究史については、同書の訳者解説で池上嘉彦が言語と認知という観点も交え、丁寧に纏《まと》めてくれていて、学ぶところが多い。

さて言語と思考と言ったけれども、これらが果たして同じ平面において「と」で結びつけ得るような対象なのかと、問いを立てただけでも、既に「言語と思考」という並列自体が危ないことが解ろう。素朴に考えればよい、つまり思考が対象化されるときには、言語という〈かたち〉をとるのが、ごく普通のありようである。もちろんドローイングでも絵画でも、写真や建築や音楽でも思考は形にはなるかもしれない。でもそれらの形を「思考」であると主張するためにはまた、言語が用いられることになるだろう。

象徴的に言うなら、言語は思考の身体である。言語は文字通り思考そのものに喰い入って、思考を形造るわけである。ゆえに「言語」なり「思考」なりというこの二つは、実のところ、「言語と思考」のように同じ平面に並列できるような対象ではない。「この二つ」と言ったけれども、本当はこれらは何かどろどろした混ざりもののようになっていて、そもそも「二つ」でさえないかもしれない。もしそのような可能性があるのだとしたら、その混ざり合いのありようこそがぎりぎりと追究され、描き出されねばならないわけである。「言語と思考」と名づけるやいなや、ひょっとしたらあるかもしれない、そうした混ざり合いの可能性は、私たちから遠くに押しやられてしまう。それゆえ、「片や言語があって、片や思考があって、それらの関係は」といった具合に考えるよう、ことばで設《しつら》えられた筋道の採り方自体も、あまり無防備に納得してはならない。

このように言語は、例えば「と」といった助詞一つで、同じ平面にない対象をいくらでも組み合わせて、一つの言語的な対象世界に何かしらの姿を造形することができる。まさにことばによって私たちは思考を〈かたち〉にしている。思考を造形している。

なるほど、言語によって、地域によって、こんな小さなことも発想が異なるのか

「Google ニュース」というサイトがある。「ヘッドライン」なる一群がまず眼に入って、無論ユーザー

の設定にもよるが、「おすすめ」の一群がこれに続いている。本家、米国の英語版だと、Headlines に続いて、For you、「あなたのための」「あなたのために」。

フランスの仏語版の Google Actualités（Google ニュース）では、À la une（第一面に）があって、Pour vous（あなたのために）とある。二人称代名詞は親しい間で用いる親称ではなく、敬称である。アルゼンチンのスペイン語版では、Titulares（見出し）に Para ti（あなたのために）。仏語と西語をパラレルには測れないけれども、とりあえず、こちらの二人称代名詞は敬称ではなく、親称を用いている。ロシアのロシア語版 Google Новости では Заголовки (Zagolovki)（見出し）に Для вас (Dlja vas)、英語に直訳すると For you となってしまうけれども、敬称である。独語版を見よう。Schlagzeilen（大見出し）、Schlag は「打つこと」、Zeile は「行」、この合成語である。これに続いて、おや、ここでは Für mich とある。「あなた」ではなく、一人称で「私のために」「私のための」。なるほどこれはちょっとした驚きである。

東アジアを見てみよう。中国の中文版だと、「要闻」(Yàowén)（重大ニュース）に「为您推荐」、繁体字で書くと、「為您推薦」(Wèi nín tuījiàn) で「あなたへのおすすめ」。二人称代名詞「您」(nín) は敬称である。台湾の中文版では、「頭條新聞」、簡体字なら「头条新闻」(Tóutiáo xīnwén) で「ヘッドラインニュース」。ちなみに「ヘッドライン」の訳語は、見て解るように、「ヘッド=頭」「ライン=条」を組み合わせて「頭条」ができている。「honey = 蜜」+「moon = 月」が「蜜月」となるような、こうした翻訳語の造語法をなぞり=カルク (calque) と呼ぶ。「おすすめ」のところは「為你推薦」(Wèi nǐ tuījiàn)、こちらの二人称代名詞「你」(nǐ)は大陸版と違って、敬称ではない。

韓国語版も見ておこう。「헤드라인《ヘドゥライン》」(ヘッドライン)と英語からの外来語になっている点は、日本語と同様、For you のところは「추천《チュチョン》」(推薦)である。すぐ下に、「권장《クォンジャン》 애플리케이션《エプルリケイション》——내《ネ》 관심분야를《クァンシムプニャルル》 토대로《トデロ》 추천됨《チュチョンデム》」(おすすめアプリケーション:私の関心分野を土台に推薦される)とある。誰にでも使える you のような二人称代名詞は、韓国語には存在しない。ここでは一人称の「私」の関心分野云々となっている。

たったこれだけ見ただけでも、言語によって、また地域によっても、何かと異なっている。こうした違いの現れは、言語を考えるには、とても楽しいことには違いない。なるほど言語によって、地域によって、ことばを形造る発想にも、こんな違いが現れるのかと、驚くべきことかもしれないし、逆に、でもやはり翻訳だけあって、なんだかんだ似ていると言えば似ていると、納得すべきことかもしれない。こうした違いを大きいと見るか、小さいと見るかは、何を主たる問題にしているかに拠るので、一概に決めつけるわけにはいかない。言語の違いよりも、どのような概念装置を用いて、どのような議論の平面で論ずるかといったことのほうが、考える過程にははるかに強く作用する。さらにまた、こうした違いをもって、だからこれこれの民族はこれこれなのだなどと、決して早まってはいけない。言語と民族性などを直結させて断罪しようとする、そうした思考自体は、単に誤っていることを超えて、著しく危険である。

言語の違いを超えて襲いかかるもの

民族性などは直接的に係わりがないとしても、言語によって、地域によっても、右の例のような小さなところでも異なるのだから、私たちの発想のしかた、思考の水路といったものは言語によって一体どれほど異なるのだろう。私たちの知性や感性も言語によって異なるのだろうか——何度も言うけれども、なるほど、それは面白い課題である。しかし今日の言語場において最も警戒すべきは、そんなところにはない。そんな問題を吹き飛ばすほどに、言語の違いや地域の違いを超えて、私たちに密集して襲いかかって来るもの、それが速度と質量や質感を持った、ことばの奔流だからである。

このことは少し考えて見れば、すぐに解る。右に挙げたGoogleニュースのことばが、毎日のように、場合によっては一日に幾度も私たちの目に曝《さら》されるのである。別にGoogleでなくとも、同じことである。MSNでもYahooニュースでもよい。私たちがいつも見ているそれだ。繰り返し、繰り返し目の前に曝される文字列という機制。「あなたのために」か「私のために」かといった違いや、敬称か親称かの違いくらいならともかく、もしそれが私たちの生を根底から左右するようなことばだったら？　私たちの思想の根幹を形造るようなことばだったら？

絶えず猛烈な速度を持って、恐ろしい高頻度でことばが反復されるということが、何よりももう危ないのである。静寂なる擦《す》り込み。こうした擦り込みが、例えば自分たちの消費行動などに反映されることは、私たち自身がよく知っている。資本によるテレビコマーシャルの威力は、二〇世紀に既に多くの人々が体験していることである。テレビニュースのことば。新聞の頭条《ヘッドライン》。雑誌の見出し。今日、雑誌ももう斜陽だからなどと、雑誌の見出しを侮ってはいけない。擦り込みという機制にとっては雑誌それ自体が読まれる必要はない。満員電車で日々目に焼き付けられる、雑誌の中吊り広告だけで充分である。雑誌はそれ自体より、その広告がより強力なイデオロギー注入装置なのである。そしてSNSにYouTube。ビルの巨大スクリーンから掌の中のデバイスまで、反復されることばたちの身体のヴァリエーションには事欠かない。その繰り返されることばが、差別扇動のことばだったら？　個別資本どころか、例えば国家のことばだったら？

ことばで名づけると、それはとりあえず「在る」ことになってしまう

言語が誕生した、私たちの生きている宇宙が、在る。端的に言って、私たちが「宇宙」などと取りあえず呼んでいるような、そうした世界が、先に在った。今日の人類の叡智ではそのような世界が果てしない昔から先にあったとされていて、私たちもおそらくそうなのだろうと信じている。そうした世界に人が生まれ、言語が生まれた。つまりことばより先に、言語のあるなしに拘わらず、言語外的な世界があったし、ある。言語学ではこうした世界、こうした世界に起こっているもろもろを、言語外現実(extra-linguistic facts)と呼ぶ。

言語はそうした言語外現実の中に生起する。時間的空間的な果てさえ、あるかないか解らないほどの、巨大な言語外現実に比べれば、言語が実現している言語場の時空間は、もう点とも呼べないほどの小さな時空間である。ところがそうした小さな時空間に生起することばたちは、例えば「宇宙」な

どというたった一つの名詞で、この途方もなく巨大な言語外現実に名づけを与え、物理的なことばの〈かたち〉として対象化し、一括りに形象化するといった離れ業を行っている。極めて小さな言語場の時空間で〈かたち〉となったことばの、造形する意味を辿《たど》ってゆくと、いつしか果てしなく巨大な時空間を包んでいるようなものである。謂わば言語はいつでも自在なるクラインの壺なのだ。言語的対象世界にのみ存する、言語でできたクラインの壺。今更ながらに、言語の驚くべき機制であり、機能である。

ことばが〈存在〉をアクティヴェイトする

こうして見てくると、ことばで名づけること(naming)とは、私たちの頭の中にそれを、それなりの輪郭を持った対象として在らしめることに他ならない。茫漠たる対象、未だ名もなき漠然たるそれ、それに例えば「宇宙」という名を与える。言語学ではそれを〈分節〉するということばで呼んだ。世界を分節するだけではなく、それらを組み合わせる、例えば「AとB」などという名づけもまた対象を造形する装置である。そのことによって茫漠たる何ものかは、たちどころにそれなりの輪郭を有する存在の形となるのである。名づけをめぐって〈分節〉という点には二〇世紀以来多くの論者が言及し、注目してきた。分節の仕方が世界観を造るのだ、などとも言われた。ここで注目したい点は、既存の多くの言語論のような、分節の仕方だとか、分節することと世界観との係わりといった問題ではなく、名づけることがまさに私たちの内にあって「存在」を駆動させるという機制にある。

この点は気をつけねばならない。名づけができたことと、その対象が、実際に言語外現実に「在る」かどうかとは、係わりがない。即ちことばで名づけることは、その対象の存在を保証などしない。しかし私たちはことばによって、私たちの頭の中に、しばしば心の中にと呼んでよいほど強く、その対象を造形しにかかるのである。言語を手掛かりに、言語的対象世界を造形しようとする。

これをことばの〈とりあえず在ることにしてしまう機能〉と呼んでおこう。ことばの〈存在化機能〉と言ってもよい。ことばは私たちの中で対象の形造り(shaping)をし、塑造作り(molding)を行うことによって、言語的対象世界において「存在」をアクティヴェイト(activate)するのである。言語的対象世界に形作られたものたちは、しばしば長いこと、私たちの意識に棲息する。曰く、宇宙、世界、エーテル(aether)、亡霊、STAP細胞、恋、そして神。

〈無〉さえも〈ある〉ことにしてしまう存在化機能

ことばで語ってしまうと、それが在ることになってしまうということについて、『世説新語』文学編に見える、魏の時代の思想家、王弼《おうひつ》(Wángbì, 226-249)が語ったという、「無」の件《くだり》に照らして見ても面白い。目加田誠《めかだまこと》訳注(1975: 245)から引く。また和久希《わくのぞみ》(2017: 22-23)参看。

裴徽《はいき》という人物が王弼に尋ねる。「そもそも無はまことに万物のもとであり、聖人も敢えて言い及んだことはなかったのに、老子がしきりに無を語っているのはどういうわけだろうか。」これはなかなか鋭い問いである。王弼が答える。聖人というものは無を体《たい》しているのであって(聖人體無)、無は訓を以て云々することができない（無又不可以訓）、つまりことばで訓《おし》えることなどできないものである、「故に言は必ず有に及ぶ」（故言必及有）、「言」即ちことばにすると、必ず「有」即ち〈ある〉ということについて語ることになってしまうのだ、「老荘は未だ有を免れず、恒《つね》に其の足らざる所を訓へたるなり」、この点で老子、荘子などはまだまだだと、手厳しい。

「言は必ず有に及ぶ」ということばから私たちは、〈「言」によって「無」は語れないから、「有」のほうを語ることになる〉ということを考えることもできるし、〈「言」によって「有」を語ると、その実、結局のところ語り得ぬはずの「無」を、「言」で語ることになってしまう〉ということを、考えることもできる。そこでは「無」は常に「有」の対なのだから。

右の件から私たちがどのように思いを致すにせよ、あるいは右の件のテクストの中の王弼がどう考えていたにせよ、ここで理路の背後に隠れている決定的な結節環は、ことばで「無」などというものまで名づけてしまっているということにある。そのことによって「無」でさえ何かしらの「存在」が、私たちの言語的対象世界に活性化し始めるのである。「無」と「有」を対にできるのも、ことばの存在化機能による。

さらには「無を体する」などという「聖人」の姿まで、立ち現れて来んばかりではないか。これとて、「聖人體無」ということばの〈かたち〉に出会う以前には、私たちの言語的対象世界には「存在」しなかったものであろう。ちなみに申し訳ないのだが、なぜかここで孔子のような聖人像ではなく、仏僧、袋を担いだ、ふくよかな布袋さんの姿を思い浮かべてしまい、可笑しくて仕方なかった。——ということばに接すると、きっとまた聖人が無を体している、新たな「存在」の姿が駆動したことであろう。

ことばの〈とりあえず在ることにしてしまう機能〉＝〈存在化機能〉は名詞的な対象に留まらない

言語のこの〈とりあえず在ることにしてしまう機能〉は何も「宇宙」だの「恋」だのといった、名詞で名づけ得るような対象にだけ、働くわけではない。それは「ゆらめく」とか「なめる」とか「タップする」などといった動詞にも、「あかい」とか「くすぐったい」といった形容詞にも、そして「AとB」と言うときの「と」などといったデバイスにも働くのである。

私たちが何気なく使っている「AとB」という〈かたち〉がアクティヴェイトする力は、侮れない。「あなたと私」、これだけで何の係わりもなかったはずの「あなた」、「私」が、言語的対象世界において「あなたと私」という一つに結びつけられるのである。あなたと私が一つの鋳型に流し込まれる。「戦争と平和」だの「罪と罰」だの「賃労働と資本」だの「高慢と偏見」だの「山と渓谷」などといった組み合わせならともかく、助詞「と」で結びつけられる対象たちは、言語外現実においては、実はとりたてて結びついていなど、いなかったかもしれない。でも言語はその結びつきさえも造形するのである。「恋と革命」「重力と恩寵」。これが言語の言語たる所以でもあり、言語の真骨頂である。

単一の単語や「ロミオとジュリエット」のような、いくつかの単語の組み合わせに始まり、文の集積たる文章によって、言語的な対象世界はいくらでも巨大な世界を造形し得る。いわゆる物語世界はこうして造られる小宇宙である。

言語外現実、言語内のシステム、そして言語的対象世界

整理しよう。言語外現実があり、言語内の単語や文法といった種々のシステムがある。言語内の様々なアイテムやシステムは、言語外現実をどれだけ「リアル」に描出していようと、それは言語外現実とは異なるものである。文法論で「過去形」だの「現在形」だのと呼んでも、それはどこまでも言語内のシステムの問題であって、現実に「過去」か「現在」かなどと、決して直結しているわけではない。

言語外現実がある、言語内のシステムがある、さらに加えて、人は自らの頭の中に、あるいは心の内にと言ってもよい、ことばによって様々な意味を造形する。これを言語的対象世界と呼ぶことができる。言語的対象世界は単語一つでも形成されるような小さい世界もあれば、物語世界のようなとても大きな世界もある。

核となることがらだけを、図式化して言おう。言語外現実がある、言語内のシステムがある、言語的対象世界が形造られる。この三つの世界は互いに係わりはあっても、別々の平面に属している。そして言語にとって実に面白いことは、言語によって「言語外現実」だの「世界」だの「宇宙」などという名づけで言語外現実を丸ごと言語的対象世界に取り込むことができる一方で、言語を契機として形造られる言語的対象世界もまた、言語外現実ととりあえず名づけた、この宇宙の一部として生起するという、まるでメビウスの輪のような円環的な姿を見せる点である。異なる平面であったはずが、またぐにゃりと元の平面に入り込んでいる。ことばによって私の頭の中、心の内に造られる言語的対象世界もまた、私が生きているこの宇宙の、ごく小さくはあれ、一部であろうから。

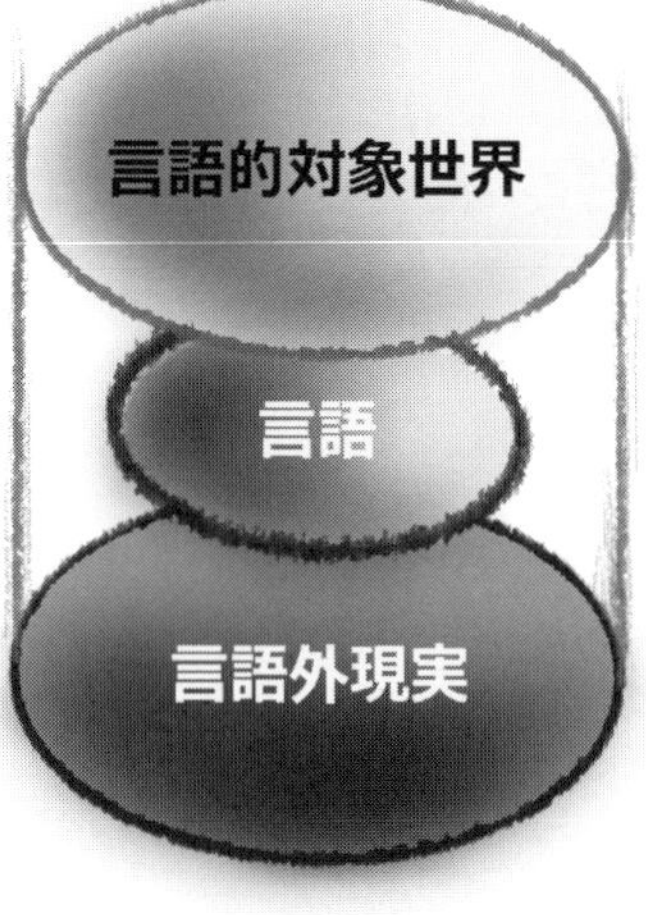

【図】言語外現実のうちに人は
〈話されたことば〉や〈書かれたことば〉を用いて
言語の〈かたち〉を造り、
それを手掛かりとして
頭の中に言語的対象世界を造形する
言語外現実、言語内のシステム、言語的対象世界は
それぞれ別の平面にある

言語的対象世界の実践的産出

今一つ重要なことに、ことばによって意味のうちに造形される言語的対象世界は、人によって異なることを、私たちは経験的に知っている。先に、〈ことばは意味を持たない、それは意味となるのである〉と述べたことも、このことの別な観点からの表現である。

言語外現実という宇宙を外から眺める視点から見れば、言語外現実は誰にとっても同じである。でも私から見る言語外現実と、あなたから見る言語外現実は異なるだろう。言語内のシステムはどうだろう。そこに生起する全体という点では、誰にとっても同じだけれども、語彙の量も偏りも、文法的な用法などでさえ、人ごとに異なっている。そして言語的対象世界となると、これはもう恐ろしく異なっている。そしてその恐ろしく異なっている小宇宙は、出発点であったはずの宇宙=言語外現実のうちに生起する。言語外現実のうちに固定されているわけではなく、言語的対象世界は〈生起する〉。念のために付け加えるが、言語外現実という名づけは、どこまでも言語を鍵にして語るための装置であるから、言語と関わりのないところでの議論では、「宇宙=言語外現実」などと言う必要もないし、そもそもそんな図式自体が生まれもしない。

さらに確認しておこう。ことばを手掛かりに造形される言語的対象世界は、一度造られると固定されて、そこにずっと留まるような、謂わば建築物のように構築されるものではない。言語場において、言語場ごとに、時には鞏固に、あるいは朧げに、造られては消えるような、世界である。言語場における実践のたびごとに、言語に係わる実践の内に産出されるのである。換言すれば、言語的対象世界は言語場において実践的に産出される。言語をめぐる〈言語的対象世界の実践的産出〉というこのありようは、常に心に留め置いておきたい。ことばに対する〈構え〉の重要な橋頭堡となる。ことばが固定された意味を持っているわけではなく、ことばが言語場において意味と〈なる〉ということは、まさにこの言語的対象世界の実践的産出という機制の現れである。

＊「対象的世界の実践的産出」(独 das praktische Erzeugen einer gegenständlichen Welt) の術語自体は、労働と疎外について論じた、カール・マルクス(1963:96-118,1964:84-106)、Karl Marx(1932; 1982)、Karl Marx(1988:69-84) から引いている。「言語的対象世界の実践的産出」はその換骨奪胎である。

名づけによって私たちは洗脳される、言語場における武装解除によって私たちは総動員される

日本語圏において二一世紀のゼロ年代後半から目にし、耳にするようになった団体の名称に「ザイトクカイ」という名詞がある。団体の性格を端的に言うなら、民族排外主義団体である。日本のあちらこちらで排外主義的な、謂わば右からの跳ね上がり行動を繰り返しながら、言論ジャーナリズムによってこの名が拡散された。

そして〈書かれたことば〉にあっては、漢字で書かれたこの「在特会」という名詞の後ろに必ず「ざいにちとっけんをゆるさないしみんのかい」という長いことばが、漢字交じりで表記されていた。ここでは意識的に漢字を交えず、書いている。当該の言語場でこの名詞に始めて触れた人は、「ザイトクカイ」という聞き慣れない音から、おや、どういう意味だろうと、後ろに付された長いことばを見にかかる。そして例えばこう考える。え、在日の人々に何か「特権」というものがあるのかと。この時点でもう綺麗に深い落とし穴に落ちてしまっている。恐るべきことばの罠である。前述したように、ことばは、対象を名づけ、それを〈かたち〉にすると、とりあえず「在る」ことにしてしまうという働きがある。ことばの〈とりあえず在ることにしてしまう機能〉＝〈存在化機能〉である。

もちろん在日の人々には長い間差別され、抑圧されるという事実はあっても、税金なども日本「国民」と同じように払うなどという義務はあっても、さらにまた、学校教育の無償化から朝鮮学校が外されるなどといったことに典型なように、様々な権利が制限されるという差別はあっても、「特権」などない。「ザイトクカイ」の名が広まって、「特権」など存在しないことを言うのに、わざわざまるまる

一冊の書物が丁寧に書かれねばならないほどに、ことばの存在化機能によって「ざいにちとっけん」という流言飛語が拡大し、アクティヴェイトされる。

流言飛語の拡大を一丸となって担ったのは、他でもない、日本語圏で人口に膾炙する新聞、テレビ、雑誌といった言論ジャーナリズムの造り出す言語場である。ここでも雑誌の見出しがそうであったように、擦り込みの機制は同じように働く。記事の本文など、多くの人々はあるいは読まないかもしれない。擦り込みという機制にとっては記事の本文よりも、あちらこちらで目にする見出しの方が、しばしば遙かに効果的である。一瞬で読めるという速度。場所を取らない、少ない文字列。「とっけん」かあ、そうなのかもしれないな——私たちはどんどん深みに嵌まる。気もつかぬうちに、民族排外主義者の隊列の中に私たちが綺麗に組み込まれている。世のあちらこちらで「ざいにちとっけん」と命名された名詞が、あたかも誰が用いてもおかしくないような、ごく普通の単語としてあちらこちらの言語場に現れ、日常までを制圧する。民族排外主義の圧倒的な勝利である。

ことばによって〈存在〉をディアクティヴェイトするのは容易ではない

かくしてたった一人の民族排外主義者の掌の上で、小さな民族排外主義団体の掌の上で、日本中の理性的なはずの言論ジャーナリズムが踊らされる。日本中の脳に擦り込みが行われる。何によって？名づけによって。言語場におけることばの連呼によって。言語場における私たちの構えのなさ、言語に対する武装解除によって。私たちを蝕《むしば》むかもしれないことばに対して、何の構えもなく、諸手を挙げて武装解除している、他ならぬ私たち自身によって。

私たちが差別のことば、抑圧のことばとすれ違うとき、私たちの思想や感性は必ず擦過傷を負う。それらのことばは人に傷を負わせることばだからである。人とは、他者のことであり、己れのことでもある。ことばの存在化機能への無関心のうちに、その擦過傷に気づかないまま、いつの間にか傷は私たちの思想と感性の中枢を侵している。

ことばの存在化機能への無関心は私たちをいとも簡単に民族排外主義者に造り上げる。そしてことばが〈存在〉をアクティヴェイトするのは容易でも、一度存在化された対象を、ことばによって無効化する (deactivate) することは、容易ではない。

ことばの忖度《そんたく》からことばへの問いへ

「ザイトクカイ」などということばでは読者が解らないから、やはりフルネームを付けないと——こんなところへの「客観性」への「忖度」については言論ジャーナリズムならずとも、文章を書くことを業とする人々の多くは身についている。辛口に言うなら、体制への、支配への、上への忖度は、私たちは自らの成長過程、経済活動の中で謂わば経験的に身につける。自発的隷従への道である。だが真に必要なのは逆の側への「忖度」のほうである。そうした「忖度」は誠実とか、理性とか、時には闘いと呼ばれる、意識的な営みとなる。何よりもことばは問われねばならない。

ジャーナリズムは少なくとも、「とっけん」などということばには最低限の検証が必要だった。せめて「(ありもしない)特権がある(など)と(一方的に)主張する団体」くらいの記述は——括弧内も入れてくれれば、さらに良いが——してもよかったのである。そうでなければ、ありとあらゆる言論ジャーナリズムが、「特権がある」と放言する一団体の排外主義的な思想の走狗と化す。そのような「特権」があるのだと、ジャーナリズムがこぞって、お墨付きを与える働きをしてしまう。少なくとも、そのような「特権」の存在を疑わせるようなスキーマ作りの尖兵となってしまう。例えば米国のKKKなどという団体になら、「白人至上主義」くらいの説明的な記述は、ジャーナリズムは付すだろう。でも「ザイトクカイ」には団体に言われるがまま、手放しである。現在までのことについては既に取り返しがつかないけれども、もちろん今からでも、今後を変えるためには、遅くない。何も考えずに書くそのことばが、民族排外主義の拡声装置となってきたのである。

世に起こっていることと、私たちとのインターフェイスにあるのは、ことばである

右に述べた例は、現代日本語圏における典型的な一例に過ぎない。名づけによって知らず知らずのうちに私たちの世界観が構築されてしまう。

例えば、あった歴史を、なかったことにしてしまうような歴史認識がある。そうした歴史認識を批判する言語場において、例えば「歴史修正主義」ということばがしばしば用いられている。それを「歴史戦」などと呼ぶなら、言語の観点からはもうこの時点で、批判する側の敗北である。そうだよね、歴史って、そもそも新たな発見とか観点で書き直されるものだよね、間違った歴史は修正されるのが、当然だよね——ことばの上からはこうした思考の流れがごく自然な、そして大きな流れとなってしまうからである。「修正」ということばは、誤りや不十分さを正すことに、用いられるのが普通なのだから。「歴史修正主義」という名づけを承認するだけで、もう敵の土俵に乗ってしまう。拒否したければ、そもそもの初めから「歴史改竄《かいざん》主義」とでも言わねばならない。「修正」だの「改正」だのということばが現れたら、一度は点検せねばならない。

名づけとはいつも〈誰かにとっての名づけ〉である

この類いは枚挙に暇がない。世を覆い尽くす経済の「新自由主義」。「上位数パーセントという、ごく僅かな人々が、世界中の富のこれこれパーセントという膨大な量を有している」などと語られる現実、これをもたらしたともされる、悪名高きそれである。少なからぬ人々の経済的な現実にとって、日本語で紡がれる「新しい自由主義」ということば、これほど幻想に満ちた名づけはない。それは飢える「自由」のことか？　格差と貧困のうちに死にゆく「自由」のことか？

ことばによる名づけとは、いつも〈誰かにとっての名づけ〉である。経済に係わる名づけなら、名づけとは優れて階級的な名づけである。だからどの立場に立つかによって、名づけは変わり得る。〈階級的に〉名づけるなら——それこそ〈戦闘的に〉、と言ってもよい——、「新自由主義」とは「収奪の自由主義」の謂いである。「収奪の放任主義」の謂いである。社会保障も、福祉も、富の偏りもそっちのけで、謂わばやりたい放題に収奪しようという思想のようなものだから。資本主義の権化のごとくである。いやいや、あまり乱暴にこんなことを言うと、経済学上の学問的な議論を飛び越して、けしからんと、お叱りを頂戴するかもしれない。慎まねばならない。しかしここで、仮に〈戦闘的に〉名づけてみたことによって、ことばによる名づけの働き、存在化機能、名づけのイデオロギー性という点については、鮮明に理解されたであろう。それがどのような思想であるかについて、人はまず、その名づけを手掛かりに意味を造形するのである。そしてその名づけとは、しばしば階級的な名づけである。

少年少女たちが〈誰かにとっての名づけ〉によって、ことばによって犯される

「歴史改竄主義」だの「収奪の自由主義」だのということばが現れるような言語場であれば、まだ解りやすい。それなりの構えも造りやすい。しかしそれが公教育における言語場であれば？

例えば、小学校の社会科の時間の言語場であったら？　そこで語られるであろう「国民の基本的人権」。日本国憲法にこうある、これを覚えなさい：

〔基本的人権〕
第一一条　国民は、すべての基本的人権の享有を妨げられない。この憲法が国民に保障する基本的人権は、侵すことのできない永久の権利として、現在及び将来の国民に与へられる。

〔平等原則、貴族制度の否認及び栄典の限界〕
第一四条　すべて国民は、法の下に平等であつて、人種、信条、性別、社会的身分又は門地により、政治的、経済的又は社会的関係において、差別されない。

少年少女はこうしたことばことばを覚え込まされる。いかにも試験に出そうではないか。教師は、これは素晴らしいことで、とても大切なことだ、くらいの価値判断も併せて語っているかもしれない。こうしてことばによる民族排外主義の罠に教室全体が嵌まる。学校全体が陥没する。社会全体が国家主義、民族排外主義的な思想と感性の下に組みしだかれる。

「基本的人権」とは何であったか？　長い人類の歴史の中でヨーロッパ近代の思想がかろうじて理念だけは到達した地平であった。その実践はともかく、少なくとも理念の上では、人間が有する基本的な権利のはずであった。英語ではhuman rights, なるほど人、human なる権利である。だが右の日本国憲法に書かれていることばには「人」などということばは出てこない。徹頭徹尾、「国民」である。「すべて国民は」。「国民」がpeople であっても、事情は変わらない。つまり人権を語る言語場において、「国民」ということばが予め「国民」でない人々を、こっそり排除する仕組みになっている。「国民」ということばで造形されるものによって、「国民」でない人々は、そもそも少年少女たちの意識の外に閉め出されるのである。ことばは名づけることによって、それをとりあえず「在る」ことにしてしまう一方で、名づけ得る対象を、名づけないということによって——「人は」と名づけずに、そのごく一部だけを「国民は」と名づけた——、それを「在る」ことから隠すこともできる。こうした仕組みは見えにくいがゆえに、恐ろしい。それも年端もいかぬ子供たち相手である。

もし教室でこうした問いがなされたらどうだろう。「先生、国民じゃない人はどうなるんですか。」ことばを〈問う〉とはこういうことだ。「現在も将来も国民になりそうもない、おじいさんの代から日本に住んでる○○人のぼくなんか、どうなっちゃうんですか」「先生、○○君も、○○さんも、外国から来た、私の友達ですけど、「国民」じゃないからって、差別されない人に入らないんですか。そんなのありですか」。もっとも、こうした問いが自由に発し得るような教室なら、未だ大いに希望はあるのだが。こうした問いに、もし私たちがその教室の教師であったら、何と答えるだろう。「いや、差別していいなどとは、書いてないでしょ、そりゃあみんな法の下に平等で、当然、差別はいけないよ」などと欺瞞に走ってしまうのだろうか？　法の形はことばである。それは「国民」なのか、「人」なのか。書いてあることが、全てである。ことばとして形にしてあることが、法の出発点であり、帰着点である。それもちょちょっと変えられるような法律ではなく、何と言っても、「憲法」を問題にしている。

「国民」ということばで対象を括って、他を排除するのは、古代ギリシア「市民」の「民主制」が女性も排除し、奴隷も排除しているのと、名づけと排除の構図それ自体は変わらない。ちなみに日本語では、「国」という漢字からなる単語は、危ないものが多い。「国家」はもちろん、「国民」「国歌」「国旗」「国益」「国賊」「非国民」。

向こうから与えられることばは、脱構築さえ難しい

こうした「国益」などという国家主義的な性質の濃厚な単語を、逆の立場から用いるといった際にも、ことばに対する〈構え〉は重要である。国家権力の好んで用いるこうしたことばを、逆手にとったつもりで、反権力の立場から利用するといったことが、しばしば行われている。しかしながら政治の言語にあってはそうしたことばの脱構築などまず成功しない。政治とは論争の当事者だけではなく、つまり当該の言語場でそのことばを用いている人々だけではなく、そこに立ち会っていない、多くの人々を巻き込むことが、決定的な力となる領野だからである。

国会討論でもテレビ討論でもどこでもいい、「それは国益に反しますよ、総理」などと追及したつもりになっても、「国益」という概念を認める点では、そしてさらにそれが人々にとって重要なものと位置づけてしまう点では、国家主義の意志と同一であり、してやったりどころか、当該の言語場でのみのほとんど自己満足に陥りながら、「国益」ということばを人々の間でどんどんキーワード化してしまうことに手を貸す。「国益」ということばが複製され、同じ日に、翌日に、そして幾日も経ってからでさえ、拡散される。「それはあなたの言う国益にも反してますよ」などということばで、相手の自己矛盾を暴いたつもりになっても、「国益」ということばを連呼し、その重要性を加重する点では、やはり罪深い。そこで用いた「国益」ということばが、SNSで、新聞で、ニュースで、次々に新たなる言語場において増幅する。政治のことばはこの点で裁判のことばとも違う。その場に比較的閉じられ易い裁判の言語場のことばに比べ、政治のことばは遥かに拡散され易いことばなのだ。か

くして「国益」ということばが、人々の記憶の中にあたかもとても大切なもののごとく、装塡されていく。そう、「国益」というものがあるのだ、「国益」ってものを考えないと、やっぱよその国よりもうちらの生活ってものもあるよね——装塡されたことばはやがて排外主義的な言語場にあって恐ろしい弾丸となって放たれることになる。ことばを見据えるとは、いまここの言語場を見据えるだけではなく、その言語場の外の言語外現実や、当該の言語場に連なって出現し得る言語場にもまた、思いを致すということでなければならない。

　与えられたことばは、かくのごとくしばしばとても危ない。そのことばを〈かたち〉にして繰り返すこと自体が、既にもう危ないのである。批判するには、相手のことばに乗って語るのではなく、大切なところは自分のことばを構築するのがいい。相手が「国益」を語るなら、その「国」とは何か、それに私たち人々が皆入っているのか、といった具合に、ことばそれ自体を問い、ことばそれ自体に込められた思想を、突き崩してゆかねばならない。

それは「将軍様」ではない、「将軍」なのだ——支配される翻訳語

　あるいはまたこんな例を見てみよう。「将軍様の国」などという揶揄《やゆ》のことばがある。極端な個人崇拝の体制を批判したつもりで、用いられていることが多い。これを言語の観点から見ると、恐ろしいことが見えて来る。韓国語＝朝鮮語の「将軍님《チャングンニム》」ということばを、日本語の「将軍様」と訳して用いているつもりなのである。だが「将軍님《チャングンニム》」を「将軍様」と訳すのは、まず、誤訳である。通常なら

「将軍」と訳さねばならない。

「将軍」の後ろについている「ニム」は尊敬語を造る接尾辞である。韓国語＝朝鮮語においては、尊敬語には無条件につく。例えば、日本語で言う「先生《せんせい》」は、「先生《ソンセン》ニム」。〇〇先生を「ニム」なしで「〇〇先生《ソンセン》」と呼べるのは、その先生の直接の指導教員であった大先生、あるいは完全に目下扱いしても構わないような立場の人物、または歴史上の偉人を公式の場で呼称するときなどに限られるので、事実上、言語生活のほとんどの場合に「先生」は「先生《ソンセン》ニム」という〈かたち〉で用いられる。

韓国の学園ドラマを見ても、面白い。昭和の日本語ドラマであれば「お、やべ、先公《せんこう》来たぜ」とでも言いそうな場面である。高校生の悪童たちが、ごく自然に言う、もちろん揶揄なんかなしで——야《ヤ》、선생님《ソンセンニム》 오셨어《オショッソ》。こんなところまで「先生《ソンセン》ニム」と、尊敬語になっている。おまけに「来た」という動詞まで尊敬形である。「来られたぞ」。財閥の「会長」であれ、「課長」であれ、「大使」であれ、タクシーの運転士（技師）であれ、「客」であれ、およそつけることができる名詞であれば、「ニム」は何にでもつく。現実の様子は詳しくないので、映画を例にして恐縮だが、日本の極道映画なら「おやっさん」とか「親父」などとなるところも、韓国の極道映画では「兄《ヒョン》ニム」である。

　さて辞書を引くと、「ニム」に相当する日本語がないものだから、似たようなものを探して、とりあえず「様」などと訳語が書いてある。実際の用法を見れば明らかなように、あれもこれも一知半解で「ニム」＝「様」と訳したのでは、ほとんどギャグにしかならない。「将軍님《チャングンニム》」は「将軍様」と言っているわけではない。「お代官様おねげえでございますだ」などというような具合に「将軍様」と言っ

ているのでは、決してない。「将軍」と言っているのである。格調高い文体であれば、なおさらのこと、注意せねばならない。日本語であれば、敬意を込めて「我らが将軍の旗を高く掲げよ」などとなるのであって、こんな文体で「将軍様」では冗談にしかならない。この点で、日本語に訳されている「将軍님《チャングンニム》」のほとんどは誤訳である。素晴らしい映画の一場面などでもこうした誤訳が現れたりするのは、残念なことである。「将軍様」はそれほど人々の頭脳に刻み込まれている。もし個人崇拝などといった体制や思想を真剣に批判したければ、理性的なことばで〈かたち〉にして、批判せねばならない。揶揄や罵倒のことばは、しばしば諸刃の剣にさえもなりえず、振りかざした途端に、別の誰かに傷を負わせてしまう。

従って、例えば自国の権力者を批判するのに、「それではどこぞの将軍様の国と変わらないじゃないですか」などと言うのでは、他国へのヘイトスピーチをしながら、自国の権力者の批判をするようなものである。もちろんその言語場における批判の機能など崩壊する。残るのは「将軍様なんて人々に呼ばせているどこぞの国は、とんでもない国だ。そんな呼び方をしている人たちも人たちだ」などという差別思想だけである。記憶の中で差別思想は増幅する。また次々に生まれる新たな言語場で、「将軍様」の同じような用法が重ね書きされ、私たちの中で差別の思想が肥大化してゆく――

ここで疑問に思われるかも知れない。しかしいくら外国語と言っても、大新聞や放送はことばについてのそんな基本的なことも知らないのかと。大新聞や放送といった言論はもちろん知っている。よく知っている。解っていて、「将軍様」と連呼しているのだ。完全なマニピュレーション、ことばによる印象操作、思想操作である。忘れてはならないのだが、言論ジャーナリズムの中で苦闘している記者たちも、もちろん存在する。しかし大新聞や放送の砦は「将軍様」を連呼する思想で、塗り固められているのだと、言わざるを得ない。翻訳されることばも、しばしばこのように支配、制御され、巧妙なやりかたで私たちに特定のイデオロギーが日々擦り込まれている。私たちの思想も感性もぼろぼろになるまでに、侵されるのである。

ことばに対する構えなしに、私たちは〈自由〉になどなれない

こうして少し見ただけでも解るように、世の中と私たちとのインターフェイス＝界面について思いを致すなら、政治的なことがらであれ、社会的なことがらであれ、文化的なことがらであれ、地球上で進行している事態と、私たちとの間で界面＝インターフェイスをなす実体は、何よりもまずことばなのである。世に起こっていることは、ただ起こっているのではない。それはいつもことばという界面イデオロギー装置を通して、起こっている。世界と私たちの間にはいつも膨大な量のことばが差し挟まれている。私たちの言語的対象世界のうちに敵を造形するのも、仲間を造形するのも、敵と味方を見誤らせるのも、ことばが鍵となっている。差別したり、敵視する対象を、ことばがアクティヴェイトする。ことばによって繰り返し造られる敵は、私たちのうちに長く棲息する。そう、ことばに対する構えなしに、私たちは〈自由〉になどなれない。

私たちに見えている世界は、ことばという被膜に覆われている

こう言い換えてもよい。世界はことばという被膜に覆われている。世に起こっていることは、私たちにそのまま見えているわけではない。ことばという被膜濾しに見えているのである。決して混乱してはならない。これは言語による世界の分節の仕方がどうの、などといった、斜に構えて世界を眺めることができるような、そんなお行儀の良い質の問題ではない。

銃を持った警官の膝に組みしだかれて、人が亡くなる。その事態はただ見えているのではない。ことばという被膜濾しに見えているのである。ことばという被膜は、私たちを分断する。ある人々は殺した人の立場に立ち、ある人々は、亡くなった人に胸を焦がし、そしてある人々は、ほとんど何も思わない。それら三つの反応のしかたの間には無数のヴァリアントが現れ得るであろう。それらを分かつ重要な手掛かりは、ことばというインターフェイスである。人が人を殺《あや》めるなどといった映像でさえ、その映像を覆っていることばという被膜は、理性も価値も、さらには善悪でさえ、位置づけにかかるのである。

一にも二にも、私たちに起こっていることは、全てことばという被膜に覆われている。事態を前にする悲しみも怒りも、そして自分自身についての歯がゆさや怒りといったものさえも、〈かたち〉になったことばたちが手掛かりである。Black lives matter ということばはおそらく地球上の多くの人々を覚醒したであろう。

その言語場に実現していることばの〈かたち〉とはどのようなものなのか？　既に述べたように、

そのことばことばは「情報」といった無機的なアイテムなどではなく、常に質量や質感に満ちている。そしてしばしばイデオロギーといった動的な力学さえも備えている。さらには私たちが思考する暇を、いささかも与えぬほどの速度戦を強いてくる。少し考えてみよう、などといった大切な時間が、速度戦の前で奪われる。そんな刹那刹那に私たちが意味を造形し、思想を構築する。言語は危険なものなのだ。私たちは考えずに、勝手に考えを造らされている。ことばを問い、ことばを糺すことなしには、言語ほど危うさに満ちたものはない。私たちの社会は、言語の危険性という点において、先の小学校の社会科の教室の構図を遙かに凌駕する危うさに満ちている。ことばを問うこともなく、ことばの前で武装解除することの恐ろしさは、いくら強調しても、し過ぎることはない。

空虚な言語至上主義、相対主義もまた危ない

なお、ここでそう、ことばが全てだ、とか、ことばが全てを決定しているのだ、とか、甚だしくは、ことばがなければ世界がない、などといった、観念的な言語至上主義に陥ってはならない。それはニヒリズムに通底する、おめでたい武装解除の一形態である。もちろん逆に、全てはことばのせいなのだから、ことばがもたらす構造のせいなのだから、我々に責任はない、などといった空虚な相対主義もいけない。それらの思考は言語外現実、言語内のシステム、言語的対象世界の著しい混同でもある。ソシュール言語学の巨大な影響下にある構造主義思想、ポスト構造主義思想の流れには、またそれらについての解説書の類いにはとりわけ警戒が必要である。

世界はことばという被膜で覆われていると言った。ただしそれはどこまでも被膜なのであって、向こう側から物理的に振り下ろされる棍棒や、物理的に飛んで来る弾丸を、跳ね返してくれたりはしない。ことばが全てなどでは決してないことを慮るには、このように思いを致すだけで充分である。棍棒や弾丸は問答無用で、即ちことばの潰《つい》えた僅かな瞬間に、やって来る。

人が生きる世界には、ことばが失われる極限状態といったものも、いくらでも存在する。アウシュヴィッツなどという時空間を考えればよい。重要なのは、ことばさえも実現しない、そうした極限状態に至る、社会の変遷の長い過程を見るなら、その過程のありとあらゆるところには、やはりことばが満ちていたのだということにある。差別も抑圧も、一朝一夕にできあがりはしない。満ち溢れることばことばことばが、差別を保護し、培い、抑圧を反復し、組み上げてきたのである。

三―三　言語が私たちを抑圧する――物象化することばたち

私たちに襲いかかって来ることばたち

ことばは間違いなく私たちが発するものである。つまり人間が造形する。何のために。ごく大まかに括って言えば、私たちの生のために。この意味において、ことばとは私たちのもののはずである。ところが周囲を見渡してみても、自らの言語との係わりに照らしても、同時代のことばは、ことばが何と逆に私たちを苦しめている。苛《いじ》めのことば、辱《はずかし》めのことば、ハラスメントのことば、炎上する罵倒のことば、ヘイトスピーチのことば、そしてフェイクニュースのことば。幾度も述べたように、それらは少なからず速度や量を持ってやって来るところの、密集した隊列である。

私たちが私たちの生のために産出したことばであったはずが、いつの間にかまるで生き物のように、私たちに向かって襲いかかって来る。これはどこかで見た光景ではないか。そう、かのG・W・F・ヘーゲル（G. W. F. Hegel, 1770-1831）が『精神現象学』で説き、カール・マルクス（Karl Marx, 1818-1883）が『経済学・哲学草稿』などで展開した、あの疎外（独 Entfremdung; 英 alienation）の光景である。マルクスは労働の疎外についてこんなことばで語っていた。Marx(1932; 1982: 364-365)：

すなわち、労働が生産するところの対象、労働の生産物は、労働にたいして、ある疎遠なものとして、生産者に依存しない力として立ち向かうということ。労働の生産物とは、労働が一つの対象のうちに固定され、物的ならしめられたものであり、労働の対象化である。労働の実現とは、労働の対象化である。この労働の実現が国民経済学的状態においては、労働者の現実性剥奪として現われ、対象化が対象の喪失および対象の奴隷たることとして、我がものとする獲得が〔よそのものになる〕疎外として、〔手ばなす〕外化として現われる。

労働の実現が現実性剥奪として現われるはなはだしさは、労働者が餓死するくらい現実性を剥奪されるほどである。対象化が対象の喪失として現われるはなはだしさは、労働者が最も必要な諸対象を、ただ生活の対象だけでなくまた労働対象をも、奪われているほどである。

（中略）労働者の生産物における彼の外化がもつ意義は、彼の労働が一つの対象に、一つの外的存在になるということばかりでなく、彼の労働が彼の外に、彼から独立に、疎遠に存在し、彼にたいして一つの自立的な力となるということ、彼が対象に与えたところの生命が彼にたいして敵対的に疎遠に立ち向かうということである。

——マルクス（1963: 98-100）。原文の傍点は省く

対象化が対象の喪失として現れる、そして対象に与えたところの生命が、逆に敵対的に、疎遠に立ち向かって来る——まさに私たちが今日、言語について直面している姿である。私たちがことばとして対象化したはずなのに、それはまるで私たちのものではないかのごとくである。もちろん言語と労働は異なるものであるけれども、ちょうどヘーゲルも言語と労働が〈外化〉（独 Äußerung）という点では同じなのだと注目して、論議をしている。Hegel(1988; 2011: 208)：

言語と労働とは外化であって、そこで個体はもはやじぶん自身のもとでみずからを保持し、所有していない。むしろ内なるものを、まったくじぶんの外部にもたらしてしまい、内なるものを他者に委ねている。ひとがそれゆえ、どちらもひとしく語ることのできるとおり、この外化は内なるものを過剰に表現しているとともに、また過小に表現しているのだ。

——ヘーゲル（2018a: 483-484）

右の条に続いて、対象化することが、疎外として現れることについての、ヘーゲルのとても鋭い着眼があって、興味は尽きない。ヘーゲル (2018a: 483-486)、あるいはヘーゲル (1997a: 352-355)、Hegel(1988; 2011: 208-209)。しかしそちらに思考が導かれては、論議はすぐに一冊の本の量にもなってしまう。何よりも言語学的な領野を大きく踏み越えてしまう。ここではやはり禁欲的に留まって、先を急ごう。

言語と労働は様々な点で異なるので、例えばマルクスの疎外論を何から何までそのまま言語に当てはめることはできない。しかしながら、右で労働について述べられている疎外論の最初のエッセンスこそ、まさに今私たちが目にしている、ことばの姿だと言ってよい。私たちがことばとして対象化する、それは外化と呼べるような営みであり、そうした営みによって対象化されたことばたちが、他ならぬ私たち自身に再帰的に襲いかかって来る。ごく大雑把に図式化するなら、対象化＝外化＝疎外という過程こそ、今日の言語が見せてくれている、象徴的な過程そのものである。

言語疎外論

ここでの主眼は労働や人間の疎外論ではなく、私たちが対象化したはずのことばが、一体どうして私たち自身に襲いかかってくるような仕組みになってしまっているのかという、言語の疎外論である。

既に述べたように、太古、そこにあるのは〈話されたことば〉であった。そこにあってことばの圏域は身体的な距離を超えない。文字の発明と〈書かれたことば〉の発展はことばの圏域を劇的に拡張した。音の世界から光の世界へ。ことばの圏域は空間的のみならず、時間的にも拡張されたのであった。つまりことばは人がそこを去った後にまで、生き続けることが、ごく普通のこととなったのである。同時に、音の世界に光の世界が加わり、言語場のありようが多様化した。一人のことばをめぐって、多くの人々が数多《あまた》の言語場を駆動させることとなった。〈書かれたことば〉は私たちが知の世界を共有する決定的な装置となる一方で、権力を支える巨大な装置ともなり、また人々によって売り買いされる対象ともなった。

だが〈書かれたことば〉が複製されるというグーテンベルク段階は、アナログな原野であって、言語にとっては未だ牧歌的な段階であった。事態は、二〇世紀前半に〈話されたことば〉が複製されるという出来事が引き金となって、大きく蠢《うごめ》き始めた。

二〇世紀の前半に、ヴァルター・ベンヤミン (Walter Benjamin) は芸術作品について技術的複製可能性の時代 (独 das Zeitalter der technischen Reproduzierbarkeit) を迎えていることを説いた。しばしば簡単に複製技術時代とも呼ばれる。これに倣えば、その時代の言語は、技術的複製可能性の時代の〈話されたことば〉であり〈書かれたことば〉であった。「記録」という名のレコード record によって〈話されたことば〉さえもが円盤に刻み込まれ、複製され、時を獲得した。

言語疎外論ということを考えるなら、ここで起こっている事態には注目しておこう。レコードの発明によって複製されているのは、実は私たちが発した〈話されたことば〉そのものではない。複製されているのは、〈話されたことば〉の〈記録〉のほうである。レコードに端を発する録音装置とは、どこまでも、ことばによく似た〈酷似物〉の、複製装置であった。〈話されたことば〉はただでさえ身体を離れて客体的に対象化される音であった。ヘーゲルが示唆したように、それだけでも疎外のメカニズムを担うに充分過ぎるような機制を、〈話されたことば〉には見出すことができるのであった。ところがことは質的な変容を遂げる。私たちが発した〈話されたことば〉が、何と酷似物複製装置によって物理的な〈もの〉として対象化され、封じ込められ、複製されることとなった。オリジナルのことばとその酷似物がどれだけ似ているかなどは、実のところ大した問題ではない。重要なことは、その酷似物は、私たちの〈話されたことば〉と全く同じように働くことができる、という点である。人はその酷似物を前にして、ごく自然に言語場を駆動させにかかるのである。

驚くべきことである。それは私たちのことばの形そのものではないのだ。しかし私たちはその酷似物にことばの〈かたち〉を見出し、意味を造形する。私たちは誰もこのメカニズムを不思議に思わない。人が録音という装置を前にしたとき、おそらく不思議に思ったであろうことは、発せられては消える〈話されたことば〉をあたかも手品のように取り出して見せてくれるということにであって、酷似物の誕生のそもそもの始めから、それが、〈ことば〉として、〈話されたことば〉として働くことについては、誰も何の疑いも抱かなかったのである。考えてもみよう。酷似物複製装置が生み出す音には、人のことばであれば不可欠の、肺からの空気も、声帯の振動も、舌や唇の狭めなども、何一つ必要がない。もちろん脳さえもその酷似物のうちには存在していない。要するにそれは〈もの〉なのだから。それは文字が〈もの〉であるのと、変わりはない。一方は音で、一方は光だという違いだけだ。

要するに私たちが対象化しているところの〈ことば〉の一切は、物理的な形なのである。先に述べた。ことばとは、頭の中に、意味を持って「存在」するものを、そのまま外に(ex-)押し出す(press)仕組みになど、なっていないのだと。〈ことば〉そのものとは、音や光による実現体なのであった。

酷似物複製装置の出現は、そうしたことばの存在の仕方の本質をテクノロジーが改めて証明してくれたに過ぎない。私たちがそこにことばとしての〈Gestalt かたち〉を認めさえすれば、それは〈ことば〉になるのである。あの人の留守電の声は、あの人のことばではない。物理的な音の形なのだ。その形をことばの〈かたち〉として駆動させているのは、ただただ人の営みなのである。言語疎外を脱し得る方向が見えるとしたら、その核心はここにある。

かくしてことばは、何のためらいもなく貨幣と交換可能な、〈もの〉にその姿を変える。〈書かれたことば〉のみならず、〈話されたことば〉も複製され、商品となる。レコードから聞こえる歌手の声、歌のことばは、もう長いこと、人々の心を濡らし続けた。

超複製技術時代の言語場と加速される言語疎外

ことは〈話されたことば〉の複製という事態に留まらなかった。二〇世紀末葉からのデジタル化とインターネットを鍵とするＩＴ革命は、言語密集都市を地球上の様々な空間に現出せしめ、言語場の様相は劇的な変容を遂げた。〈話されたことば〉と〈書かれたことば〉の双方がデジタル化され、ことばは入力されるやいなや、機械に親和的な「言語」に翻訳され、複製され、貯蔵され、転送され、絶え間なく反復され、拡散されて、地球上を駆け巡り、複製されたことばは、いつでも、どこでも、アクセス可能なものとなった。つまり、いつでも、どこででも、私たちに襲いかかって来得るものとなった。

ことばを〈かたち〉にすることは、私たちの外に＝置く、out-put することであったはずなのに、少なからぬ言語場で中に＝入れる in-put こととなった。ちなみに日本語ではアナログの時代からもう〈話されたことば〉は中に〈吹き＝込む〉ものとなっていた。入力＝翻訳＝貯蔵＝複製＝転送＝反復＝拡散……。これらは言語場におけるほとんど一瞬の出来事であって、事実上の同義である。こうした〈入力〉の時代にはことばを〈外に〉から〈中に〉という変化が起こったのか？　いや、ここが見えにくい仕掛けである――その〈外に〉は、即ち同時に〈中に〉でもあるのだ。私たちがことばを対象化し、ことばの〈かたち〉を私たちの〈外に〉造ったつもりであっても、そう、実は同時に大切に〈中に＝しまっておく〉ことを行っているのである。ではその〈中〉とは誰のものなのか？　もちろんその一番深いところでは、資本のものである。入力されたことばことばは、一つ残らず、どこかで姿を変えて、蓄えられている。

米国の社会心理学者、ショシャナ・ズボフ (Shoshana Zuboff, 1951-) はその著 *The Age of Surveillance Capitalism*（監視資本主義の時代）(2019: 261) において、Google や Facebook といった巨大なＩＴ産業が、個人に係わる膨大な情報を収集していることに着目し、あなたが Google で検索した時は終わって、今や、Google があなたを検索しているのだという、象徴的なことばで語っている。

今日の言語場における入力＝翻訳＝貯蔵＝複製＝転送＝反復＝拡散という仕掛けは、何ら特別なものではない。日本語では「スマホ・ネイティブ」などということばがごく普通に用いられるほど、子供たちにさえ日常のものとなった。考えてもみよう。子供たちの小さな掌の上に、猛烈な速度と量、そしてしばしば思想的なベクトルを色濃く有することばが、日々の生の中で次々にぐつぐつと滾《たぎ》りかえっているのである。掌の上のデバイスが耳に掛ける小さなデバイスになったり、腕時計のように手首に巻かれるデバイスとなったり、袖に止めるちっぽけなデバイスになったり、もう姿形はほとんど自在に変容することができるであろう。

牧歌的な複製可能技術時代は去り、時代は謂わば超複製可能技術時代（独 das Zeitalter der technischen Hyper-Reproduzierbarkeit）に突入した。そこでは〈話されたことば〉と〈書かれたことば〉のそれぞれが複製、超複製の過程を経るだけではない。〈話されたことば〉はたちどころに〈書かれたことば〉に姿を変え、〈書かれたことば〉もまた〈話されたことば〉に変態する。音声入力、字幕の自動化、読み上げ機能などは日常の言語場に根を下ろしている。

TAVnet（タブネット）空間という動的な言語場の常態化

今一つ特徴的なことに、ことばが動画と共にネット上を高速で動き回ることも、ごく普通のこととなった。〈書かれたことば〉たるテクスト（T）、〈話されたことば〉たるオーディオ（A）、それらがヴィジュアルな映像（V）と共に、インターネット（net）の上を跳び回る。〈話されたことば〉と〈書

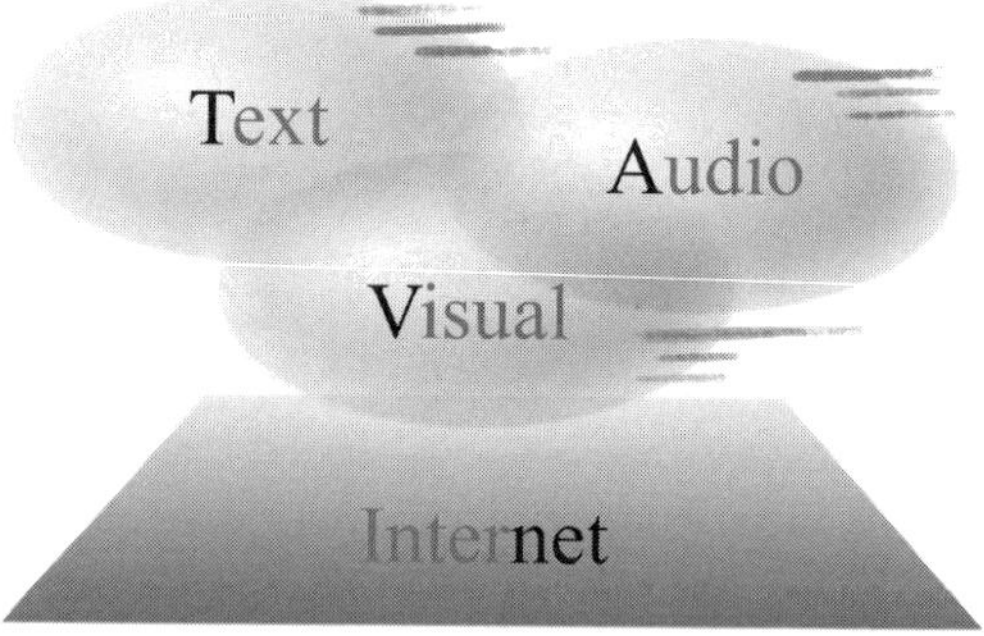

かれたことば〉の双方を自由に受け入れ、装填している、レイヤー構造については、三―一で既に述べた。映像もまた、そこに加わっているのである。そうしたTAVnet（タブネット）空間とも呼ぶべき生息の地にあっては、ことばは〈もの〉というより、もう〈こと〉の姿をとっているのである。〈こと〉はさらにはまるで意志でも持った生き物のようにも、振る舞い出す。

【図】TAVnet（タブネット）空間
〈書かれたことば〉たるテクスト（Text）、
〈話されたことば〉たるオーディオ（Audio）、
そしてヴィジュアルな映像（Visual）が
インターネット（Internet）上を瞬時に動き回る

謂わばことばの弱点たるヴィジュアルな側面を映像が支えてくれるわけであるから、テクストにとっても、オーディオにとっても、TAVnet（タブネット）空間の居心地は良い。敵に回すと、これ以上恐ろしいものはない。

再三再四述べてきたように、対象化されているのは、〈話されたことば〉と〈書かれたことば〉という音と光の実現体である。即ちそれは〈もの〉だという点が一つの眼目なのであって、それゆえに対象化＝外化＝疎外という機制を言語が原理的に有しているということを、先に垣間見た。その原理があるからこそ、入力＝翻訳＝貯蔵＝複製＝転送＝反復＝拡散という今日的な言語場での様相が、疎外をぎりぎりと加速するのである。私たちが対象化したはずのことばが、私たちに向かって襲いかかって来る。〈もの〉であることばが。その〈ことば〉がＴＡＶｎｅｔ空間では〈こと〉と化し、私たちの感覚にとっては、まるで得体の知れない生き物であるかのごとく、擬態する。ゆえにちっぽけな掌に現れては消える、ことばという音や光の実現体が、私たちにとってはしばしば、あたかも巨大な亡霊と化すのである。そんなことばは見なければいい？　そう、スマートフォンを切ればいい。指先は簡単だ。でも心は違う。見なくても、私たちの恐怖はいくらでも膨れ上がる。それはことばだったり、意味であったり、言語的対象世界であることを超えて、もはや巨大な亡霊なのだから。拡散、炎上。自死。言語疎外の極限の姿である。ことばによって、死んではいけない。

三―四　言語のパンデミック、言語のメルトダウン

言語のパンデミック――環境パンデミックから身体パンデミックへ

今日のことばは、私たちの生のありとあらゆるところに現れる。それらのことばたちは、ただ現れるのではない。既に見たように、速度、量、巨《おお》いなる力学を有することばとして、現れるのである。

同時代の言語を見るなら、それはやはり端的にこう呼ぼう——言語のパンデミック。

　街にことばが溢れているのなら、まだ街から逃れることも、できたであろう。だが言語はそんな環境的なパンデミックに留まっていなかった。

　インターネットの普及の初期段階にあっては、ネット上のことばは、ＰＣのディスプレイにのみ生息していた。人とことばとの空間的な位置関係だけを見るなら、それはあたかも書物の別の形のようなものであった。ところがモバイル・コンピューティング (mobile computing)、ユビキタス・コンピューティング (ubiquitous computing) の段階に入ると、ことばは私たちの身体から離れた距離に存在する対象に、留まっていないものとなった。本は三〇センチ離して読まないと、目が悪くなる、パソコンも同じだ、などという教えは、もうとっくに過去の遺物である。ことばは目のすぐ前のスマートフォンに生息するのであり、私たちの掌のデバイスに、耳に埋め込まれたデバイスに、貼り付いている。モバイル・コンピューティングは、単にデバイスが動き得るという環境的な変容をもたらしただけでなく、デバイスが、即ちことばが私たちの身体に貼り付いているまでの、変容をもたらしたのである。そう、それはもちろんどこでも使える。しかしそれらに現れることばは、驚くべきことに、どこでも私たちにぴったりと貼り付いている。デバイスがウェアラブル (wearable) などと呼ばれるのは、象徴的である。そう、ことばが私たちの身体に纏わり付いている。ことばと私たちの距離はさらに近づくだけだ。象徴的に言うなら、どこへ行こうと、ことばことばは、私たちの身から、肌から、じとじとと滲み入って来る。言語は環境的なパンデミックのみならず、今日、身体的なパンデミックの姿をも見せるのである。

〈引用〉のパンデミック――切り刻まれることばたち

入力＝翻訳＝貯蔵＝複製＝転送＝反復＝拡散という変態を繰り返しながら、Text と Audio のみならず Visual までが net の上で乱舞し、それらが layer に畳み込まれたＴＡＶｎｅｔ（タブネット）空間に、ことばが充溢する。〈速度を持ったことば〉が満ち溢れる、今日的なさまにここで注目すべきは、言語に本質的な〈引用〉という仕組みである。

言語は基本的に〈引用〉を明示する仕組みを有している。念のために日本語で例を見ておこう：

○愛ちゃんがお前のこと、好きだって。

○「汝、何をか好む？」と孔子が聞く。「我、長剣を好む。」と青年は昂然として言い放つ。

――中島敦『弟子』

○いいじゃんサイコーも俺の事シュートって呼べよ仲のいい奴はそう呼んでる
最高（もりたか）をサイコーって呼ぶのと秋人（あきと）をシュートって呼ぶのは少し違くね？

――大場つぐみ原作、小畑健漫画『バクマン。』

○子曰、学而時習之、不亦説乎。有朋自遠方来、不亦楽乎。人不知而不慍、不亦君子乎。

――『論語』学而

○天は私に雲になれと言い　地は私に風になれと言う
○兄（雑誌を奪う）見ろこれを。（読む）

——申庚林《シン・ギョンニム》「牧溪市場」引用者訳

「私は不幸にも唐辛子の入ったソオダ水のような兄を持っています。（中略）私の断髪は事情の切迫からで、はやりからではありません。」莫迦。何だって堂々と「変態趣味からです」と書かないんだ。

——尾崎翠「アップルパイの午後」

「聞く」「呼ぶ」「言う」「曰く」「読む」「書く」のような引用を導く動詞が現れることもあり、「好きだって」のように、そうした動詞が直接現れないこともある。いずれにせよ、右の一群は全て引用を言語的に明示した表現である。なお、「かくてわたしは自分で自分自身を導いていくほかはないと思った」（デカルト『方法序説』小場瀬卓三訳）に見える「と思った」のごとく、自分のことについて述べていても、言語的には引用の形である。

さて、引用とは、他者であれ自身であれ、その言を引くこと、つまり他の言語場にあったことばを、借りて来ることであると、通常は理解されている。しかし〈言語はいかに在るか〉という言語存在論的な観点から照らすなら、そうした理解は根幹のところで誤っている。

引用の本質的な意義は金珍娥(2013: 221)が鋭く説くように、「引用とは他の言語場のことばを別の言語場で〈再現〉することとは限らない」。端的に言って、「師曰く、かくかくしかじか」とか、プラトンはかつてこう述べた。かくかくしかじか」とか、「誰々は、かくかくしかじかと叫んだ」などと語られたり、書かれたりしていても、「師」や「プラトン」や「誰々」が本当にそう言ったかどうかは、わからない。そう述べたということが、言語という表現装置自体で保証されるわけではない。そう述べられていたかもしれないし、述べられていないかもしれない。プラトンでもマリー・アントワネットでも神でもことは変わらない。引用という表現の姿をとっていても、それが引用されたことばだという保証は、言語のありようのどこにも存在しないのである。引用という表現装置については次のように理解したい：

〈引用〉とは、〈当該のことばが、あたかも他の言語場におけることばであるかのように表現する働き〉である。

——金珍娥 (2013: 222)。傍点も

トートロジカルに言えば、〈引用〉とは実際に他から引用する働きではなく、〈引用したように語る〉働きのことである。即ち話し手自らのことばではなく、〈あたかも他者のことばであるかのごとく語る〉ことである。実際に引用したものであるかどうかは本質的なことではない。

——金珍娥 (2013: 222)。傍点も

言語における引用をめぐる言説は多い。しかしながらその本質について右のように鮮明に説いたものは、管見では見当たらない。

ところで、当該のことばが実際に引用されたことばであるかどうかの責任は、ただただ人にあるのであって、言語そのものにはない。人に責任の所在を問うなら、もちろん一義的には発話者にある。ただし、忘れてはならない。それが実際に引用されたことばであるという意味を造形しているのは、受話者、つまり聞き手であり、読み手である。発話者とは別に、新たに受話者である私たちがまた新たに意味を造形し直しているのである。「ああ、誰々はそう言ったのだな」と。考えてもみよう。これは実に怖い信託である。

表現の上で引用の姿をとって形となっていることば。それが真の引用であることを、最後に保証しているのが、何と受話者である私たち自身である。「誰々がかくかくしかじかと言った」のごとく、引用の姿をとっているそれが、もしも引用などではなかったら？　そして語られていることがらが、私たちの生を直撃するような、重大な内容であったら？

言語の存在様式から表現様式までを貫く〈引用〉という契機

引用ということについて言語存在論的な観点からさらに掘り下げてみるなら、言語の本質的な仕組み自体が実は引用という構造によって成り立っていることに、触れておかないわけにはいかない。

つまり、それぞれの言語を成り立たせている言語材、語彙だったり文法形式だったりという言語材は、基本的には既にあったものである。幼な子がことばを学ぶ過程は、既にあることばを我が物とする過程でもある。私たちのことばは、少なくとも言語材のレベルに還元すると、文字通りに〈引用〉、全部借り物である。あちらこちらで用いられていた言語材を、あちらこちらで用いられた仕方に概ね沿いながら、自らのことばを組み上げていくわけである。言語材レベルのみならず、それらを組み合わせて編み上げた文のレベルでも、引用となっていることは、もういくらでもある。「えー、うそでしょ?」「まじっすか」「そういうことはありえませんよ」「まさにそこが問題なんですよ」「そんないい加減なこと言って、責任とれるんですか」……ただ、よほど気の利いた文でない限り、そうした〈かたち〉に造られた文の、最初の出所を誰も一々確かめなどしないだけだ。

発話者が新しくことばを造る際にも、概ね既にあることばを組み合わせたり、変形させたりすることになる。inter + net で internet ということばが造られる。それを承けた外来語として、日本語の世界に「インターネット」ということばが造られ、さらにまた「ネット」と短く変形される。あるいはまた「ネト+ウヨ」などと造語されていく。要するに、その原理的なところで、言語の〈かたち〉とは、引用された〈かたち〉なのである。

つまり言語においてことばの〈かたち〉は、互いに引用し、引用され合う仕組みで、成り立っている。これは言語の存在様式、表現様式の存在論的なありようにおいて、原理的にそうした仕組みになっているということに他ならない。〈話されたことば〉と〈書かれたことば〉という、言語の存在様式を造り上げる仕組みが、物理的に形を借りてきて用いるようになっている。さらにその上に立って、今度は言語の表現様式の上で、基本的な言語材を引用して用いる仕組みとなっているだけでなく、表現の一様態として、「何々と言った」とか「誰々曰く」とか「彼が言うには」などのように、〈私は引用である〉と、ことば自体に引用を顕在化させるデバイスが、どの言語にも表現形式として備わっていて、用いられているわけである。つまり引用とは、言語の存在様式から表現様式までをも貫く、本質的な契機の一つである。存在様式のレベルにおいては、言語音や文字という形の引用というありようで、表現様式のレベルでは明示的な引用の〈かたち〉まで備えていて、そのありようを示している。ことほど左様に、引用は言語に深く喰い入っている。侮れない。

ことばには身構えねばならない。そして引用は侮れないがゆえに、引用の姿をとったことばにはさらに身構えねばならないのである。その引用を最終的に引用たらしめるのは、私たち自身なのだから。まず何よりも問うこと。それは〈他から引いて来た〉引用なのか。更には言語場の造りの点検が不可欠である。これは誰が誰に向かってどのような場で語っていることばなのか。私たちは可能な限り発話者を特定し、点検するよう、努めよう。それは信頼に足る発話者なのか？　その場、その媒体は信頼に足るものなのか？　その上で引用のことば自体を点検する。そこに現れる引用は、誰が誰に向かっていかなる場で語ったことばとして扱われているのか？　語ったとされる人は、そうしたことばを発するような人なのか？

大きな言論ジャーナリズムのことばであっても、点検の必要性は失せない。第二次大戦時の「大本営発表」を想起するだけでも、点検の必要性の重大さが解る。日本では未だ経験したことのない、民衆の手で民主化を勝ち取るということを、長い闘いを経て実現させた韓国社会でさえ、政権を民主派が取っても、言論ジャーナリズムの相当な部分が反民主派の巨大な砦として存在し続け、簡単には打ち砕けないでいる。ましてや民主化を自ら闘い取った経験のない日本社会では、ジャーナリズムの危険さは言うまでもない。テレビや新聞がしばしば「官邸のスポークスマンと化している」と批判され、「合っているのは、日付だけ」などと揶揄される、政権寄り全国紙まである。

【図】引用のマトリョーシカ構造
——こんな人ってどの人？ 指示語の機能が失われる

引用のマトリョーシカ構造

現代の言語場における引用については、さらに注目しておくべきことがある。現代のＴＡＶｎｅｔ（タブネット）空間にあっては、実際に他の言語場からことばを引用して来るという場合であっても、引用と被引用の言語場の関係が一対一的な対応に収まっていないことが、ごく普通のことだという点である。

Ａがある発言をした。Ｂがそれを Twitter で引用し、「これはけしからん」と批判する。それをまた Facebook でＣが引用して、「こういう奴がいるから、世の中は良くならない」と怒る。それをまた自分のブログでDが引用して、「いつまでたっても、こうした輩が徘徊している」と嘆く……。要するに引用がまた引用され、その引用がまた引用され、a citation-within-a-citation-within-a-citation ……といった具合で、あたかも人形の中に人形が幾重にも収まっている、マトリョーシカ人形のようになっているわけである。こんな具合であるから、これを〈引用のマトリョーシカ構造〉(Matryoshka doll citation structure) と呼び得るだろう。

引用のアナーキーなマトリョーシカ構造

引用のマトリョーシカ構造だけなら、まだいい。きれいに収まりはしているだろうから。しかし今日の言語場の引用のありかたは、そんな行儀のよいものではない。例えばAが語った談話から、前と終わりの部分を切り取って、Bはテクストとして文字の形にし、ブログで配信する。ブログのそのテクストから今度はCが一部を切り取って、ツイートする。そのツイートから部分を繋ぎ合わせ、DはFacebook に投稿する。つまり前後の言語的な文脈を切り取りながら、次々にまた新たな引用が繰り返されるのである。マトリョーシカ構造が脇からスライスされて切り取られながら、次々に異なったマトリョーシカ構造を生み出すようなものである。引用のアナーキーなマトリョーシカ構造とでも呼ぶべき様相である。

文脈が切り取られるのだから、そこに盛られる内容の方向は、被引用者の意図とはお構いなしに、引用者のやりたい放題になってしまう。あることがらへの賛成と反対がひっくり返ることさえ、今日は特に珍しいことでもない。もちろん一度ひっくり返された引用とて、さらにまた他者からの引用で趣旨が再度ひっくり返されもする。私たちが言語で何かを語るという機能が、ここでは事実上、しばしば崩壊している。

指示詞の機能が崩壊する

こうしたアナーキーな引用のマトリョーシカ構造にあって、私たちがことばの使用について知っておかねばならないのは、「これ」だの「その」だのといった、指示詞の機能が崩壊するという事態である。Aを引用したBまでは、かろうじて指示詞は機能しているかもしれない。「これはけしからん」とBが怒っている対象は、Aなのであろうと、読み手はとりあえず読む。しかしCの引用になると、もう危ない。「こういう奴がいるから、世の中は良くならない」と怒っている「こういう奴」とは、Aなのか、Bなのか？　多くの場合に、このCはいつもA的な思想の持ち主で、Aに似た発言をしているから、おそらくBに怒っているのだろう、といった具合に推量し、判断する。Aの思想がBの思想に近いとか、遠いなどといった、読み手の推量でCの思想が決められてしまうのである。この推量が一瞬で行えるような解り易い階梯なら、まだ幸せなのだが、時には簡単に判断できないことも、少なくない。そもそもAやBやCその人を知らないと、判断のしようがない。

だからTAVnet上では指示詞を用いて対象をアイデンティファイ＝同定できたと、絶対に思うわけにはいかない。対象が人や団体であったら、必ず固有名詞を用いたい。「これはけしからん」ではなく、「Aのかくかくしかじかの発言はけしからん」とせねばならない。「こういう奴がいるから、世の中は良くならない」などと書きたくなったら、せめて「圧倒的に正しいAの発言を、全く理解できないBのような奴がいるから、世の中は良くならない」などといった具合に、せめて固有名を用いて、対象を確実に同定しながら、怒らねばならない。

＊引用をめぐっては、先の金珍娥（2013）のほか、野間秀樹（2009c）を参看されたい。韓国語＝朝鮮語の引用構造を軸に、〈省略〉論や〈縮約〉論の陥穽に触れ、また引用とは基本的に名詞として引用することだという問題を、「名詞とは引用された名詞である」というトートロジカルな命題で述べ、談話における引用が構成する、〈聞き返し〉と〈共話〉という仕組み、借用と語彙の生産、〈話されたことば〉や〈書かれたことば〉のメタ引用構造、同席構造と引用といった問題についてごく簡単に論じている。

固有名詞という名の、固有でない名詞

固有名詞にも注意が必要である。日本語の世界の固有名であれば、間違っても姓だけで名指したつもりになってはいけない。「鈴木は」だの「佐藤は」などというのは、ほとんど固有名詞として働かないと思っていた方がよい。必ずフルネームを書かねばならない。それとて、同姓同名の存在も前提に考えていた方がよい。

ちなみに、韓国語圏＝朝鮮語圏の人名であればなおさらである。「金《キム》さんは」などと言っても、ほとんど意味をなさない。金《キム》氏、李《イ》氏、朴《パク》氏の三つの姓で、人口の四四・六パーセントを占めている。

二〇一五年、姓氏本貫別人口、韓国国家統計ポータル KOSIS。小学校や中学校であれば、金さんは一クラスに五人も十人も、しばしばもっとたくさんいる。だから韓国語圏では日本語圏のように姓だけで自己紹介したりは絶対にしない。姓だけではアイデンティファイできないからである。日本語圏に暮らす韓国語母語話者であれば、日本の人を相手には「金と申します」のように姓だけで自己紹介をするかもしれない。でもそれは日本語式に合わせているだけである。相手が韓国語母語話者であれば、間違いなくフルネームで自己紹介する。韓国語の世界であれば、他者を紹介する際に、「金さんです」のように姓だけで言うなどは、もう失礼の極みである。紹介とも受け取らず、「この人もあなたと同じ金という姓の人です」と言っているのかなとでも、思うかもしれない。姓だけの紹介などは、それほどあり得ないことである。

言語存在論的な観点から言うなら、固有名詞とは対象に固有の名詞なのではない。原理的には普通名詞を固有の対象に宛がって用いているに過ぎないのである。つまり普通名詞を固有名詞として用いているのであって、その逆ではない。だから例えば複数形などないはずの、英語の固有名詞とて、必要に応じていつでも普通名詞である本質がさらけ出される——二つのコリア、the two Koreas。the two Koreas に見える事態は、sun（太陽）といった普通名詞が、Sun や the sun から two suns, many suns へと変容するのと、本質的には変わらない。受験英語文法などで「一つしかないものに定冠詞 the をつける」などと説明されたりするけれども、同じ説明のしかたに倣うなら、「一つしかないものに」定冠詞をつけるのではなく、当該の言語場において、「一つしかないものとして扱いたいがゆえに」定冠詞theをつける。言語の〈かたち〉は言語外現実ではなく、人がそう定めるのである。別に二つでも三つでも、限定さえできれば、いいのだが。

「鈴木（1972）」って誰？ 「前掲書」はどこ？ ——指示機能を喪失している文献指示

指示詞が指示機能を喪失するという問題は、何もＴＡＶｎｅｔ空間に限らない。例えば書物の、論文の引用文献、参考文献の指示などでも留意が必要である。論文を指示するのに、著者の姓だけを書く、鈴木（2010）などという記法は勧められない。もちろん論文末尾の引用文献一覧を見れば、「鈴木」が仏教学者の鈴木大拙なのか、言語学者の鈴木重幸なのかといった判断は可能である。しかし「えーっと、この鈴木というのは、鈴木誰かな」などと論文末尾を一々参照せねばならないこと自体が、読み手にとっては既に苦痛でしかない。鈴木姓の高名な言語学者とて、もう幾人もおられる。よく知られた書物であれば、フルネームで鈴木重幸（1972）と書くだけで、どの本を指示しているかさえ、しばしば読み手には解るのである。前述の理由で、韓国人名での金（2013）などというのは絶対に避けたい。参照すべき金姓の論文が、たとえ一つしかなくても、である。姓だけを表記して文字数を削ったところで、幾文字も変わらない。執筆中のその論文で削るべきところは、おそらく他にある。

さらに深刻なのはこれだ。人文書などで目にする記法に「前掲書」や「前書」で示す方式がある。「前掲書、○○頁」といった具合に。ラテン語ibidemの略、ibid.という記法の日本語版である。これはもう最悪の記法である。直前の「前掲」がどれだったか、一々探さねばならない相対参照だからである。それも論文が長くなるほど、同一論文中に「前掲書」で指示される書物が、どんどん増えてくる。対象を指示し、アイデンティファイするためのことばが、何と、アイデンティファイどころか、読み手に「ええっと、前掲書ってのは――」と探索を強いてしまっている。それ自体でもう指示機能が半ば失われていることに、執筆者も、編集者も、気づかねばならない。指示機能は、書き手が指示して終わるのではなく、読み手において滞りなく参照されて初めて、その機能を全うするのである。指示は可能な限り、基準の変化によって動くような相対参照ではなく、直接、対象に辿り着けるような、絶対参照を志向するべきであろう。

言語のメルトダウン

もし私たちが言語を私たちの生のためのものとして位置づけようとするのであれば、もしも言語が私たちの生のためにあってほしいと願うのであれば、これまで述べてきたような言語の氾濫、言語疎外のありようは、既に私たちの生にとっての言語というありようの崩壊を意味する。私たちにとっての言語の働きの中核(core)が溶融してしまう、謂わば言語のメルトダウン(meltdown)である。

ここは眼目である。今日の事態は、あなたや私が、ちょっと間違ったことを言ったり、書いたりしたということに起因しているわけではない。そんなことは太古の昔からあった。人は過つものであるから。ことばとはまた常に過ちの〈かたち〉でもある。

今日の危機はこうした点にある――言語場の巨大で質的な変容によって、過去に見られたような言語の存在のしかたそのものが根底的に崩れ去っていること。私たちにとっての言語としての十全たる働きを、言語がしばしば失ってしまっていること。言語という巨大な出来事が、その根元から崩れ落ちつつあること。ゆえに言語のメルトダウンと言う。

言語のメルトダウンは、二人ないしは数人、せいぜい数十人の言語場で誰かが誰かを非難するなどといった、言語の原初的なありようではついぞ見られなかったものである。典型的には、例えばTAVnet（タブネット）空間といった言語場の根底的な変容がもたらしている事態である。今や言語のメルトダウンを前にして、言語場の今日的な変容に、私たちが全くついていけていない。

ではこうした言語のパンデミックとメルトダウンの時代のただ中にあって、私たちは襲われるがままに、茫然と立ち尽くすしかないのか？　私たちが私たち自身の生を生きるための言語は、もう永遠に失われてゆくのか？　私たちに方途はないのか？　――おそらく、ある。

第4章 ことばへの総戦略を
――内から問う

四―一 〈問い〉が全てを変える――従順な仔羊から羽撃《はばた》く鳳凰《おおとり》へ

根底からの総戦略を

これまで見て来たことでも推察できるように、言語のパンデミック、言語のメルトダウンを生きるためには、言語と言語場に臨む私たちの、思想と生のあり方の根底的な変革が要請される。そうした変革をより優しいことばで、言語についての〈構え〉と言ってきた。

言語の原理的な事柄について、単なる細切れの知識やヒント、Tipsのようなものとして知るだけでは、言語の奔流の前にたちどころに流されてしまう。相手はずっと大きい。本当は大切な、リテラシーと呼ばれてきたような課題も、しばしばハウツー的なところに押し止められてきた。そのように矮小化されてしまった「リテラシー」でもいけない。私たちが言語を生きるための、言語のありようの根幹を踏まえた、要するに生きる実践としての総戦略が必要である。総戦略の戦線は、ことが言語に係わることであってみれば、自ずからおよそ私たちが生きる、ありとあらゆる時空間に及ぶ。一個の人間の、揺り籠から墓場までなどというスパンを超えて、母の胎内で生を待つ時から、しばしば死んだ遙か後にまで亘《わた》る。そしてことばそのものはもちろん、私たちがことばと係わる、ありとあらゆる言語場、そしてそうした言語場の背後にある巨大な言語外現実についても、思いを致さねばならない。

言語の原理論を

ことばについて考えるにあたって、諸々の現象的な知識については数多くの優れた書物を私たちは今でも手にすることができる。最も欠けているのは、総戦略の土台をなす、言語についての原理論を鍛え上げることにある。これについては既に第1章、第2章においてその手掛かりを述べた。二〇世紀を席巻した、記号論的な、関係論的な、観念論的な、言語至上主義的な言語論の迷妄と限界を超えて、私たちの生のただ中にあって言語と言語場の変容を見据え得る、存在論的で実体論的な、リアルな原理論の獲得である。言語外現実と言語内のシステムと言語的対象世界とを区別できない混濁から抜け出て、それらを峻別する原理論の獲得である。「ことばが意味を持っていて、それを遣り取りするのが、コミュニケーションだ」とか、「言語は道具だ」などという、人間の存在を忘却したことばへの幻想、ことばの物神化に塗《まみ》れた言語道具観を脱却する、原理論の構築である。

ことばをめぐるあらゆることがらに、全ての言語場において、〈問い〉を立てる

ことばをめぐっては、あらゆる言語場において一度立ち止まること。そして問うてみなければならない。ほとんど意識することなく、これまで行っていた、言語場における営みは逐一点検してみる必要がある。何よりもまず、それぞれの言語場について、その構造の把握、その意義といったものを問い直すこと。

公的なニュースから始まって、SNSや私的なメールなど、ことばを聞いたり読んだりという、主に受話者として立ち会う言語場は、例えばそれらに一日立ち会わなければ、どうなるのだろう。それは困る？ そう、私たちは困るかもしれない。だが困るのは私たちだけなのか？ 見えないところで、誰かが、想像もつかない困りかたをしているのではないか？ ニュースやSNSで送りつけられて来る、国家や資本のことばを私たちが一日拒むと、そうした巨大な宣伝扇動の網から私たちは一日外れてしまうことになる。私たちも困るけれども、彼らも困る。ただ困りかたが異なるだけだ。

言語場ごとにそれは誰が誰に向かっていかなる場で語ることばなのかを、鮮明に押さえることを、私たちは習慣化する必要があるだろう。その上でどのようなことばが用いられているかを、つぶさに見る。とりわけ当然共有されているかのように語られる、全体の話の前提をなしていることばなどは、思考の水路を造られる装置なので、必ず一度は疑ってみなければならない。かくのごとく〈問い〉こそが全てを変える出発地である。

四―二　拡張の言語――同席構造の言語学

私的発話＝私的なことばの言語場が公的言論＝公的なことばの言語場へと溶かし出される

原理論を踏まえ、私たちが実際に身構えねばならない言語場を見渡すと、大きく二つの極があることが、すぐに見えて来る。公的言論の言語場という極と、私的発話の言語場という極である。公的なことばの言語場と私的なことばの言語場と言ってもよい。そしてこれらの間に様々なヴァリエーションの言語場が存在する。

公的言論の言語場とは、政治や社会、文化に広く亘る、公けに開かれた言語場である。その大きな範囲を占めているのが、いわゆるマス・コミュニケーション、言論の言語場であろう。言語場を考えるにあたっては常に、〈誰が誰に向かっていかなる場でことばを発するのか〉ということが、眼目なのであった。この点に照らせば、こうした公的言論の言語場とは、基本的に一人や一機関や一組織が不特定多数に向けてことばを形にする言語場である。誰かに向かって、というその対象が、限定されていない集合となっている。

これに対し、私的発話の言語場とは、誰に向かって、という対象が予め限定された、とりあえずは閉じた集合である。家族の対話、友人や知人間の会話、個人間の書簡などがその典型である。学校や職場における会話も私的発話の極の方に寄っているだろう。会場が定められ、参加者が限定された講演なども、この極に近い言語場である。

ところで今日のＴＡＶｎｅｔ（タブネット）空間の言語場は、私的発話の言語場をいつでも事実上の公的言論の言語場へと溶かし出すことが、原理的に、できてしまう。なにせ、皆、繋がってしまっているのだから。流出だの、侵入だの、不正アクセスだの、クラッキング（cracking）などといったことばが、日常語になった。

ＴＡＶｎｅｔ空間にあっては、もともとなら繋がらないところに、間違って繋がってしまわないようにするのが、セキュリティなのではない。もともと原理的には繋がっている時空間にあって、繋がらない場を必死で確保するのが、セキュリティなのである。原理的には、もともと〈誰に向かって〉という限定は、どこまでも発話者の認識である。〈話し相手でない人が聞く〉などという事態は、言語にとってはその原理上、いつでも起こり得るものであった。

言語場における同席者と同席構造

場を共にして、間接的に発話を聞く聞き手は、〈同席者〉(bystander) と名づけることができる。妻からの電話に、「あ、今、お客様がお見えになってるので、後で電話します」という夫の発話がなされる。夫の発話の直接の話し相手＝聞き手は電話先の妻であるが、話し手である夫は横で「お客様」が聞いていることを、認識している。ゆえに「今、客が来てるからさ」ではなく、「お客様がお見えになってるので」と意識的に尊敬語を用いて言う。客の心証を害しては、何かと差し障りがあるかもしれないからだ。文末までいつも妻に言うように、「後で電話する」とはせず、「後で電話します」と丁寧な形を用いている。この「ですます体」という丁寧なスピーチレベルの選択は、もちろん妻を考えてのものではなく、「お客様」を意識してのものである。この言語場における「お客様」が同席者であって、間接的な聞き手である。同席者とは、言語場における直接の対話者ではない、別の資格を有する受話者である。

同席者が存在する言語場のこうした構造を、〈同席構造〉と呼ぶことができる。同席構造をなす言語場は、日常の中にも意外に多いことが解るだろう。上司が横に立っている場で、部下たちに指示を下す言語場。聞かないそぶりを見せている上司の隣で、客への応対をしている言語場。面接に来ている競争相手たちが一緒にいる中で、面接官に受け答えする言語場。こうした同席構造は、先の電話のように、発話の中身の〈かたち〉にも大きな影響を与えるのである。このことを記憶しておこう。同席構造は、発話の中身、表現様式さえも変える。

＊既存の言語学でほとんど考慮されてこなかったけれども、〈誰が誰に向かっていかなる場で語るのか〉という、言語場の根底的なありように同席構造は係わっていて、言語を考えるにあたっては、ことのほか重要である。同席構造については、韓国語＝朝鮮語や日本語の待遇表現と待遇法について述べた野間秀樹（2012d:526-531）を、参看されたい。そこでも触れたように、一六世紀の日本語を観察したイエズス会宣教師であるジョアン・ロドリゲス（João Rodrigues, 1561?-1633）の興味深い文典、ロドリゲス（1993a: 30）は、「要するにこうした動詞や小辞は、話し相手・話題になっている人・眼前にいる人・話題となっている事柄をつねに考慮に入れて用いるのである」

と述べている。「話し相手」とは別の「眼前にいる人」とは、まさに〈同席者〉に他ならない。直接の話し相手である高官の後ろに秀吉が黙って控えているような、緊張感の漂う言語場の体験から、滲み出たかとも覚える記述である。ロドリゲス (1993b: 80) の「位の高い二人について語る場合、一人がもう一人よりはるかに地位が高ければ」といった記述も同席構造のへの配慮の一例である。なお滝浦真人 (2005) は、こうした同席構造に注目する数少ない論考の一つである。

見えない同席者たちがひしめく、TAVnet（タブネット）空間の言語場

さて、こうした同席構造の言語場において、その存在を話し手が認識していれば、文字通りの同席者であるが、認識していなければ、〈盗み聞き〉をされていることになる。今日のTAVnet空間の言語場のありようは、盗み聞きが原理的に保証されているようなものである。謂わば見えない同席者を潜在的な受話者として発話を行っているわけである。このように、〈誰に向かって〉という受話者の設定がしばしば容易に崩されてしまう点で、今日のTAVnet空間の言語場は、〈話されたことば〉しかなかったような時代の言語場のありようと、根底的に異なっている。

典型的には、メールの誤送信を考えればよい。「手紙」とその「誤配」はジャック・デリダの仕事や東浩紀 (1998) のような優れた仕事が注目する、重要なモチーフであるが、今日のTAVnet空間の「誤配」は、単に一つの回路を「間違って」、「違う相手に届く」のではない。その仕組みの上から潜在的には、地球上のTAVnet空間全体に、あたかも無限の回路のごとくに開かれてしまっている。既に見たように、私たちのことばは、入力が即ち、翻訳＝貯蔵＝複製＝転送＝反復＝拡散とい

う生態を示すのであるから。私たちが入力したことばは、それが〈話されたことば〉であれ〈書かれたことば〉であれ、常に私たちが意図しない言語場へと溶かし出される危険を、原理的に、構造的に、胚胎している。ちょっと目には一本しか回路のない一対一的な言語場に見えても、その言語場は常に蛸足配線的な回路に支えられている。一対一的な言語場は常に、多くの同席者たちが待っている、一対多的な言語場へと変態し得るのである。

公的であるとか、私的であるといったことは、いずれも、もともと社会的であることの一様態に過ぎない。つまり同じ全体を見て、その内に異なった二つの極を据えて、名づけたものである。要するに私的であることは、公的であることと、もともと繋がっている。

今日的な言語場の特徴の一つは、このように私的発話の言語場が、その仕組みの上からはいつでも、公的な言論の言語場へと変態し得るということにある。私的な発話は、原理的に、私的な言語場に守られてはいない。いかな私的な発話であっても、それは常に社会的なのであって、ＴＡＶｎｅｔ空間にあっては、潜在的な同席者を〈原理的に〉抱えている。ゆえにしばしば事態は悲惨の様相を呈するのである。

回路を走るのは、〈意味〉でも〈思い〉でもない、〈ことば〉という形なのだ

私的発話は公的言論にいつでも取り変わるからね、というだけなら、既存の情報リテラシー論でもしばしば警鐘の鳴らされる地点である。ここでは言語場の原理的なありようから、むしろ私的とは公

的の一時的な姿でしかないからね、と考えた方がよい。だがことはそんなことに留まらない。ことばが〈いかに在るか〉を考える言語存在論的な観点から見ると、そうした事態に重なって、言語の原理論との係わりからさらに一層重要なのは、手紙が流出するなどといったことを遥かに超えて、手紙の「中身」には常に定まった「予めの意味」など存在しないというリアルである。

手紙の「中身」――それは言語学者R・ヤコブソン (Roman Jakobson,1896-1982) の著、ヤコブソン(1984: 101-116)に典型的に見られるような、今日的な情報通信理論においては、発信者が受信者に送る、「メッセージ」(message) と呼ばれる。発信者がエンコードしたメッセージを、受信者がデコードするというわけである。そして既存の多くの言語論や情報論においてメッセージは、誰もそんなことに言及せずとも、いつも定まった意味を持っている、そう信じて疑われもしなかった。メッセージは、ことばは、意味を持っているのだと。だが既に見たように、現実には全く違うのであった。ことは回路の逸脱の問題に留まらない。その回路を走るところの、信じて疑いもしなかった、「メッセージ」と呼ばれる「内容」の方の、原理的な可変性をも見据えねばならないのである。

私的発話であれ、公的言論であれ、そして「手紙」にせよ「メール」にせよ、文字通り「メッセージ」と呼ばれるにせよ、郵便の回路や、TAVnet空間の回路を走っているのは、一度は意味から自由になった〈ことば〉である。さらに確認するなら、ことばとは物理的な形であって、それがTAVnet空間にあっては、もはや物理的な形などと呼ぶことさえ、憚《はばか》られるような、電子的な生態の姿をとる。発話者が意味を造形しながら形にしたことばは、形となって送られると、そこではことばは意味から自由になっている。ことばを発する私たちにとって、このことについての認識が決定的に重要なのである。ことばとは意味ではなく形であるがゆえに、ことば自体も、TAV＝Text, Audio, Visualという変態を自在にする。入力＝翻訳＝貯蔵＝複製＝転送＝反復＝拡散という自由な変態を繰り返す。

送られるのは、あなたの意味ではなく、あなたのことばである。あなたの思いの方ではなく、あなたのことばの方なのだ。あなたの心ではなく、あなたの形である。あなたが造った形。そしてそのことばには、あなたが造形した意味は、貼り付いてなどいない。百歩譲って、どこまでも比喩的に言うとだが、それらのことばには、あなたが造形したであろう意味の影が一度落とされたということだけだ。そうしたことばは受け取られ、読まれて、改めて今一度また新たな意味となるであろう。そのことばに受話者は受話者なりの仕方で、あなたの意味を、あなたの思いを、造形するであろう。再三述べたように、そこではことばが意味とならないかもしれない。思いなど造形されないかもしれない。回路を経て、受話者の前に立ち現れるのは、そうしたことばの形なのである。

ことばは決まった意味など持っていないのであった。それはしばしば奔放な意味へとなり得るものでもあった。あなたの「メッセージ」には予期せぬ言語場において、謂わば好き勝手な意味を造形されもする。日常に飛び交う、こうしたことばを見よ——「そういう意味で言ったんじゃない」「そんなことは言ってない」「どう読んだって、そうは読めないはずだ」。そんな勝手な読みは許されない？ことは善悪ではない。倫理ではない。原理である。原理は断罪できない。ことばとはもともとそうしたものなのだ。

あなたがことばに造った言語場と、受話者が意味を造形する言語場とは、異なった言語場である。ましてや〈誰に向かって〉という回路の外に溶かし出されたことばは、もう存在する言語場が全く異なっている。そこにあなたもいなければ、語りかけた相手もいない。元通りにあるのはことばだけだ。溶かし出されたことばたちは、かくも全く異なった言語場に存在し得ることばたちではないか。あとは潜在的な同席者も含め、新たな受話者たちがその形をことばの〈かたち〉として駆動させ、自由に意味を造形し、言語的な対象世界を造り上げるのである。

そのような事態はあってはならない？　とんでもない。他ならぬ私たち自身がそうしたことをずっと行ってきたのであった。偉人たちや文人たちの手紙をこともあろうに「全集」などにまとめて、皆で寄って集《たか》って盗み読みし、私たちが思い思いの意味を造形しているではないか。

ことばと意味の〈原理〉を断罪することはできない。ただし、その原理は絶対に知っておかねばならない。単に私的発話が公的言論に溶け出す危険という図式を、知るだけでは足りない。ことばが意味を持っていて、などというオプティミズムに酔いしれていてはいけない。そうしないと、言語をめぐる、肝心な〈問い〉の立て方を誤ってしまう。

「愛してるよ」――そのターゲットは恋人ではない、私であり、あなたである

ことばをめぐっては、当然のこと、〈話し方〉〈聞き方〉〈書き方〉〈読み方〉などといったものがある。

幸いなことに、こうしたことを主題とした書物は、それこそ数多く目にすることができる。ここでそうした詳細に立ち入ることはできないし、何よりも著者の力量がそんなところまでは及ばない。ことばを〈かたち〉に造るという観点から、いくつかだけに触れておくことにする。

ことばを〈かたち〉に造るという観点から見ると、〈話し方〉などは、まさに身体に直結している営みであって、例えば言語場における身体のあらゆる営みと係わっている。立ち方、視線、表情、動作、そして忘れられがちな発声。ことばを〈かたち〉に造る前提が発声である。これは個々人の生理的な資質に拠るので、いったいどれほど目的意識的に制御できるものなのか、寡聞にして知らない。しかし著者のような素人でも、演劇や映画の俳優たちを見ていれば、発声や話しぶりが決定的に重要であることが解る。

例えば日本語のドラマを見てみよう。そこで若い俳優が話している。どうしてこんな拙い学芸会のような発声、話しぶりが横行しているのだろう。いつも喉でしゃべっているような、いつも口を動かさず、腹話術でしゃべっているような、まるで自分自身の発声や話しぶりを、ドラマ越しに無理矢理見させられているようだ。気恥ずかしくなってしまうことも、しばしばである。日常の言語場と異なって、ドラマの言語場では、ただ声を出せば、それが話していることになど、決してならない。映画もそうだ。

ドラマや映画などの言語場を〈劇の言語場〉と呼んでおくことにしよう。そうした〈劇の言語場〉は、私たちが普段の会話を行っているような、日常の言語場とは全く異なる。何が異なる？　言語場の構造が異なる。劇の言語場にあっては、劇中で愛を語りかける相手は、言語場の実質的、直接的、最終的な参与者ではない。それをディスプレイやスクリーン越しに見ている、私たち同席者こそ最終的な参与者である。ここでも〈同席構造〉に注目しよう。劇の言語場は同席構造の典型的な言語場である。私とあなたが対話する日常の言語場と、劇の言語場は、言語場の構造がその土台から異なるのである。日常の言語場と異なって、劇の言語場には常に同席者が存在する、それどころか、劇を演じているときこそ、出演者は演ずるという言語場の参与者であるけれども、劇の言語場を最終的に完成させる参与者は、私たち観客である。

【図】同席構造によって成立する〈劇の言語場〉
ドラマの中の恋人たちは、
見ているあなたに向かっても語っている

その劇の恋人たちは、互いに向かってことばを造っているのではない、それをディスプレイやスクリーン越しに見ている、言語場の同席者に向かってことばを造っているのである。だからその「愛してるよ」ということばは、劇の内部の恋人ではなく、それを傍らで覗き見ている私たちをこそ、ことばの〈かたち〉として納得させねばならない。「愛してるよ」ということばのターゲットは劇中の恋人ではなく、私であり、あなたなのだ。ああ、彼は彼女を心底愛しているのだなとか、だめだよ、この男の甘いことばに騙されちゃ、といった具合に私たちを連れて行ってくれれば、成功だろう。

拙い学芸会のような発声、話しぶり、これは俳優が至らないのか、演出が至らないのか、あるいはそうした作品を許している私たちが至らないのか。おそらくその全てなのだろう。恐ろしく優れた日本語のドラマや映画も他方にもちろんあるわけであって、それらを見れば、問題はとりわけ俳優や演出に依拠するところが、大きいことが解る。ここで作品名や俳優名の固有名を敢えて〈かたち〉に造って挙げないのは、作品や俳優が言語的対象世界に簡単にアクティヴェイトされてしまい、ドラマ論や映画論に横滑りしてしまうからに他ならないからである。言語の存在化機能である。言語そのもの、ことばを造る上での発声や話しぶりという主題から簡単に外れてしまう。ここでは私たちがそれぞれにドラマや映画を思い浮かべればよい。

ちなみにこんなことを書くと、言語の存在化機能によって、また嫌がられる向きもあるかもしれないけれども、近年の韓国ドラマや中国ドラマでは、情けないレベルの発声や話しぶりというものには、あまり出会わない。しばしば話題にされるJポップのアマチュア性とKポップのプロ性の違いに類するようなものかもしれない。ただし〈歌う言語場〉ならアマチュア性もまた価値であり得るかもしれないけれども、〈劇の言語場〉でアマチュア性を価値化するのは、一部の映画監督あたりまでで、なかなか難しいのだろう。

劇の言語場における〈話し方〉について言えることは、小説や脚本の〈書き方〉についても言える。こちらの同席構造はずっと解り易い。作中人物同士の対話は、作中人物が互いにターゲットになっているわけではなく、もともと読者がターゲットであることを、書き手も編集者も嫌と言うほど知っているからである。ただし、言語場のありかたの大きな変容によって、今日、誰もが書き手となって発信することができるようになった。〈書かれたことば〉の言語場においてむしろ注意すべきは、そちらのほうに違いない。

言語は原理的に〈対話者以外の潜在的な参与者〉を有している――今こそ同席構造を見る

その「愛してるよ」のターゲットは恋人ではなく、同席者である――演劇人や映画人であれば、誰でも知っているようなことについて、ここで改めて書いたのは、何よりもまず、それが言語の原理論からは〈同席構造の言語場〉という仕組みとして位置づけ得るものだということを、鮮明にしておきたいからである。

人と人が話す、それを直接の対話者ではない第三者が聴いている、そうした構造は、たまたま第三者が存在しているがゆえに、二重の言語場が成立しているかのごとく、思えるかも知れない。だが言語とは、もともと、そして常に、そうした同席構造が成立する可能性を有するものである。

今一度確認しよう。これまでの伝統的な言語学、言語論は基本的に、〈私が話す〉ということに着目してきた。ソシュール言語学はその一つの典型である。それが二〇世紀後半から〈私が話し、あなたが聞く〉ということにも、関心を広げることとなった。コミュニケーション論ということばが一般化する。二〇世紀末から二一世紀に入る頃には、ようやく、それが〈私が話し、あなたも話す〉という構造だということに、皆が気づき始める。そして今日、私たちは〈私が話し、あなたが話す、それを誰かが聞いている〉という構造になっていることに、気づかねばならない。見えない同席者たちがひしめく、TAVnet（タブネット）空間の言語場という問題については既に述べた。SNSに書くことばは、原理的に世界に開かれてしまっている。そうした言語場の今日的な変容が、言語場における潜在的な同席者の存在を露わにしたのであった。潜在的な同席者とは、参画者が単にたまたま生じ得るといったことを意味するのではなく、まさに原理的な存在の形なのだ、という点についての認識が、欠かせない。

私はあなたに語る、そして見えない別のあなたにも語っている

さらに重要なことは、IT革命などなくとも、実は、言語にあっては同席者はもともと常に存在し得るのだという点にある。同席者はそこに見える見えないに拘わらず、常に存在するかもしれない。それをことばの〈かたち〉として認め得る人が、そこに立ち会いさえすれば、〈話されたことば〉であれ、〈書かれたことば〉であれ、それはことばとして働くのであって、意味もまた立ち現れ得るのである。

これはことばにとっては太古の昔からそうなのだ。ただ、言語場を構成する様々な条件が、時代と共に変化して来たに過ぎない。ことばとは、私とあなたが話し、それを誰かが聞いているかもしれないもののことだ。原理的にそうなのだ。言語場のこの原理的な構造に立ち帰って、私たちがことばを造る営みを、構え直さねばならない。

〈劇の言語場〉は同席構造を利用している。それはただ利用されるだけでは、いけない。目的意識的に位置づけ直さねばならないわけであった。それと同様に、私たちが係わる、ありとあらゆる言語場のそれぞれについて、同席者をいかに位置づけるかを、問わねばならないのである。その言語場では見えないから、同席者は存在しないであろうなどという素朴な前提は、もうそれだけで危ない。言語場における構えの弛緩である。

さあ、私たちがことばを生きる構えを作るにあたって、大切なことがまた一つ、明らかになった。ただしここで「そのあなたのことばは誰かに聞かれているかもしれない」という形の警句は、半分しかあたっていない。謂わば悪い方だけを語っているからである。言語を生きる私たちは、何もそんなにびくびくすることはない。それでは同席者は常に悪者ではないか。大体、私もあなたも常に同席者になる可能性があるのだ。私が語り、あなたも語り、それを天や地こそ聞いていないかもしれないが、また別の誰か＝人が聞いているかもしれない。〈誰かが聞いているかもしれない〉、それは半分は怖いことで、実は半分は嬉しいことでもある。あなたのことばを、また別の誰かも解ってくれているかもしれないからだ。だからこう言い直さねばならない——言語とは、私とあなたが語るものであると同時に、それを人々もまた共にし得るものである。ことばとは潜在的には皆のものなのだ。私があなたに語るとき、実はそこに見えない、また別のあなたにも語っている——このことを踏まえるだけで、私たちがことばを生きる構えには、きっと新たな違いが生じ得るだろう。

あなたのそのきついことばは、天も聞いているよ、などと相手を窘《たしな》めても、ええ、どうぞ、天にも聞いてもらいましょうよ、などと言われてしまうだろう。同席者が天ではなく、思い人であったら？　自分が好いてほしい人も聞いていると思えば、少しはことばも優しくなろうというものである。

世界は同席構造の言語場に満ちている。言語場とは、もともと同席構造をいつでも許し得る場なのである。

自らが同席者となって自らの言語場での振る舞いを観察する

同席構造を意識する。このことは、私たちがことばを造るにあたっても、大いに活用することができる。人前で語ることを、自らの職業としている人たちが実践しているように、自分自身が語るありようを、例えば動画に撮って、自分自身で検討するなどといったことは、その重要な例である。要するに自分が同席者となって、自分自身が語るありようを、対象化し、観察しているわけである。

自分自身の姿を動画にとって観察することは、俳優やアナウンサーだけでなく、何よりも〈教える〉人こそが実践すべきことである。教員は自ら進んで実践するのがいい。中学や高校の教師にはいわゆる教生、教育実習という実践が必須である。そこでは指導教員の助言が得られるだろう。でも恐ろしいことに、大学の教員にはそうした必須の体験の時間が定められていない。博士課程を終えて、公刊されている論文の数本もあれば、誰でも非常勤講師の資格として認められる。もちろん実際に職があるかどうかは、全く別の問題であるが。要するに大学の教員の多くは、〈学ぶ〉ことや〈研究する〉ことは身につけていても、〈教える〉ことなど、ただの一度も学んだことがない人たちなのである。教室で自分がどんなふうに語っているかを、知らない人たちである。少々誇張して言うことが許されるなら、大学とは〈教える〉ことの素人の集団である。なぜそんな素人が偉そうに教えていられるのか？　端的に言って、大学の教員は教室の現場に、経済が直接は絡まないからだ。売り上げが経済に直結する、いわゆるセールストークの言語場などとはそこが異なる。要するに甘い。それにしても大学のこんな仕組みは、はなはだ不条理ではないか？　いや逆に教える素人でも、知を分かち合えるところが、大学の良いところなのか？

ここは問いをことばに限定しよう。間違いなく言えることは、話すことのプロでない限り、人は自分が思っているようには、話していないということだ。発声も、発音も、話しぶりも、視線も、表情も、立ち方も、動作も、振る舞いも、皆自分のことは知らない。常日頃、忸怩《じくじ》たる思いで自分自身について「滑舌の悪さ日本一」などと宣言している著者であってみれば、このことは骨身に沁みている。そもそも自分が何かを知っているかもしれないということと、それを他の人々と共にするということは、全く別のことではないか。教室で私が造る一言のことばが、共に学ぶ誰かの心を、もしやずたずたに引き裂くかもしれない。言語場にあってことばを発する際の、ことば以外の要素が、共に学んでくれる誰かの、もしかしたら〈demotivator＝意欲を損なわせるもの〉となっているかもしれない。逆に、ほんのちょっとの小さな視線が、誰かを勇気づけているかもしれない。〈教える〉言語場が日常となり得る人々は、どうしても一度は自らが話すありようを、客観的に対象化して検討する必要がある。もちろん、そうした検討を経ても、改善できないことは、決して少なくないだろう。それでも問題点を自覚しているかどうかは、〈教える〉言語場にきっと役に立つ。

例えば大学院では、一度でもいいから、学会発表のシミュレーションなどだけでなく、そうした〈教える〉言語場のシミュレーションを、指導教員と大学院生たちが是非とも共にしてほしいものだ。自分が同席者となってもなお、自分の欠点は自分では解りにくい。つまり自分で自分の動画を見ても、気づく欠点と、気づかぬ欠点がある。だから仲間が要る。信頼できる場で、互いの至らない点を言語化して確認し合えば、視線にせよ、表情にせよ、話しぶりにせよ、若き大学院生たちは、自らをしばしば劇的に改善してくれる。ふにゃらふにゃらした振る舞いの大学院生が、僅か一回の検討で、凜として立つ〈師〉となる。聞き取りにくいことばで、恐る恐る言語を教えていた大学院生が、惚れ惚れするような話しぶりの〈師〉となる。そうした劇的な変化がたった一度の録画の検討でさえ起こり得るのである。このこともまた、少なくとも経験から確信を持って言える。そうした体験を踏まえていれば、安心して教壇に立ってもらえるではないか。

自らを同席構造に置き、自らが話す振る舞いを対象化し、検討することの意義は、ここでは大学の教員を取り上げて述べたけれども、おそらく〈人に話す〉こと一般に通底するものがあるだろう。

四—三　反撃の言語——存在化機能の言語学

反撃する言語——言語を抱擁すること、ことばを獲得すること

私たちが言語を生きる中で、私たちが私たち自身の生を生きるための言語を、今私たちは求めているのであった。ことばを問うことから始めて、ここまでは主として私たち自身がことばによって疎外されたり、ことばに押し潰されたり、ことばの前で呆然としたり、ことばについてのペシミズムに陥ったりなどということから、私たち自身を守る構えを考えてきた。ここではそれらを踏まえながら、敵の弱い環を撃ち、守りから大規模な反攻へと転じてみよう。反撃する道もまた様々があり得るけれども、ここではそのいくつかを取り上げよう。

言語を問い、言語を考えるという構えは、私たちの生にとって、いったいどのような意義があるのか？　これまで述べてきたように、言語のパンデミック、言語のメルトダウンのただ中で何よりも自らを見失わない、強力な構えを得ることになる。更にはことばそのものを獲得し、創造し、ことばを生きる構えを得ることになる。ことばをきちんと見据えることができれば、そうした過程において、ことばによって苛《さいな》まれるのではなく、逆にことばが私たちをうち鍛えてくれることになる。

何よりもまず、私たちは言語を、ことばを、獲得せねばならない。あちらからのごとく押し付けられることばや、洪水のように溢れかえることばではなく、私たち自身に本当に必要な言語を、ことば

を私たちの胸のうちに抱擁し、我がものとしてゆかねばならない。

ことばの〈存在化機能〉によって強制される思考のプラットフォーム

例えばニュースがこう始まっている。日常でいくらでも出会うことばの〈かたち〉である。「日韓関係が悪化する中――」「厳しい日韓関係の中で――」「戦後最悪と言われる日韓関係は――」。この類いの発話は枚挙に暇がない。なお、例は日韓関係でも日中関係でも日米関係でも構わない。重要なことは、これらのことばが、これに続いて語られる内容についての〈思考の前提〉を造り上げているという点である。

私たちにとっての危険は、「今、日韓関係は最悪なのだ」といった擦り込みが行われるというレベルにのみあるのではない。つまり「日韓関係は最悪などではないのに、最悪だと擦り込まれる」といったレベルにあるのではない。「日韓関係は最悪などではないのではないか」と問うこと自体は、もちろん悪いことではないけれども、ことばを辿る道筋としては、そうした問いの立て方自体が、既に相手が提起した土俵に乗ってしまっていて、もう危ない。

危険はそれよりもさらに深いレベルに横たわっている。ことばで形にすると、そのことばで形にされた対象は、〈とりあえず在ることになってしまう〉のであった。三―二で前述した、ことばの存在化機能を思い起こそう。ことばは存在のアクティヴェイターなのであった。「日韓関係が」とか「日中関係が」などと語られた瞬間に、その言語場においては「日韓関係」や「日中関係」が、鮮明な輪郭を持った対象として、私たちのうちに存在化される。おまけにニュースなどという言語場はそれに接する私たちから、直接異議申し立てができない構造になっている。ニュースの言語場は常に言論ジャーナリズムの側に占拠されていて、謂わば、言った者勝ち、といった仕組みになっている。なお、ここでの責任はジャーナリズムの側だけにあるのではない。第二次大戦中の、いくら負け続けようが、勝ち続けていると強弁する、「大本営発表」などという経験を経てなお、「ニュースはいくらなんでも嘘は言わないのではないか」といった、生理的な確信のごときものに、私たちはいつしか侵されてしまっているからである。言論ジャーナリズムのことばに対する大日本帝国の時代の感性は、私たちにそのまま生き続けていると言っても、過言ではない。そうした私たちの責任は決して小さくない。

〈日韓関係という枠組みで考えよ〉という〈思考のプラットフォーム〉が、送られてくることばによって、ほとんど意識されることもなく、私たちの言語的対象世界にアクティヴェイトされ、埋め込まれることになる。そのプラットフォームの前提が「日」であり「韓」という形に造られてしまう。「大本営発表」のような、言語場の支配関係は解り易くとも、ことばそのものが有する存在化機能といったものは、私たちにはとても見えにくいがゆえに、恐ろしい。

言うまでもなく、私たちの生は「日」だの「韓」だのというカテゴリーで括られるようなありようをしていない。それも実のところ、押しつけられたこれら前提のことばの内実は、「日本」と「韓国」の関係でさえないのである。「日韓関係」ということばで名指されている対象は、「日本」と「韓国」の関係などではさらさらなく、そのほとんどが、時の政権間の関係であり、時の為政者間の関係である。「日本」や「韓国」ということばで私たちが想起し得る、ありとあらゆる多様なことどもが、何と時の政権に収斂《しゅうれん》されてしまう。美しい土地も、汚れた街角も、人なつっこい人々も、いじめっ子たちも、ありとあらゆる対象が時の政権――それは驚くべきことに、しばしば首相などと呼ばれる人物の顔写真一枚に象徴されたりする――に矮小化され、括られてしまっているのである。時の政権などといったものが私たちの生の全てでないことは、言うまでもない。人の営みを国家という枠で見ることはできない。それにも拘わらず、その瞬間には忘れられてしまう。その言語場で強制されることばによって、私たちの言語的対象世界は、彼らの望むように造られてしまう。

ことばと国家と民族と、そして音楽と

人が生きることは、実に多様なありようをしている。政権は――ここでは「政治は」などとさえ言えない、「政権」はそれより遙かに狭い概念である――しばしば私たちの生き死にを左右するけれども、それは決して私たちの全てではない。私たちの生の総体を政権がカテゴライズすることはできない。

典型的な例で言うなら、例えばK‐popに感動している生《せい》の場では、「日」だの「韓」だのといったレッテルはほとんど機能しないだろう。間違ってはいけないのだが、こうした時空間がその時だけ、「国境を超えている」わけではない。もともとの始めから、私たちの生の全てを「国境」が覆いきってなどいないのである。生は常に国境などで括られているわけではないという事実が、K‐popの時空間で露呈しているだけだ。

私たちの生のありようと、例えば「国境」とか「国家」といったことばとの係わりを、一度はつぶさに見てみればよい。「でもひとたび戦争になったら、国と国とが戦争するわけでしょ」——危ない、危ない。そんなふうに籠絡されてはいけない。まだ「戦争」ではないのだ。「国家」があって、その中で私たちが暮らしている、「国家」が平和を守ってくれて、などという図式は、私たちの観念の中に、ゆうに百年を超えて、もう長いこと巣くっているだろう。国名ということばを連呼する「歴史」の授業。「太平洋戦争」で「日本」が占領した地域だよと、子供たちの心をくすぐるように、真っ赤に塗ってあるアジア太平洋の地図。「戦争」だ、「平和」だ、そしてその二つのことばの間にはいつも「国家」の名称が埋め込まれている。驚くべきことだ。「戦争と平和」という問いを立てる言語場には常に、あれこれの「国家」の名称が地雷のように埋まっている。幼いときから、繰り返し、繰り返し、語られることば。私たちはことばによって、そう造られている。「いざというとき」は、皆、「国」ということばのもとに動く手はずに造られてしまっている。でも本当にそんな手はずになっているのか?

第一次大戦という帝国主義国家間の争闘を目の当たりにして、そのことばの内実の評価はともかく、例えば「帝国主義戦争を内乱へ」ということばが、その時代の少なからぬ人々の心を打ったとしよう。ことばという観点から言うなら、「国家と国家」というスキーマでなくとも、「戦争と平和」を語ることができるということを、象徴的にことばにして、新しいスキーマのもとでの戦略として言語化して見せてくれることになる。ああ、「奴らは敵だ。敵を殺せ」と渡されたこの銃は、別のところに向けても、いいのだ、例えば「殺せ」と言う、そのことばの大本の出どころに向けても、いいのだ、ツァーリに向けても、いいのだ――人々はそう悟るのである。新たに造られたことばの形によって。ロシア十月革命は一九一七年であった。

「国家」ということばで名づけられる対象がまずあって後に、私たちが生きているかのごとき考えを、私たちの言語的対象世界がしばしば支えてしまっている。「国家」は先ではない。この順序は極めて大切である。私たちが生きていて、そこに「国家」といったことばで語られる、さまざまなことどもが成立しているのである。私たちを生んでくれたのは、「国家」ではない、文字通り生身の、母たちである。

「ロシア」という「国家」と、「ロシア」と呼ばれている大地は違う。その時代、時代に「日本」と呼ばれている地があり、山河がある。言うまでもなく、沖縄や北海道はちょっと遡るだけでも「日本」ということばで呼ばれはしなかった。「日本」ということばで造られる言語的対象世界が、人ごとに異なるのはもちろん、時代によってはもうひどく異なっている。更に遡ると、「日本」ということば自体が見当たらなくなる。

『日本書紀』とか『日本紀』なんて呼ばれる書が、随分と古くからあるではないか？　いや、そうは言っても、それは漢文脈に現れる「日本」であって、『宇津保物語』のような和文脈に「日本」が現れるには、一〇世紀を待たねばならない。ましてやこの地に住む多くの人々の間に「日本」が染み渡るには、近代の到来が必要であった。そのような地に、「日本」という「国家」は文字通り、何から何まで人為的に、イデオロギー的に、ことばを巧みに操る仕方で、構成されているのである。かくして地球上のあらゆるところで、私たちの生きる大地と「国家」はいつしか混同されてしまっている。「国境」は物理的に超えがたい境界として、しばしば私たちの目にはっきりと見えるがゆえに、私たちはこの生きる大地と「国家」とを、容易に混同してしまう。

K-popの熱狂や愉悦のうちでは、私たちの生を「国家」や「民族」が覆いきってなどいないことが、剝き出しになって現れているだけだ。動画に付されたコメントが、日本語、英語、フランス語、ドイツ語、アラビア語……実に多様な言語で書かれていることを見ても、そのことがよく解る。これは政治が生を覆いきれないことの、一表現でもある。

私たちの生といった巨大な対象を考えにくければ、私たちの周りの小さな〈もの〉たちを見るだけでも、そのことは解る。私たちが食するもの、私たちが身につけているもの、私たちの身の回りにあるもの、それらの材料、それらの部品、それらの運送、それらの製品のあれもこれも、多くのものはことばで名づけられていて、名づけられたそれらの全てが「国境」に覆われたりしてなどいないだろう。純粋に「国境の内部」でだけ成立しているものなど、限られているだろう。ものも、ことも、営みも、K-popの感動の時空間も、「民族を超えている」わけでもない。私たちの生の総体はもともとが「国家」とか「民族」ということばでいつでもカテゴライズしたり、切り分けたりできるようなものではないのである。

例えば音楽はそのことを教えてくれる。バッハの音楽があり、ジミ＝ヘンドリックスがいて、ジャンゴ・ラインハルトのそれがあり、BTSだっている。ここではスケールの大きさも音楽のジャンルなども関係がない。藤圭子でも、パガニーニでも、ジョン・ケージでも、革命歌「インタナショナル」でも、好きなものを考えればよい。よしんばそれが「民族音楽」などと名づけられてさえいても、少なくとも言語についての視点から厳密に言うなら、音楽とは常に「民族」の音楽たり得るわけではなく、逆に私たちがそこに「民族」ということばに想起するものを、見出すのである。音楽も言語と同じように、「ここからここまでが○○民族のもの」、などとは決してなっていない。本源的にはそれは人が生み出す音であるから。単にその民族の人々によって歌われるからと言って、歌は民族の歌となるわけではない。ましてや「国家」の歌などにはならない。人々が「アリラン」にこそ例えば「民族の心」と名づけられるものを見出すがゆえに、「アリラン」は南北を貫く〈民族の歌〉として生きるのである。

こうしたささやかな例を考えても、ことばを聞いたり読んだりという、主に受話者として立ち会う言語場においては、一度は立ち止まって、問うてみることの必要性が解る。

〈奴らは敵だ話法〉と〈ミサイル話法〉――与えられたことばを撃ち、私たちのことばを

ことばがやって来た。そう、ことばは一々点検せねばならない。「奴らは敵だ」などといったことばになっていたら、すぐに解るように、もちろん絶対に危ない。気をつけるべきは、「奴らは」のところが、「○○人は」だの「○○の人たちは」「○○から来た人たちは」などという、一見より柔らかい〈かたち〉になっているかもしれない点である。「敵だ」のところも「我々と相容れない」とか「私たちと一緒に暮らせますか」などとなっているかもしれない。

また「奴らは敵だ。敵を殺せ」といった具合に、誰にでも危なさが見えるように、解り易く展開するとは限らない。「○○のおかげで、私たちはこんなに困っている」などという〈かたち〉をしているかもしれないし、「○○からミサイルが飛んで来る」などという、驚くべき〈かたち〉に変形されているかもしれない。ことばの〈かたち〉は随分異なっていても、言語場におけることばの機能をとりわけイデオロギー的な観点から考えると、「○○からミサイルが飛んで来る」は事実上、「○○は敵だ」の言い換えのように働いている。前者のような直截的な語り方を〈奴らは敵だ話法〉、後者のように、直線ではなく、あたかもミサイルの軌道のように楕円を描き、ぐるりと回す語り方を〈ミサイル話法〉と名づけておこう。

世の中にはこうした〈ミサイル話法〉が溢れている。学校や職場での苛《いじ》めのことばにも、国家権力からのことばにも。こうしたミサイル話法で実際にアラートを鳴らし、大の大人たちが「避難訓練」まで行っているのである。このことばがその時だけのアド・ホックな宣伝扇動のスローガンだったことは、「避難訓練」なるものが、すぐに行われなくなったことだけで解る。要するにそこで「ミサイル」が飛んで来るか、来ないかなどは、発話者にとって何の関係もないのであって、ことばとして造って、拡散させることに発話者の戦略の重点が置かれているだけである。これは関東大震災の虐殺を支えた「○○人デマ」と全く同じ質のものである。こうしたことばことばで私たちの言語的対象世界には「○○」という「憎むべき敵」の像が造られていき、それは皆の意識の底に漂い続ける。例えば高等学校の授業料無償化といった、経済的な支援からも朝鮮学校ははじき出されてしまった。行政権力だけでなく司法権力もこれに追随し、驚くべきことに幼稚園までが、幼な子までが、支援の枠からはじき出される。現代日本の司法史上、最も恥ずべき事態の一つである。言うまでもないことだが、支援されない子供たちの親は、税金も「国民」と同じように納めている。こうした差別を日本の社会全体が支えてしまう。このように〈奴らは敵だ話法〉や〈ミサイル話法〉といった〈かたち〉のことばによって、日常における国家的な差別の体制が次々に造られてゆく。

幼な子の教育や小中高生の教育の経済的な支援は何よりも、人が人として生きるための、人権的な支援である。時の政権などとは係わりなく、子供たちは等しく支援されねばならない。政治と教育は別のものなのだ。例えば時の日本の政権がヒトラーのような、とんでもない政権だったとする。でもそのことによって、日本の子供たちが、例えば米国で、英国で、海外で教育の支援から差別されてよいことになど、絶対になってはいけないのと、同じことである。そもそも子供たちがその日本のヒトラーを選んだわけでもない。

自らのことばの〈かたち〉を造ること

他方で、危険でいかがわしいことばであっても、もっと上品に装われているかもしれない、こんなふうに――日本国憲法第十三条「すべて国民は、個人として尊重される」。既に見たように、こうしたことばの〈かたち〉が私たちにとってもたらすものは、ことばの影響するところが広かったり、深かったりすればするほど、ぎりぎりと問うべきところである。

例えば、このことばの〈かたち〉では〈国民でないもの〉が排除されていることが、すぐに透けて見えて来る。「国民」でない人は個人として尊重されなくてよいのか？　ここの例に見えるようないかがわしさを漂わすことばは、直ちに拒まねばならない。

そしてここで最も大切なことは、そうしたいかがわしいことばを破砕し得るような、〈自分自身のことばを造る〉ことにある。例えば「すべて国民は」を「すべて人は」と造ったらどうだろう、「我ら人は」と造ったらどうだろう、といった具合に。するとたちどころに、そんな曖昧なのはだめだとか、近現代法の枠組みではここはやはり「国民」でないと収拾がつかなくなるだの、そもそも法というものが解っていないだの、何だのといった「反論」の声が聞こえて来るだろう。それらの声の〈かたち〉はまた多種多様でもあるだろう。首肯できる声なら、考慮すればいい。首肯できなければ、自らのことばの〈かたち〉をさらに鍛え上げてゆけばよい。

「すべて国民は」——はっきりと確認しよう。これはミサイル話法である。「上」は日本国憲法から、「下」は日常にまで忍び込んだ、ミサイル話法のことばたちによって、国家が、社会が、世の中が、現代の差別と抑圧の構造を造り上げ、増幅してゆく。私たち自身が私たち自身の身を抉《えぐ》り取り、切り離し、差別し、抑圧するよう、仕向けられる。間違ってはいけない。そこで抉り取って切り離し、差別している対象とは、他ならぬ私たち自身なのである。私たち自身の身であり、心であり、思想であり、そして私たち自身の子供たちである。——ゆえに言う、「すべて人は」「我ら人は」。

日本国憲法第十三条の「すべて国民は……」という〈かたち〉の文には、「国民」ということばだけでなく、その内実に「国民でない人」が焼き付けられている。その「国民でない人」とは、あなたのことかもしれないし、私のことかもしれないのである。「国民」と「非国民」などということばは、少なくとも人に固有であるべき権利といったことを論じる言語場であれば、もともと私たち〈人〉には、金輪際無用のものである。

〈勝手に全体化話法〉もあちらこちらに散らばっている

今一つ、〈勝手に全体化話法〉とでも呼べる話法についても触れておこう。これもヘイトスピーチには典型的に見られる型の話法である。要するに一つの事例を、ある集団全体に勝手に適用して、その集団全体を貶《おとし》める手口である。ある個人が何か問題になることをやったり、発言したりする。そうするとその個人が所属する集団全体、例えば「〇〇人はいつもこうだ」とか「〇〇人ってのはひどい奴らだ」といった具合である。例えば「日本人」にもとんでもない成員があり、素晴らしい人もいるのであって、普通はどんな集団でもとんでもない成員やとんでもない思想があり得るわけで、ちょっと考えれば、この話法が成立しないことは明らかである。論理学では「早まった一般化」(hasty generalization)とか「誤った一般化」(faulty generalization)などと呼ばれる詭弁の型である。論理学など引き合いに出さずとも、この話法の誤謬はすぐに解りそうなものだが、しかしながら、これが繰り返されると、危ない。負の価値の沈殿物が私たちの言語的対象世界に堆積してゆくからだ。「国」の名を掲げたスポーツの試合の興奮などがまぶしてあると、もう排外主義の思う壺である。軍事的な衝突などがあれば、排外主義は総力を挙げて利用にかかるので、生半可なリベラル思想では太刀打ちできない。日本語圏の思想という思想が音を立てて崩れ落ちるだろう。平素より「〇国はいつもこうだ」とか、アカデミズムの言語場でも「〇国の学者たちがまたこうこうだ」などとあったら、それらのことばは既に警戒圏内にある。

さあ、なぜ与えられたことばを問い、私たちのことばを造らねばならないかは、ここで見て来た例でも、もう明らかであろう。私たちのことばは、あるいは指標となり、あるいは思想の確固たる手掛かりとなり、さらにはまた私たちが知や情を共にする結節環となるからである。漠然と頭の中であれこれ「思う」だけではだめなのであった。再三再四言うように、それは言語未生以前のものであって、共にできない。それは必ずことばの〈かたち〉にされねばならない。ことばの〈かたち〉がなければ、茫漠たる不安なままで、与えられることばの群れに、ことばのパンデミックに、飲み込まれてしまう。私たちは私たちのことばを獲得せねばならない。造らねばならない。

少女よ、少年よ、自らの辞書を造れ——与えられたことばから、自らのことばへ

与えられることばを受け取るだけではいけない。ことばは一々厳しく見据えねばならない。なるほどそうであるなら、それらことばということばの〈意味〉や〈用法〉も必要に応じてどんどん書き換えてゆかねばならないことになる。もともとことばを獲得する過程においては、私たちはそうした作業を無意識のうちに行っている。それがことばを学ぶことでもある。だが、私たちにとってここで重

要なのは、私たちが意識的に自分なりの〈辞書〉を造ってゆかねばならないという点にある。さすがに辞書となると、あれこれの言語材を一々〈かたち〉にして、例えば書き留める、などというわけにはいかないかもしれない。〈かたち〉にして書き留めるのは、ごく一部でいい。重要なことは、〈自らの辞書〉を意識化することにある。そしてこうした営みを、何よりも子供の時分から、習慣化しておくということ。

しばし小学生や中学生ほどの少年少女の日に戻ってみよう。まず既存の辞書を実際に引いてみる作業から、始める。見慣れないことばだけでなく、日常で接していることばを、改めて辞書で引いてみる作業は、自分の辞書にとって決定的な助けになる。

名詞。例えば「数学」。小学校では「算数」のほうが馴染んでいるが、中学に行くと「数学」と言うらしい。ちょっと引いてみよう。辞書を引く前に、まず自分なりの定義を考えておこうかな。「数についての学問」くらいでもいいかな。稚拙でもよいから、ここは〈かたち〉を意識化することが、重要である。そして引く。

まず簡潔に書いてありそうな辞書から。『広辞苑』（岩波書店）なら「①(mathematics) 数量および空間に関して研究する学問。代数学・幾何学・解析学（微分学・積分学およびその他の諸分科）、ならびにそれらの応用などを含む。」とある。なるほど、数だけではなく、数量、そして空間もあるな、と自らの定義に反省を加えることができる。おまけにこれだけで「数学」の下位分野がどのように構成されているかも解る。さらに「②数についての学問。すなわち今の算術（arithmetic）。中国の「数学啓蒙」(1853年刊)以来、日本でも明治一〇年代まで、この意味に用いたことが多い。」の記述もあって、なかなか参考になる。大部な国語辞典である『日本国語大辞典』(小学館)だと、「主として、数量および空間の性質について研究する学問。算術・代数学、幾何学、解析学、ならびにそれらの応用の総称。」となっている。こちらも定義自体は概ね似ている。この定義の前に、歴史的に遡った「天文・暦法を含めた陰陽・五行・卜占の術の総称。術数の学。」などが最初に記されていて、これも興味深い。「陰陽・五行・卜占の術」と現代数学の交差など、大人が想像しただけでも、楽しそうである。

それから百科事典へ、専門の辞典へ。『日本大百科全書』(小学館)なら、「数学は、物を数えたり、測ったりすることに始まる、数・量・図形などに関する学問である。」と大らかに記述を始めている。ここは野口廣執筆。「弥永昌吉＋伊藤清」の執筆者名になる『世界大百科事典』(平凡社)では「今日の先進文化圏の日常生活は本質的に科学技術に依存している。それをさほど目だたぬところで背後から支えているのが数学である。」と始めている。『哲学辞典』(平凡社)では「今日、数学とは、やや広くいえば、合理的思考の規範というようなもので」などという記述まである。さらに鷹揚な記述だ。この「今日」は初版一九七一年。ちなみに「百科事典なんか」、などと決して軽んじてはいけない。現象学の始祖、かのエトムント・フッサール(Edmund Husserl, 1859-1938)には『ブリタニカ百科事典』のために書いた「ブリタニカ草稿」などという恐ろしいものがあった。誰が書いたことばなのかが、まず重要なのである。ちなみに、フッサール(2004:173-174)、谷徹によると、実際の『ブリタニカ百科事典』には縮めた英訳が掲載され、これは「誤解と誤訳が少なからずあって、評判が悪い」という。

さてここで一つ加えるべきは、もし他の言語を少しでも囓っていたら、その言語の辞書を引くことである。Longmanの電子版https://www.ldoceonline.com/dictionary/mathematicsから、mathematicsあたりを引いてみよう。the science of numbers and of shapes, including algebra, geometry, and arithmeticなどとあって、なるほど数numbersと形shapesと言っている。しかしshapesというのは、形ということなのかな、図形とは違うのかな。図形というといかにも直線と曲線の形で、いわゆる有機的な形は浮かばないな。shapeはどうなのだろう。立体的な形はどうなのかな。少年少女の思いはあれこれ駆け巡る。語源も欠かせない。ラテン語mathematicus、さらにはギリシア語manthanein、to learnという意味に遡るのだと、ここにはある。

こうした作業の経験を経た少年が、その後どこかで「数学とはこれこれである」といった記述に遭遇したらどうだろう。与えられる「数学とはこれこれである」といったことばを、ただ受け取るのとは、大きな違いがあるだろう。少なくとも〈数学とは〉という問いを既に立てた経験を有しているのだから。そこでもまた少年の猛烈な思考が駆け巡り得るだろう。あるいはまた少女は図書館で〈数学とは何か〉を語る書物に、そっと手を伸ばしてみるかもしれない。そして思うのだ。ああ、この著者は何て鋭い人なんだろう。あるいは逆に、ああ、この著者はつまらないなあ。

引くべき単語はもういくらでもある。「夢」「恋」「いじめ」「性」「学校」「資本」「デジタル」「革命」。名詞だけではない。「のぼる」と「あがる」を引き比べてみる。「あるく」「ありく」「あゆむ」。あるいは「かそけし」。古語辞典も、漢和辞典も。現代語から古語を引く〈現古辞典〉も面白い。辞書を読み、辞書を造り、書物へ向かうと、辞書が文字通り、イデオロギーの産物であることも、解る。

辞書を読み、自分の辞書を造るというこうした作業を、私たちは少年少女の時分にどれだけ意識化して行っていただろうか。幾度かは誰もが行ったかもしれない。もし、いつも行っていたのであれば、そうした人は言語についての幸せな日々を送ったことになる。その人のことばは豊かで、強靱なものに打ち鍛えられているだろう。ああ、確かにこんなことを行っていたら、楽しかっただろうな、と思うなら、私たちは今すぐに始めることができる。子供たちが隣にいたら、子供たちと共に始めればいいのだ。過ぎ去った私たちの日々は、なるほど書き換えることができないけれども、私たちの辞書は今この瞬間にも書き換えることができる。「国家」などという名詞の意味と用法を、これまで与えられてきたままに、これからもずっと無批判にありがたく戴くのと、大胆に書き換えてゆくのとでは、私たちの生き方さえ、変わって来ようというものである。新たなことばを獲得することと並んで、既に使っている単語たちについても、自分の辞書を造り、辞書を日々書き換えてゆく。そのことを意識化する。それは今からでも決して遅くはないどころか、今始めることができる。そのことは私たちの生にとって、そして少年少女たちの生にとっても、間違いなく幸せである。

うまいことに、スマートフォンでもいろいろな辞書が引ける。百科事典も引ける。他言語の辞書も引ける。ことばの群れを向こう側から日々私たちに染みこませる怪物《モンスター》であったスマートフォンは、少なくともこうした瞬間には自らのことばを打ち鍛える、愛すべき怪物《キャラクター》として、親しむことができる。

四—四　学びの言語——言語道具観との闘い

言語を学ぶ場へ思いを馳せてみる

言語のパンデミックとメルトダウンを生きるための総戦略のもとに、私たちが考えねばならぬ戦線には、日常のありとあらゆる場がある。そうした場の中で、言語を学ぶという場への考察は、欠かせない。次に、学習＝教育の場における戦略を考えてみよう。

私たちは今、〈生きるための言語〉を考えている。ところで例えば公教育の場で、言語というものについて正面から向き合って問うたことは、どれくらいあるのだろう。例えばいわゆる「外国語」教育の現場ではどうだろう。そこではそもそも言語とはとか、人間にとって言語とはいかなるものかとか、人間にとって文字とはどのようなものかといった、大きな問いはどれほど問われてきたのだろう。

言語教育＝言語学習において言語はいかに位置づけられているのか

何よりもまず、いわゆる公教育における言語教育の言語場を考えてみよう。そこでは言語はどのようなものとして位置づけられているであろう。今日の言語教育において行われている内実は、次のように集約できる——この言語はこうなっている、これを覚えよ。

例えば、英語はこういう言語である、これを覚えよ、そういった形で提起されるのである。モデルがあって、どこまでもそのモデルに追従せよ、そうした形である。そこに〈問い〉といったものはほとんど顧みられない。そして言語教育はスキルの教育に矮小化される。

大学教育における言語教育の位置を考えれば、このことはよく解る。「語学」や「外国語」ということばに籠められているのは、他の人文諸学や社会科学などの有する深さと広がりなどではない。大学における教員の位置づけにもそのことは象徴されている。そこでは「語学教師」はスキルを教えるインストラクターであって、学問を論じるプロフェッサーとはされない。彼らにあって、インストラクターは一段も二段も下位に置かれてしまう。もちろん職責上の「語学」教授はいくらでも存在する。重要なことは、その内実としての位置づけである。

日本の大学における言語の教員の圧倒的な多数が、言語そのものを専門とする教員ではないことも、「語学教師」の位置づけの表現とも言える。専門は文学だったり、歴史学だったり、文化などをめぐる様々な学だったり、あるいは政治学や経済学などといった他の学問分野である。要するに、学問的に言語を専門として研究しているわけではない。こんなことを書くと、「冗談ではない、俺の専門は文学だが、そこらのフランス語教師よりはフランス語はずっとできるぜ」とか、「それは偏見というものだ。他の学問分野を専門とする人にも、抜群の語学教師はいくらでもおられる」とか、「あの彼は英語教育が専門らしいが、ひどい授業らしいじゃないか。なんか発音もいまいちだしね。そこへいくと、専門は英語じゃないのに、〇〇先生の英語なんか立派で、母語話者でも驚嘆するほどだよ」などという反論がすぐに溢れることであろう。それはよい。間違ってはいけない。そうした優れた人のことなど、ここで語る必要もないことだ。「専門」ではないことを、「専門」である人以上に身につけていたり、教えることができる人は、数こそ少ないかもしれないが、どのような分野でも存在するからである。

このことはちょっと考えれば、解ることである。例えば映画に造詣がそれはそれは深く、映画を語れば他の追随を許さないような、文学の専門家もある。そこらのプロたちが舌を巻くような、ギターの名手などもいる。そうした人々は謂わば一種の奇才、達人であって、それこそ皆で敬意を持って教えを請うべき、先人である。しかしそうした奇才たちを、世の言語教育を論ずる基準になどしてはいけない。なぜなら、大学教員の、高校教員の、中学校や小学校の教員のほとんどはおそらく奇才などではなく、私たちと同じく普通の人間なのだから。普通の人間であるからこそ、奇才ぶりではなく、言語に対する思想が問われるのである。

大学などにおいて「語学教師」の位置づけの低いことは、当の「語学教師」自身の思想にも起因している。当然のこと、スキルだけ教えていればいいという思想から、他ならぬ「語学教師」自身が脱却せねばならない。

そして決定的なことに、教えられる側も、変わらねばならない。言語そのものを対象化し、言語を考え、言語を学ぶことの猛烈な思想化が、学習者自身にも問われるのである。この点では、言語を学ぶという、肝心の思想性自体は、残念ながらまだまだ脆弱だと言わざるを得ない。

言語教育を覆う言語道具観

こうした「語学」「外国語」という矮小化された位置づけは、イデオロギー的には、言語を道具と観る、〈言語道具観〉に起因するものである。世の言語教育の圧倒的な主流は、言語は道具であるとする思想である。道具、何かをするための道具。その「何か」とは、諸々の人文学や社会科学、自然科学といった、いわゆる学問であったり、進学や就職だったり、大学の単位のためだったり、昔風に言うなら、立身出世であったり、仕事という名の経済活動であったり、「コミュニケーション」であったりと、様々である。「重要な」道具であろうと、「所詮」道具であろうと、ここではあまり違いはない。核心は、言語道具観にあっては、言語はどこまでも第一次的に向かい合うべき対象や、主要な目的や、考える対象として正面から位置づけられるものではないということにある。目的も考察すべき対象も、「その何か」たる、別なところに在るのであるから。今日なお、他ならぬ言語教育の中心的な思想自体が、言語道具観に首まで漬かっている。

リアクション・ペーパー物語

教師たちだけではない。学習者こそ小学校以来の学校教育において言語道具観は叩き込まれている。人文科学や社会科学などの大学の授業ではしばしば「リアクション・ペーパー」などの名で、授業ごとに短いレポートの提出を課すことが行われる。教師によって内容は無論様々であるが、当日の授業を対象化し、考え、言語化することによる教育=学習上の効果は決して小さくない。学習者自身が学習のありかたを考えることになるし、他方で教師の授業改善の手掛かりにもなる。学習者の身になってみればよい、何も書かずに教室を出て行くのと、その日の授業を振り返って、少しでもよいから、それを言語化してから、帰途につくのとでは、考えただけでも、違いの大きさが想像できよう。リアクション・ペーパーが義務化してあれば、授業への身の入れ方も違って来る。ペーパーはもちろん自宅に帰ってから書くやり方もある。出席を取る代わりに、リアクション・ペーパーを課しているなどという教師も、いるかもしれない。

今度はあなたが大学の「語学」の教師になって、試しに授業で毎回リアクション・ペーパーの提出を課すことを想像してみるとよい。おそらく少なからぬ学習者に、「え、語学の授業でリアクション・ペーパーを出すの」という思いを抱かれてしまうことだろう。もちろん教師であるあなたには反応を見せないかもしれない。逆に、「なぜリアクション・ペーパーを書くのか」と、まさにそのリアクション・ペーパーに学習者が書いてくれるかもしれない。

つまりこういうことだ。人文科学や社会科学などの授業であれば、リアクション・ペーパーが課されることに、学習者の多くはおそらくほとんど疑問も抱かない。まあ、そういうもんだろうし、どの授業でもやってるよね。しかし「語学」は別である。だってことばを覚えればいいんでしょ。教科書読めるようになればいいんじゃない？　会話ができればいいわけじゃん。何だって大仰にリアクション・ペーパーとか書かなきゃいけないわけ？　そう、言語とは所詮は道具であって、一々考えるだの、何だのするような対象じゃないのだから。単語覚えればいいんでしょ、文法覚えりゃいいわけでしょ。

――骨の髄まで言語道具観は染みこんでいる。

言語の恐るべき矮小化である言語道具観から、脱却する

教師であるあなたがなすべきは、授業の最初の時間に、そうした言語道具観への宣戦を高らかに布告することである。曰く。

言語とは、この言語はこうなっているから、これを覚えなさいと言われて、あたかもものやお金のように、ありがたく頂戴するようなものではない。言語は単なるものでもなければ、道具などでもない。私たちが生きていることの、私たちの存在の、とても深いところに係わっている。私たちのこの身の存在から言語を切り離すことができないというありようを見るだけでも、言語は人間にとってハンマーやナイフなどの道具とは異なることが解る。道具は私たちから切り離すことができる。しかし言語は、私たちから切り離されては、存在し得ないのである。それどころか、言語はしばしばアイデンティティそのものでもある。

さあ、言語とは問うてもいいものだ。言語を問い、言語を考え、言語を慈しみ、言語を楽しむ。これは何て発音するんだろう、どうしてこう読むのだろう、どうしてこう書くのだろう、これとこれはどう違うのだろう、このことばはどうしてこんな形をしてるのだろう、そうした小さい問いから、人間にとって言語とは何かといった巨大な問いまで、ありとあらゆる問いを発してよいのだ。言語を学ぶ時間とは、知と心にとって問いに満ち溢れた、豊かなる時間である。見よ、世界はことばに満ちて

いる。これが単なるツールなどと呼べるのか？　言語を道具と矮小化してはならない。私たちは言語を生きているのだ。言語はそれ自体が私たちの問いの対象となってよいものである――

表現はいろいろでよい。だが言語道具観への警鐘は打ち鳴らしたいではないか。確認するが、学びの最初の時間から。

言語の教科書、独習書はどうなっているのか

さて言語を学ぶ教科書や独習書のほうはどうなっているのだろう。ここでは教科書は教室用の教材、独習書は独習用の教材を指している。それらを纏《まと》めて学習書と呼ぶ。教科書などは文字通り〈書かれたことば〉の塊である。厳しい点検が不可欠である。

まず既存の言語教育の枠組みの中で考えて、学習言語に関わりなく、優れた学習書の条件を整理すると、例えば概ね次のようなことを挙げることができる：

①言語が自然である
②記述が正確である
③学習者にとってわかりやすい
④目標が学習者にとって適切である
⑤形式と内容の規模が学習者にとって適切である

――野間秀樹（2014b: 268）

これらそれぞれの詳細については野間秀樹(2014b: 261-334)の「学習書に学ぶ」の章をご覧いただくとして、以下では教科書に絞って、こうした諸条件の背骨となる思想についてのみ、押さえておくことにする。

日本語以外の様々な言語の教科書を見ると、中学校や高校の英語教科書が最も進んでいると言ってよい。大学や高校のいわゆる第二「外国語」の教科書は、そのほとんどが一人乃至数人の著者による、零細な仕事であるのに比して、中学高校の英語教科書は、言うまでもなく、市場が巨大であり、投入できる資本も人材も延べ時間も、スケールが遙かに巨大だからである。従って優れた人材を有する巨大なチームで作られている英語教科書と、零細な作業からなるそれ以外の言語の教科書を、常に同列の条件で比較するわけにはいかない。ただ、教科書を編む、根本的な思想といったものは、比べることができる。

内容を見ると、ことばそのものを学ぶという観点からは、英語教科書は様々な工夫がなされている。その時代時代の、例えばSDGs(持続可能な開発目標)や小学校と中学校の「小中接続」などといった思潮や、例えばCan-Doやアクティヴ・ラーニングなどといったスローガンで標榜される、あれこれの言語教育の思潮も最も早く反映される。

参考までに付け加えれば、国連などでも鳴り物入りで採り上げられたSDGsでは、なぜか言語のことは全くと言って良いほど、触れられていない。言語は超越論的な対象と見られているから、いちいちこんなところで扱わないのだと考えるのは、甘い。まあ、何かしら世の問題を考えるのに、国連であれ、個人であれ、普通、教育は問題として前景化させても、言語はしばしば背景に退いてしまう。意地悪く言うなら、SDGsといった考え方にとってここでも言語は「道具」に過ぎないことが、露呈しているのである。

さて日本語圏であれば、文部科学省を通じて、国家の英語教育の意志が教科書にも降りてくることは、言うまでもない。もちろんそこには編者たちの格闘といったものもあり得る。そもそも、表現は何だが、時の思潮に乗り遅れているようでは、教科書として採用してもらえないわけである。

とりわけ〈実際に使える英語を〉というおよその方向は、いろいろ批判はあるし、限界もあるだろうが、もう二〇世紀の英語教科書とは比較にならないほど、はっきりと定まっていると言える。そうした方向は学習者の要請でもあり、教師たちの要請でもあり、何よりも資本の要請である。もちろん世の資本が要請するプラクティカルと、多様な学習者たちが要請するプラクティカルが、綺麗に一致するとは全く限らないのだが、今はそうした議論は擱《お》いておこう。「英語を学んでも使えない」という怨嗟の声の中で、何かとやり玉に挙げられる英語教科書だけれども、意外に――こんなふうに書くと、叱られてしまうかもしれない――昔から頑張っている。「これはペンです」などという時代は、教室での現場は危なくとも、少なくとも英語教科書の理念の点では、とっくの昔に終わっている。中高年の方々はご自分の古き良き日々を基準に英語教科書を論じたりなさらず、一般社団法人・教科書協会のサイトなどを手掛かりに、今の教科書を実際に手にとってご覧になるとよい。なお、どれもが同じようなコミック風のイラストで溢れていることには、驚かれるかもしれない。

ともあれそうしたプラクティカルで一見フレンドリーな方向に定まってきている一方で、他方、言語というものを本質的なところから考える、といった観点ではどうだろう。そうした機会を学習者と共にしようなどという、編者たちの配慮となると、こちらはもうずっと希薄になってしまう。もちろん、それでもしばしば編者たちの意識は見て取れる。テクストの文章に反映されることもあるし、例えば教科書の登場人物が、日本だけでなく、米国、中国、インド、オーストラリアのように、複数の地域にまたがって設定されているなどは、そうした配慮の現れと言えるかもしれない。それは違う、英語の世界制覇を学習者に結果として擦り込むことになっているのだなどと、ここは意地悪く取らずに、編者たちの誠意と努力を信じておきたい。ただし〈言語を問う〉という観点から英語教科書を照らし直すなら、先人たちの努力にも拘わらず、やはり未だ道は遠いと言わねばならない。

母語を喪失し、学習者を喪失する教科書

英語以外の言語の教科書となると、それぞれの著者の限界が直接露呈する。英語も含め、問題となる点をまず列挙する。

(a) 学習言語を学ぶ営みのうちに、学習者自身の母語についての観点が希薄である
(b) 実際の言語場が意識されていない
(c) 独習で学ぶことが考慮されていない

世の教室用教科書のほとんどは、学習言語だけが示されていて、学習者の母語による説明は非常に少ない。例えば英語の教科書は英語の文章や例文が紙面のほとんどを占めていて、単語の意味くらいは示されていても、文章の日本語訳などは載っていない。私たちはこうした形式に子供の時分から慣れきっているので、英語だろうが仏語だろうが、言語の教科書はこのようなものだと思って、疑いもしない。よく考えれば、このことはちょっと驚きである。教科書にある学習言語の文章は、いったいどういう意味なのかを知りたければ、自分で辞書を引くなどして、考えねばならない。もちろんそうした作業があっていい。そうした訓練も大切だ。問題は入門期の教科書であっても、ほとんど全てのページが、学習言語の文章だらけになっているという点である。予習をする？　もちろん予習をする。その予習の時間の大部分は何と辞書や単語帖を引いて、意味を考えるということに、費やされる。教科書に日本語で意味が示されていない単語を引くといっても、入門期であれば、せいぜいbook＝本といった程度のことを知るために、である。自分で音源を聞いて、繰り返し発音してみるとか、綴りを書いてみて、習熟するなどの時間は、ほとんど後回しとなるか、なくなってしまう。では教室では何をしているのだろうか？　先生はあろうことか、学習者に教科書の文章を日本語に訳させている。学習者は教室でその学習言語で話したり、発音を点検してもらったりということをしたいのだが、学習者の発話の多くが何と母語である日本語となってしまう。英語や独語や韓国語の授業なのに、学習者が日本語を発話する時間となっている。肝心の学習言語については、一度、二度、先生について読んでみるくらいで、授業も終わってしまうなどということも、しばしばである。

非母語で書かれた文章の意味を正確に知るには、〈それを母語では何と言うか〉を知ることが、最も確実である。つまり〈それは日本語であれば、何と言うのか〉を知る、それも正確で自然な日本語で知らねばならない。自分で訳してみて「……、みたいな」とか、「……、ってな感じかな」といった曖昧さは許されない。つまりこれこれのような言語場では、この言語ではこう言う、自分の母語ではこんなふうに言う、それを知らねばならない。そんな大切なことが、教科書には学習者の母語によって書かれていない。教室ではきちんと訳せるかどうかを、試しているだけだ。教室でそんなことをやる必要はない。学習成果の確認に時々行えばよいことで、教室の貴重な時間はその〈学習言語で実際に話すこと〉に費やすべきだ。要するに、会話文や文章の意味は、教科書で最初から示しておけばよい。というより、間違いやすいものほど、必ず示しておかねばならない。教室ではそれを実際に使うこと、学習者が主体的に学習言語を用いて実際に話すことの、時間としたい。私たちはその言語で話してみたいのだ。その言語で、ちょっとだけでもいいから、心を通わせてみたいのだ。私たちは教室という限られた空間であっても、その言語を呼吸する言語場の体験をしたいのだ。教科書執筆者にも、先生たちにも、このことはどうか解ってほしい。学習者のほとんどが実際に話せる時空間は、その教室しかないのである。教室の大切な時間を、言語を生きるはずの言語場を、その教科書が奪っている。

実際の言語場がどれほど意識されているかという点は、教科書によって大きな開きがある。「これは本です」のような没言語場的な用例は論外としても、教科書の執筆者が頭の中で作った会話文といったものに、私たちはしばしば出会う。あるいは語彙リストを見ながら、とにかくこれらの単語を用いて会話文を作ろう、その結果、一五行ほどの対話文で話題が勝手にあれこれ飛んでしまって、いかにもまとまりのない会話文となる。あるいは学習者にとって必要な言語場、例えば学習言語によって学習言語について尋ねる言語場などが、全く扱われていないといったことが、起こる。なお、この点はさらに後述する。

教科書は教室で用いるものだから、教室で完成するものだと考えるなら、そこに学習者はいない。教科書は先生がいない場でも、学ぶものである。ゆえに〈先生がいないと、解らない教科書〉は、もうそれだけでいけない。そして解り易くあってほしい。もちろん、この解り易さは、教師にとってではなく、学習者にとっての解り易さである。既知のことがらに未知のことがらを積み重ねていく、厳密な順序的構成は不可欠である。第三課の例文の中に第九課で学ぶ事項が混ざっているなどといったことは、論外である。

非母語を学ぶのだから、非母語漬けに、教科書も非母語だけでいいのだ、という発想は、とりわけ入門期ではとても危ない。教科書が、学びの主体たる学習者を、ことばに歓び、ことばに悲しむ、生きた存在ではなく、あたかもカリキュラム上に配列するアイテムに貶めてしまうからである。

私たちは嘘を語る言語を学ぶのか——言語の授業はどうなっているのか

問題は教科書だけではない。文字通り授業の中身たる実践にも、言語道具観が隅々まで染み渡っており、生きた学習者の存在はいよいよ希薄である。

例えば言語の授業では、いわゆる「会話練習」といったことが行われる。そこでは学習者同士がペアになって、あるいは数人のグループを組んで、互いに質問し合うわけである。「何年生ですか」「家はどこですか」「趣味は何ですか」云々。近年の「個人情報」についての敏感な扱いから、そうした練習の際に、学校や教師からは、しばしば「嘘の答えでもよい」という指導がなされている。個人情報を語学の練習の場などで出させてはいけない、嘘でもいいからことばを発することを学び、会話練習を、というわけである。実にもっともな？　——いや、とんでもない。そこには恐ろしい問題が横たわっている。ことばを学ぶ授業で、こう言われているのである——嘘を語ってもよい。

私たちは嘘を語るためにことばを学ぶのか？　あなたの学ぶその英語や中国語や韓国語やフランス語やドイツ語は嘘を語るための言語なのか？　言語教育の現場から距離をおいておられる方々であれば、逆に驚かれるかもしれない。しかし大学や高校のいわゆる「外国語」教育の言語場では、「嘘でもよい」といった指示は、今日、あちらこちらでごく普通に見られることである。

確認しておこう。言語の原理論に立ち帰るなら、「嘘」とは〈ことばのかたち〉である。ことばそのものである。そしてことばそれ自体にそれが「嘘」か「真《まこと》」であるかを保証する支えはない。「嘘」かどうかの責任は、ことばのかたちそのものではなく、そのことばを誰が誰に向かっていかなる場で発するかという、リアルな言語場に参画する、それぞれの発話者にかかっている。だからことばが「嘘」を語るということ、私たちの世界で「嘘」を語ることによって、いったいどれだけの罪深い事態が引き起こされ得るかといったことも、実は言語を学ぶ現場でこそ、共有されねばならないのである。言語を学ぶとは、言語場における言葉に対する、私たちの責任のありかたも学ぶことでなければならない。そうであるのに「嘘でもいい」？　いや、嘘はだめだ。基本的に嘘はだめだ。私たちが学ぶことばは、人と人とが出会って、互いに嘘を形造るためのものではない。

誤解のないように付け加えておこう。この「会話練習」における「嘘でもいい」という指示がいけないのは、その言語場で造られたことばが、例えば「一緒にフィクションとしての物語を作ろう」といった具合に、最初から全て「嘘《フィクション》」だと了解して「会話」をするのではなく、造られることばことばが、「嘘《うそ》」か「真《まこと》」なのか、その言語場に参画する者たちには、判別がつかないからであり、「嘘」と「真」が入り乱れた「会話」を発話者たちが造り上げることを、強制しているからである。ことばの「嘘」についての言語場における責任といった大切なことは、言語実践の言語場で霧消してしまう。文字通り口先だけのフェイク、まさに内容を度外視した、宙に浮いた記号としての言語、その場しのぎの「道具」として言語を学ぶことに陥ってしまう。言語道具観が私たちに強いる言語場は、かくも危険に満ちている。

答えることだけでなく、〈答えたくない〉〈答えられない〉ことも、言えるようにする

では実際の教育の現場ではどうするのか？　まさか全て真実を吐露せよと言うのか？　いやいや、言語を学ぶ重要な核心は〈ことばをかたちに造る〉ことを学ぶことである。換言すれば、当該の言語場において〈何をことばにし、何をことばにしないか〉を学ぶことでもある。その言語場において言

いたくなければ、それを〈形にしない方法〉を学べばよい。〈形にしない思想〉を経験してゆけばよい。

さあ、楽しい会話練習の時間だ。学んだ表現を用いて、互いに会話をしてみよう。いろいろ尋ねてみよう。答えによっては会話も盛り上がるかもしれない。でももし答えたくない質問がなされたら？　そのときに私たちは「嘘」は基本的に避けよう。私たちは「嘘」を語るために、この言語を学んでいるのではない。むしろ「真《まこと》」を、少しずつでも、ことばとして形にできるよう、打ち鍛えているはずだ。ではどうする？　まさに〈答えたくない〉ということを、この言語できちんと言えるようにしよう。〈答えたくない〉ということを、時にはさりげなく、時にはやんわりと、そして時にはぴしーっと、この言語でいろいろな形に造れるようにしよう。〈答えたくない〉ことも、楽しく自在に語れるようにしてゆこう。——教師はそう宣言して、会話練習を始めよう。

「ボーイフレンドはいますか」といったaの質問に対して、例えば「それはちょっと…」とか「そういうことはちょっと…」などと、ことばを濁す表現を、最小限の語彙と文法の形で、可能な限り早い学習段階で獲得しておく。そんな返答の形をbは造れるだろうか？「そういうことはちょっと…」というbの柔らかな返答に対して、最初の質問者aがその意に気づいて、「あ、そうですね、失礼しました」とか「あ、ごめんなさい」と続ける、さらにbが「いえ、いえ」と例えば笑顔で返す。これが実際の言語場のリアリティであって、こうしたリアリティを言語教育の現場で共有することをこそ、目指さねばならない。

答えたくない質問に対して、あるいはユーモラスに「それは秘密です」とbが答える。あるいはまた、aの質問がずけずけと踏み込んでくるようであれば、「そういう質問にはお答えできません」ときっぱり言えるようにする。場合によっては「そういう質問は問題ですよ」などと、強くも柔らかくも言えるようにしたい。

今は〈答えたくない〉ことについて述べたけれども、答えたいのだが〈答えられない〉ことについても同様である。「えーっと」などとただ日本語で反応するのではなく、まさに学習している当該の言語で、その「えーっと」を言えるようにする。それも学習の最初歩の段階でである。少し学習が進めば、「何て言えばいいんでしょう」とか、「うまく言えないんですけど」などの類いの表現も次々に獲得して、実践できるようにしてゆく。

学習言語で学習言語について尋ねることができるようにする

右に述べたことと係わって、今一度、言語の学習書について一つだけ確認しておこう。

出会い、感謝、紹介、買い物、電話……様々なテーマで構成される、「会話」と銘打った、言語の学習書の多くに大きく欠落しているテーマがある。それが、〈学習する言語によって学習する言語について語る〉というテーマである。英語について英語で尋ね、語る。フランス語についてフランス語で尋ね、語る。学習言語=目標言語をテーマにしたそうした言語場での表現は、学習者は学習の最初の段階から目的意識的に獲得せねばならないし、学習書もそう設計されねばならない。

「これは英語で何と言いますか」だの、「えーっと、あれ、何て言いましたっけ」「これは何て読みますか」「この漢字はこう読むんですか」「それって、どう書くんですか」「発音、これで合ってますか」「ノボルとアガルの使い方はどう違うんですか」「こういうとき、何て言えばいいですか」「これをこんなふうに言ったら、おかしいですか」「この単語、どんなときに使うんですか」などといった表現は、出現頻度の点からも、それを知らないと困るという、必要不可欠性といった点からも、学習者にとっての表現と比べると、母語話者同士の会話であれば、遙かに重要度が下がる。しかし学習者にとっては、学習言語で学習言語について尋ねることができるかどうかは、謂わば「会話」の死活問題に係わってくる。自らが言いたいことを諦めて、そこで会話が終わるのか、それともその言語で尋ねて、たどたどしくはあっても、言いたいことを次々に獲得しながら、相手と会話を共にしてゆけるのか、そうした決定的な分かれ道となる。さらに学習言語でこんなことまで自然に言えるようになれば、もう怖いものはなくなるだろう‥

ほら、secret と似たような意味の形容詞ありましたよね、何でしたっけ。confidential とか classified じゃなくて、えーっと、確か co……、何だっけな、covert でしたっけ？ 発音、合ってますか？ あ、そう、clandestine とかってのもありましたよね？ こんなときはどれを使えばいいんですか？

実際にこんな発話を連発した日には、友達もあまりいなくなってしまうかもしれないほどに、いささか極端な形で提示しておいた。重要なことは、例えば右のような表現を、それなりの自然な話しことばとして形にできるかどうかが、まさに母語話者と学習者を隔てる、基本的なメルクマールともなるという点である。「何でしたっけ」だの「えーっと、確か」だの「とかってのもありましたよね?・」などといった類いの要素を、右のような具合に学習言語でごく自然でリアルな形で音に造ることができれば、学習者はもう自信を持って、どんな時でもその言語の会話に臨むことができるだろう。言語によっては、相当な達人に数えられるかもしれない。自分が学ぶ言語で、右のようなことがすらすら言えたら、どんなに楽しいだろう。なお、言語教育では右のような表現のうち「えーっと」とか「あ、そう」などといった表現を、filler＝埋めるもの、としてアイテム化して学ぶことがある。これらはことばの沈黙を埋めるものではなく、母語話者にとっては実はことばの基層をなすものなのである。

「聞き取れない」学習者の存在を、言語学習＝言語教育に堂々と位置づける

幾度も見てきたように、一切の表現は、誰が誰に向かっていかなる場で語るのかという言語場に立脚する。言語の学習者が参画する言語場は、当該の学習言語の母語話者同士が構成する言語場のコピーではありえない。「誰が」語るかが、既に異なっているのだから。母語話者同士の言語場と、学習者が係わる言語場とは、言語場を構成する参画者が異なることによって、自ずから異なってくる。その異なりようの決定的な違いの一つが、〈学習言語について尋ねる〉言語場である。言語学習＝言語教育の現場にあっては、そうした言語場を最初歩の段階より正面から位置づけることが、求められる。

困ったときのTipsのような位置づけで、いくつかの表現を教えるなどではなく、学習者の存在を言語場に堂々と正しく位置づけることが、必要である。教科書の執筆者も、教師も、そうした思想性を獲得せねばならないのである。

相手の言うことが、聞き取れなかったら何というのか？　解ったら、何というのか？　学習者でこそ頻出し得るそうした表現が、きちんと学習書に位置づけてあるだろうか。

初学者が聞き取れなかったとき、例えばそう、韓国語であれば、「네《ネ》」（はい）という肯定の間投詞の、末尾のイントネーションを挙げ、「네《ネ》?」（え？）とするだけで、大いに役立つだろう。「ああ、なーるほど」と理解を示したければ、「なるほど」という単語を日韓辞典で引いて出てくるような、難しい単語など必要ない。先ほどと同じ肯定の間投詞の母音を伸ばして、「네!」（ネ～）と引いて上下させるイントネーションを獲得すれば、いいだろう。「はい、はい、解りました」といったことも、「네, 네.」（直訳：はい、はい）で済む。どれもたった一音節の/ne/という間投詞を、〈話されたことば〉という音の世界でどのように実現させるか、どのような音の形に造るかという練習を、ほんの少し行うだけで、獲得できるのである。その際に決定的に重要なことは、学習書に書いてある「네」という文字、文字列を、学習者が単に「ネ」と音に変換するだけでは、右のようなリアリティは獲得できないという点である。〈書かれたことば〉と〈話されたことば〉は違う。

教科書に書いてある表現を覚えればいいんでしょ。これをみんな覚えれば、会話ができるんでしょ。――できない。残念ながら、本当に残念なことに、それではできないのである。様々な言語の学びにあって、〈話せない〉という悲しみや憤りや諦めの、深い原因の一つがここにある。〈話されたことば〉と〈書かれたことば〉は、そのありようが根本的に異なるのである。

今一度、根幹を確認しよう。学習書に、教科書に、そこに書いてあるのは、〈書かれたことば〉である。それは光の世界にある。会話は〈話されたことば〉で行われるのであった。それは音の世界で実現する。〈話されたことば〉と〈書かれたことば〉を峻別し、それぞれをそれぞれのありかたとして学ぶことの、決定的な重要性がまさにここに見える。つまり、実際に言語はいかに在るのかを問う、言語存在論的な視座から、今一度〈学びの言語〉を獲得する総戦略を、立て直さねばならないのである。学習者自身が自らを、言語場を構成する参画者として位置づけ、たとえ始めは簡単な挨拶と自己紹介くらいしかできないような、ごくささやかな言語場であっても、言語場のうちでその時空間を生き生きと生き得るような志向性を、獲得すること。母語話者たちの言語場にちょっと入れてもらう、うまく言えないからすぐにすごすご引き下がる、などといったありようではなく、学習言語にははなはだ不慣れな自らが、不慣れな自らとして、謙虚に、而《しか》して凛として、母語話者たちと言語場を共にし得るよう、学びの構え自体を変えてゆかねばならない。言語は、単なる道具としての扱いから、自らがそこに生き、そこで息づく、より根底的な対象として向かい合うことになろう。そうした位置づけ直しは、例えば「こんにちは」といった最初の一言から、既に始まるのである。

「こんにちは」はこの言語ではこれこれですからね、これを覚えましょ。「ありがとう」はこれですよ、さあ言ってみて、覚えてくださいね——これまでの私たちの言語の〈学び〉にあっては、そのように記号化されたアイテムを、何かのツールのごとく、ありがたく頂戴していただけではなかったか？この言語はこうなっているから、これを覚えなさいね、アイテムのそうした一方的な受け取りになっていなかっただろうか？

「こんにちは」が用いられるような言語場とはどのようなもので、その際に私たちは実はどのような表情で、どのような身振りで、どのようにことばを交わしているのだろうか。「こんにちは」を私たちは実はどのような音の形に造っていたのだろうか？「コ・ン・ニ・チ・ワ」とほとんど等価の音の連なりとして発音していたのか？あるいは場合によっては「ンチワー」とか「コンニッチャ」などなど、いろいろに言ったりもしていないだろうか？そして私たちの「こんにちは」とこの言語の「こんにちは」はいったいどこが同じで、どう違うのだろうか。どんな言語場でどのように用いられるのだろうか。この言語の実際の音の形はどんなふうに造られるのだろうか？「こんにちは」にあたるようなことばを言わないようなことも、この言語ではあるのだろうか。本当はそうしたもろもろの問いが立つはずである。そうした問いの群れと、「こんにちは」の学び、そして「こんにちは」の言語場の学びとは、切り離すことが、できないはずである。でも、多くの学校教育の場では、そうした問いは圧殺されてきた。受験のための学びの場では〈試験のための〉という強力な目的性によって、問いのそうした圧殺自体が高度に純化され、貨幣価値を生む。

「大体、表現が出るたびに一々そんな問いを問題にしていたら、時間がいくらあっても足りないじゃないか」などといった心配は、無用である。これまでの言語学習＝言語教育の多くの現場では、多くの豊かな問いを圧殺して、学んできたのであった。その果てに、〈話せない〉といった累々たる言語学習者の屍の山が築かれていたのであるから。問いを問わないことの果てに、今日の悲しみや憤りや諦めがあるのだから。そうであるなら、〈問い〉を問う言語学習＝言語教育は、少なくともこの時点では棄却されない。

試みに、少しでもよいから、実践してみればよい。学習言語を一方的に受け取る学びと、自らの母語と共に学習言語を問いながら学ぶ学び、どちらが学習者にとって生き生きとした学びとなるかは、すぐに答えが見えて来る。何よりも学習の動機付け、モチベーションの点で決定的な差となって現れるのである。受け取るだけでは、学びはそもそも長続きしない。それは学ぶ者の存在を深いところから揺るがすような、根底的な学びではないからである。覚えよと言われるアイテムが、次々に襲いかかって来るだけの学びの場に、人はどれだけ耐えることができるだろうか。そこで学習者は人の扱いはされていない。弾丸のような、「もの」と化したアイテム＝ことばが主で、学習者は従という、完全に疎外された関係となっているからである。そこでは学習者は生きて心を震わせる、十全たる人というより、言われるがままに、ありがたく頂戴するだけの、悲しい存在である。

母語でない言語とは、もしかしたら母語となっていたかもしれない言語のことである

私たちは母語でない言語を希求する。私たちが学ぼうとする言語は、確かにまだ見ぬ友の言語である。しかしそれだけではない。実はもしかしたら、それは私の母語となっていたかもしれない言語で

ある――

これまでは注釈なしに用いてきた〈母語〉mother tongueという概念について、ここで確認しておこう。「母語」はもちろん母親が用いている言語のことではない。本書が母語と呼ぶのは、その個が育った言語を指す。その言語で考え、その言語で話す、そうした個の言語である。原理的には集団ではなく、個に属する言語を母語と呼ぶ。

一般の言語論や言語学では、母語を「〇〇語」と呼ばれるような集団の言語に直結させる。「私の母語は〇〇語だ」という具合に。本書は、母語を純粋に個に基礎づけるという点で、一般の言語論、言語学とは原理的に異なっている。個の母語と、集団の言語とは別の階層に位置づけねばならない。

言語一般に言えることであるが、「その言語は〇〇語だ」と私たちはしばしば言う。だがこの〇〇語という呼称は実際のところ、とりあえずそう呼べるといったほどのものでしかないことに、留意せねばならない。言語の境界はいつも朧だからである。従って、「誰々の母語は日本語だ」といった形の言明は便宜的なものだと思っていた方がよい。たまたま「日本語」と括れるかもしれないけれども、それは理論的にそうカテゴライズできるといっただけのもので、実際にはそれぞれの所謂「方言」と呼ばれる言語なのであって、その「方言」の内実とて一様ではない。同じ「方言」と呼ばれる区分に分け入ってもなお、さらに社会的な集団などによっても、成長過程によっても、言語はしばしば大きな違いを見せる。

さらにまた、個の言語は一つとは限らない。複数の言語圏で育てば、しばしば複数の言語が個の言語として位置を占めることになる。それとて複数の言語を全く同じように用い得るとは限らない。学校での言語は○○語、家庭で父親とは□□語、母親や母方の祖父母とは△△語、などということも世界では珍しいことではない。食生活の話は○○語、政治の話は□□語、といった、言語場ごとの得手不得手などもいくらでもある。それゆえ、母語の代わりに言語習得論などで用いる〈第一言語〉one's first languageという術語も、いつでも使えるとは限らない。

こうして考えると解るように、〈母語〉を論じる際に、すぐに○○語という概念と重ね合わせるのは、極めて危険なのである。「○○語」と語る瞬間に、言語は集団帰属の問題を惹起する。そこにはしばしば何らかの価値判断、評価といったものが忍び込む。曰く、「日本人なのに母語が英語だ」だの、「日本人なのに日本語もできない」だのと。従って、母語という概念を用いて「アイデンティティ」を論じる際には、そのアイデンティティなるもので、個の立脚点を語るのか、集団の立脚点を個に宛がって語るのかという、区別が必要である。母語とは第一義的には個の言語、私の言語であり、あなたの言語である。その上で、その言語を第二義的に○○語××方言などといった具合に呼ぶこともできる。要するに純粋に個を問題にするなら、その母語は理論上でも何らかの集団によって絶対に侵されてはならない。母語とはこうした意味においてかけがえのない言語である。今日のアイデンティティ論自体が決して一様ではないがゆえに、〈母語〉そのものの鮮明な位置づけなしに、「母語は○○語」といった仕儀に語ってしまうなど、アイデンティティ論に母語を安易に紐付けることは、慎まねばならない。

言語形成期は一二歳、一三歳、遅くとも一五歳ほどに終わると言われる。言語形成期が終わると、細かな変容は続いても、一般にもう母語の根幹は取り変わらない。しかし言語形成期の子供は違う。日本語の中の方言にせよ、あるいは英語から日本語にとか、日本語から韓国語＝朝鮮語にとか、グルジア語＝ジョージア語＝カルトリ語からアゼルバイジャン語に、といった具合に、言語環境によって、いくらでも母語は取り変わってしまう。家族を失うなど、子供の言語環境が激変する、戦争といった事態などを考えればよい。複数の言語が行われている地域であれば、なおさら不思議なことではない。

もちろん私たちの母語がどのような言語になるかは、自分では決められない。ほとんど偶然と言ってもよいような、ある種の必然の中に母語が決まる。その個の言語は、事後的に○○語と呼ばれる。そして母語でない言語とは、ほとんど偶然と言ってもよいような、ある種の必然といったことを考えるなら、もしかしたら母語となっていたかもしれない言語のことなのである。換言すれば、母語でない言語とは他者の言語であると同時に、私の言語であったかもしれない言語である。こうした原理的なありように照らすとき、私たちが他者の言語を学ぶことは、圧倒的に肯定されねばならない。私たちは母語を学んでいいし、他者の言語を学んでよいのである。もちろんこれは原理的な根拠に係わることであって、それ以外の種々の利害、あれこれの思惑によって学ぶなどということは、また別の問題である。私たちが非母語のことを考えるときには、母語とは何かという問いにも、こうして思いを馳せてみたい。

学びの言語といったことを少し見ておいた。本書は言語学習＝言語教育という主題に特化した書物ではないので、その主題については、野間秀樹（2007a）「試論：ことばを学ぶことの根拠はどこに在るのか」、野間秀樹(2014)『韓国語をいかに学ぶか――日本語話者のために』などに譲る。

＊母語、アイデンティティをめぐっては、ここで記すことができないほど、多くの優れた論考やエッセイがある。上野千鶴子編(2005)には〈脱アイデンティティ〉という主題で九名の論考が編まれていて、いずれも傾聴に値する。小森陽一「母語幻想と言語アイデンティティ」は僅か二四ページで母語という観点から戦後世界史を描き上げ、この主題への全体的な展望図ともなっている。なお、私自身も若き日々にはとりわけ言語とアイデンティティという問題では苦悶したが、もしも〈脱アイデンティティ〉というような発想の、こうした書物に若きおりに出会っていたら、もっと心を軽やかに思考できたのではないかと思う。そういう意味では今日、同書によって救われる若い人々がきっといるだろう。亀井孝(1971)、田中克彦(1981, 1989)、柄谷行人(1986)、中村敬(1993)、イ・ヨンスク(1996)、安田敏朗(1997, 1998)、川村湊(1994)、デリダ(2001)、山本真弓編著、臼井裕之・木村護郎クリストフ(2004)、真田信治・庄司博史編(2005)、津田幸男(2006)、津田幸男編著(2005)、野間秀樹(2007b)などを参照。言語と民族と国家をめぐる論考も非常に多い。バリバール&ウォーラーステイン(1997)、ナショナリズムの古典とも言うべき、ベネディクト・アンダーソン(2007)、また増補版となった小坂井敏晶(2011)、教育の観点から中山京子・東優也・太田満・森茂岳雄編著(2020)。ソビエト連邦という経験は革命といった問題だけでなく、私たちが民族と言語を考える上で、極めて貴重なのだが、そのソ連の民族と言語についての克明な論著、塩川伸明(2004)。同書でも記述されているように、スターリンの強制移住政策によって、東アジアからカザフスタン、ウズベキスタンなど中央アジアに朝鮮語の話者が存在する。この言語をしばしば「고려말《コリョマル》」(高麗語)と呼ぶ。韓国ではこうした高麗語についての言語学的な研究も行われている。日本語で書かれたものとして、権在一《クオン・ジェイル》(2018)で高麗語の言語的な内実を簡潔に知ることができる。

四—五　対峙の言語——〈話す〉ことを学ぶ

私たちは本当の〈話されたことば〉の姿を知らない

先にも触れたように、現代のSNSなどには〈話しことば〉の文体が〈書かれたことば〉の姿で多く現れている。そこでは俗語と呼ばれるような表現も少なくない。言語の学びと係わって、文体のことを少し考えてみる。

実はSNSなどに見える〈書かれたことば〉の存在様式＝実現形態をとった〈話しことば〉の表現様式は、実際の〈話されたことば〉に現れる表現様式と似ていても、実は恐ろしく異なっている。つまり書かれた〈話しことば〉と、実際に話された〈話しことば〉は、恐ろしく異なっている。〈話されたことば〉に現れる表現様式は、言語研究者を含めて、おそらく私たちの想像を遙かに超える姿をしていると思ってよい。

実際の〈話されたことば〉に現れた、ほんの一例を見てみよう：

三〇代女性：（中略）管理がずさんになったりとかしてんのかなとか思ったんですけど。
四〇代女性：他の会社よりもこう個人情報が共有されちゃってるかなっていうような感じですね。

——金珍娥（2013: 266-267）

いずれも対話からの抜粋である。こうした発話は耳で聞けば、自然な発話だと、思えるかもしれない。しかしこうして文字で書かれると、いかにも不自然で落ち着かないように、見えるだろう。考えてもみよう、言語学も言語論もことばを文字に書いて論じる。その際にありがちなのは、右のような発話について、これはたまたま間違って、あるいはつい、こう言ってしまっただけだなどと、「例外」的な扱いをして済ませたり、これはどこまでもその個人に特有の個人語（idiolect）であって、言語＝ラング（仏 langue）としての「日本語」において語るべき対象ではない、とする処理である。

右の金珍娥（2013）の研究は、データ収集に係わる全ての話者の了解を得た上で、話者の年齢、性別、学歴、初対面か友人同士かなどを踏まえ、実際の東京のことばとソウルのことばの話者それぞれ四〇組、八〇人、計一六〇人という、およそ個人の研究者が扱える限界に近い量の、日本語と韓国語の自然会話を録画録音したデータに基づくもので、そこには驚くべき発話群が示されている。右の例は、同研究が〈緩衝表現〉（buffering expression）と名づける表現である。そこでは緩衝表現を「文としての明確さを失わせ、ぼかしたり、間接化する、〈話し手のモーダルな態度〉を示す表現」と規定している。モーダル、つまり話し手の主観的な態度に係わる表現だとする。「良かったですね」と言わず、

「良かった{とか｜思っ｜たりする｜みたいな｜感じ}ですね」

と言う。{}内の｜で区切られたそれぞれは、〈緩衝体〉（buffer）と呼ばれる。こうした緩衝体を一

つのみならず、ここでのように幾つも用いた表現が、日本語にも韓国語にも頻出しており、同書はそれを克明に記述、分析している。日本語、韓国語を問わず、初対面同士の会話、友人同士の会話のいずれにも、文を単位に計量すると、それぞれ一〇％近くの文に緩衝体が現れていることが、明らかにされている。

つまり右のような表現は、「つい言ってしまった」結果、たまたま現れたようなものではない。一〇％近いという出現頻度は、人が一〇個ほどの文を発すると、そこに概ね一度は現れるという頻度であって、言語現象にあっては驚くべき高頻度である。また「個人語」と呼んで済ませることができるようなものでもなかったのである。一人二人を調べた結果ではなく、話者の条件統制を徹底した一六〇人を調べ、その結果、謂わば大勢が寄って集《たか》って用いているわけであるから。こうした緩衝化は、私たちが〈話されたことば〉の〈かたち〉を造る際に行っている、表現の重要な方法の一つとして位置づけられねばならない。

決して誤ってはならない。右のような表現を前に、「正しい」表現が「崩れて」いるなどと、勝手に決めつけてはならない。そうした決めつけは、私たちの頑《かたく》なな脳の中でとぐろを巻いている、思い込みという規範の誘惑の結果である。考えてもみよう、ここでは皆が寄って集って、そう話しているのである。なぜ？　それが必要だから。「良かったですね」ではなく、「良かった〰とか―思っ―たりする―みたいな―感じ〰ですね」と語る必要があるから。そう言いたいから。それがまさに自然な〈話されたことば〉の姿であるから。

もちろん既存の言語学はこんなことは知らなかった。なぜ？　既存の言語学は基本的に〈書かれたことば〉に立脚した学問であったから。「口語文法」だの「話しことばの文法」だのと名づけられた書物は数多《あまた》あるけれども、その多くが根拠としていたのは、研究者の観察や記憶に基づいた〈話されたことば〉だったのである。要するに、〈話されたことば〉がいかに在るかという、存在のありようを直視するのではなく、〈書かれたことば〉に立脚する視座から、頭の中で〈話されたことば〉の姿が造られていたのである。そう、私たちは本当の〈話されたことば〉を知らなかった。全くと言ってよいほど、知らなかった。言語研究は猛省せねばならない。

私たちは敬語を目上に向かって使っているのか

研究者だけではない。実際に録画録音に参画した人々自身が、結果を聞いて、驚くのである。

今一度、金珍娥の日本語と韓国語の対照研究を引こう。金珍娥(2019b)、こちらは、いわゆる敬語が〈いかに在るか〉〈いかに実現しているか〉についての研究である。英語などの言語と違って、韓国語は、日本語と同じように、精緻な敬語の体系を有する希有な言語である。文の述語となる用言、つまり動詞や形容詞の類いが用いられるありように、敬語の精密な文法的システムを有している。こうした相似性のゆえに、日本語の敬語はまさに韓国語と照らし合わせることによって、その特徴が鮮明に描き出される。同稿は、学会誌で五〇ページの分量を超える本格的論考で、日本語東京方言話者、韓国語ソウル方言話者、それぞれ計一一二人、五六組の初対面の会話に現れた、敬語使用を見た研究である。ここで「東京方言話者」とあるのは、東京で生まれ育った、東京のことばの話者の意である。「ひ」と「し」の区別がつかない「下町の」「東京弁」などという、旧態依然たるステレオタイプを想像してはいけない。要するに、東京で生まれ育って、東京に住む、私たちの周りでごく普通に話されていることばの話者である。

その研究結果は、同稿について語るだけでも、一冊の本が書けるほどの豊かな内容を持っているので、ここでは端的に一つだけ引用しておこう：

> 日本語も韓国語も、「目上」が「目下」に、より多くの敬語表現を用いる
>
> ――金珍娥 (2019b: 87)。傍点も

右の文を、少なからぬ読者が「目下が目上に」と読んでしまったのではないだろうか。右はもちろん誤植ではない。こう続けられている：

> 日本語と韓国語の双方において、「目下の話し手が、目上の相手に敬語を用いる」という、一般に言われる敬語のフレームは、事実上崩壊している。逆に、「目上の話し手」が、「目下の相手」に、より多くの敬語表現を用いるのである。
>
> ――金珍娥 (2019b: 87)。傍点も

崩壊する既存の敬語論――目上が目下に対して、より多くの敬語を用いている

直後には「この驚くべき結果は、」と続けられている。いかにも、実に驚くべき結果である。何故にこうした結果となるかについて、同稿は詳細にそのわけを明らかにしている。

混乱を防ぐために、ここで簡単に確認しておこう。日本語と韓国語の双方に、〈尊敬：非尊敬〉を示す尊敬法と、〈丁寧：非丁寧〉を示す待遇法が存在する。尊敬法と待遇法は互いに異なった文法範疇であり、それぞれが用言の形造りの中にパラダイムとして焼き付けられている。日本語の「読む」という動詞の疑問形を例にパラダイムを描けば、次のごとくである。ここで受話者は、〈話されたことば〉であれば、聞き手、〈書かれたことば〉であれば、読み手となる。関与者はここでは「先生」であり、「先生」が受話者であることもあるし、発話者でも受話者でもない、第三者の場合もある：

【表】日本語の〈尊敬：非尊敬〉と〈丁寧：非丁寧〉のパラダイム

	関与者に対する・尊敬	関与者に対する・非尊敬
受話者に対する・丁寧	先生、お読みになりますか？	先生、読みますか？
受話者に対する・非丁寧	先生、お読みになる？	先生、読む？

受話者に対する丁寧な形としては「です・ます体」が用いられ、文法論ではこれを敬体とか敬意体と呼ぶ。非丁寧な形は「だ・である体」などと言われ、常体とか非敬体、非敬意体などと呼ばれる。こうしたパラダイムが待遇法で、yom-u、yom-i-masu のように文末の語尾 -masu によって示されている。他方、尊敬法の、関与者に対する尊敬の形は、〈当該の関与者への敬意〉といったものを、関与者に示すものではなく、どこまでも受話者に示すためのものである。もちろん「先生」が聞き手自身であるような、関与者＝受話者の場合には、その受話者にも示すことになる。右の表で尊敬法は「お読みになる」という形を用いているほか、「読まれる」という形もある。漠然と「敬語」と言わず、〈尊敬：非尊敬〉と〈丁寧：非丁寧〉それぞれ区別しつつ、論じてゆかねばならない。

金珍娥 (2019b) によれば、「仕事なさっていらっしゃる?」のような発話が頻出する。そこでは「なさっていらっしゃる」という尊敬法を用いつつ、文末の待遇法にあっては、「なさっていらっしゃいますか?」という丁寧な形＝敬体で結ぶのではなく、「なさっていらっしゃる?」という、丁寧でない形＝非敬体で結んでいる。つまり敬語は、尊敬法だけ見ていてもだめで、〈尊敬法＋待遇法〉という全体を見て、初めてその十全たる働きを知り得ることに、注目している。そしてその際の尊敬法は、「相手を高める」という機能よりも、「相手に配慮する」「自分の嗜《たしな》み、言語的な心得を誇示する」といった働きを示すのだと、喝破する。面白いではないか。そこでは「相手を高める」などと言われてきた、既存の敬語論のテーゼは崩壊し、何と目下の相手に配慮するために、尊敬の形が用いられているのである。なるほど、私たちの言語使用の意識にも叶っている。学生の方は教師に向かって敬語を用いずに「先生はこれこれしてますか」と言い、逆に教師の方が学生を相手に、「してるわけね」では相手に対する配慮に欠けるので、「なさってるわけね」と言う！

象徴的に言うなら、同研究を見る限り、日本語にあっても韓国語にあっても、公的な対話はともかく、少なくとも個人的な対話の言語場にあっては、何と今日、尊敬の形は目上に向かって使うのではなく、目下に向かって使うものとなっているのである。それはおかしいとか、私はそんなふうに話さないなどと言うのは、ちょっと待ってほしい。繰り返すが、少なくともそれぞれ異なる五六人の女性、五六人の男性、計一一二人、二〇代から四〇代までの人々が、初対面同士の会話でそう話しているのである。

少なくとも、このことは確実に言える。もう金珍娥(2019b)という日韓対照研究を抜きにして、敬語を論ずることはできなくなった。言語が実際には〈いかに在るか〉を見ることが、どれだけ重要なことか、研究者は骨身に沁みるだろう。

人は自分が思っているようには、話していない

こうした敬語使用について、他ならぬ話者たちに問うと、皆自分は敬語を使っていると、信じ込んでいる。同稿ではそうした挿話も語られている。「要するに話し手の意識と実際のことばが異なっているのである。〈どう話していると思うか〉と実際に〈どう話しているか〉は、少なくとも敬語については全くと言ってよいほど、異なっている」。金珍娥(2019b:89)。端的に言って、人は自分が思っ

ているようには、話していない。金珍娥の一連の研究からはそうした事態もこれでもかとばかりに、あからさまに浮かび上がって来る。

実際の〈話されたことば〉を対象化して研究するには、録画録音という方法が自在に使えるようになることが、不可欠であった。二〇世紀は、こうした方法の普及を加速化した。だが、単に録画録音というテクノロジーの成立だけでは、十全たる言語研究にはほど遠かった。そこにはどうしても〈言語場〉についての研究者の強靱な思想が必要だったのである。つまり、誰が、誰に向かって、いかなる場でことばを発するのかという、決定的な条件を踏まえる構えこそが、必要であった。その上で、実際のリアルな言語場をどうやって研究の対象として組み入れていくかという、目的意識的な実践が必要であった。

今日、〈話されたことば〉を録音した巨大な言語コーパス＝資料体も作られている。それ自体も大変な仕事である。しかし会話の録音を単に集めるだけでは、決定的に不充分である。あるいは話者を単に集めるだけでもだめだ。誰がいかなる場で誰に向かって語ったのかという、言語場の諸条件が解らないことばは、十全たるデータたり得ない。「誰が」というその「誰」をこそ、研究者が可能な限り把握せねばならなかったのである。もちろん個人の諸々の情報に踏み込む。そこには話者と研究者の信頼関係がなければならない。その上で初めて録画録音を始めることができるし、有効な言語事実としてデータ化することができるのである。

四―六　連帯の言語――言語は教え＝学ぶものである

さて言語教育について述べる際に、本書は基本的には言語教育と呼んできた。必要な場合にのみ、「外国語教育」とか「外国語」教育、のように括弧を付けて、書いてきた。このことにはわけがある。

大学や高校などでは「外国語教育」ということばが当然のごとくに用いられている。「外国語教育学会」などという学会もある。あるいは「第二外国語」「第三外国語」といった呼称も頻繁に用いられている。こうした呼称の底流には「言語＝民族＝国家」とするイデオロギーが沈殿している。「日本では日本人が日本語を話す」という恐るべき誤謬のイデオロギー。これは言語についての原理的な誤謬である。

「外国語教育」という学習者の疎外

私たちが言語について考えるとき、とりわけ日本語圏にあって言語について考えようとするとき、〈言語≠民族≠国家〉という基本的なテーゼについてここでも改めて触れないわけにはゆかない。冷静に考えるだけでも解るように、言語、民族、国家は、おそらくこの順で古い。このことについてはわざわざ精緻な「民族」論や「国家」論なども必要がないほどである。そう呼び得るような対象が、成立したかもしれないといったくらいの、はなはだ緩い概念規定の条件下で、それぞれを照らして見るだけで解る。太古、ヒトのうちに言語が誕生して以来、「民族」や「国家」などと呼び得るものが成立するのは、人類史のうちの、ごく最近のことである。国民国家論の時代はもちろん、所謂古代国家などの時代を入れても、これは完全に「世界史」などという術語で覆われる、人類史のうちの極めて限られた時間帯でしかない。現代で大ざっぱに見積もっても、言語数千、国二百。ことば自体が、そもそも等号でなど結べる対象ではない。「国家」などはいくらでも作ったり壊されたりしている。砂漠に線を引いて、ここからこちらは一つの「国家」だからね、などということも行われる――イスラエル。一つを二つに分ける決定など、ほとんど痛みも伴わず、行われたであろう――朝鮮半島。要するにことばそのもののレベルで既にこれらは一致するはずのないものである。「言語と民族と国家は本来一致しているものなのだが、それが歴史的な条件でたまたま一致しなくなっている」などというものでは、全くないわけである。つまり、〈言語≠民族≠国家〉が default ＝初期状態であり、原理である。

【図】国家と民族と言語は別の平面の概念である

日本がしばしば「単一民族」「単一民族国家」という誤った位置づけをされることについては、これまでも多くの書物や言説が批判を加えている。なお、朝鮮半島もこの点ではとても似ている。そうした多くの批判にも拘わらず「日本では日本人が日本語を話す」といった思想は、私たちの日常の隅々にまで染み渡っていて、ことあるごとに繰り返されている。言語を問題にするときに、「〇〇人」などということばを使いたくなったら、まず自身を疑ってかかってよい。

言語に限って見るなら、「外国語教育」「外国語科目」などという名称が大学や高校の教育の現場で未だに生き残っているのは、驚きである。高校や大学でこうしたことばに出会う、例えば在日外国人の子弟を思えばよい。日本で育った、日本語を母語とする少年。日本で生まれた、日本語を母語とする少女。「国籍」は日本ではない。少年の国籍は「中国」である。少女の国籍は「大韓民国」である。彼らの母語は日本語である。そして学校で「中国語」や「韓国語」が、何と「外国語」という名称で呼ばれていることに、真正面から出会う。アイデンティティ・クライシス。疎外される学習者。おまえの「国」のことばは日本語ではないよ、「外国語」なのだよ。逆に、おまえは自分の「国」のことばも知らないのだよ、よその「国」=日本にいて、よその「国」のことば=日本語で考え、話し、書いているのだよ、おまえ、よそものかい、おまえは何もの？　少年にも少女にも、思考のこうした捻れた回路がつきつけられてしまう。

右に述べたように、もちろんこうした回路自体が原理的に誤っている。今、たまたま「日本」ということばで呼ばれている地には、いかなる民族の人であっても、いかなる言語を話す人であっても、存在し得るのであるから。国籍も民族も言語も、最初から一致などしていないのだから。米国の国籍を有するモンゴル民族の青年の母語が日本語であっても、そうした人は今はたまたま数こそ少ないかもしれないけれども、何の不思議もないことだ。こんな原理的な、基本的なことを、私たちはしばしば見失う。「言語＝民族＝国家」という誤謬のイデオロギーの中で。四―四で述べた〈母語〉が個に立脚するものだということも、今一度想起されたい。

では「外国語教育」「外国語科目」は何と呼ぶべきか？ ことばに困ったら、常に最も深い原理から照らせばよい。簡単だ。「言語教育」「言語科目」。

「言語教育」などと呼ぶのでは、「国語教育」も入ってしまうではないか、という向きがあるかもしれない。もちろん入れてよい。ただし、「国語」という名はだめだ。

日本では母語としての日本語教育は「国語教育」と呼ばれ、非母語としてのそれは「日本語教育」と呼ばれて、棲み分けが行われて来た。この「国語」という概念についても、貴重な批判が加えられて来た。「国語」とは、近代以来、国民国家を形成する、猛烈なイデオロギー装置であった。片やアイヌ語など少数民族語の抑圧、片や方言に対する抑圧、これを両輪とする、明治以来の「言語＝民族＝国家」論の乗物だったのである。なお、日本の「国語学会」は二〇〇四年に「日本語学会」と名称を変更している。

学び＝教えること、学習＝教育ということ

言語の学びにおける構えを見る中で、学習＝教育とか、教え＝学ぶ、のようにしばしば書いた。こ

れはとりもなおさず、言語を学ぶことと、教えることが、不可分の関係にあることを、鮮明にするために他ならない。言語教育と言うとき、それを語る主体は、概ね言語を教えるという立場である。その際に言語を学ぶ立場を、抜きにすることはできないはずなのだが、私たちはしばしばそのことを忘れてしまう。そこにおける教育＝教えるとは、まさに自らの学習＝学ぶということでもあって、要するに〈言語を共にする〉ということに他ならない。そしてその重要な核が、〈言語を問うことを共にする〉ことなのである。学ぶ歓びを目指さずして、教える歓びなど、あろうはずもないではないか。学びにおける苦しみや哀しみを忘れた教師になど、教えてほしくないではないか。

私が生まれ来るそこには、常に私の母語のために他者が存在している

ここまでは主として母語でない言語の学びについて、考えてきたのであった。さらに進めてみよう。そもそもことばは、どうやって身につけてきたのか。この点から照らすと、どうだろう。

私たちは生まれ落ちたときから、ことばに触れている。いや、あるいは母の胎内に在るときから、ことばを聞いていたのかもしれない。まず間違いなく言えることに、私がそこに在るときには既に、ことばを共にする人々が既に在った。あるいは微笑みながら、あるいは心配げな表情で、語りかける人がそこには在った。それは私の記憶としてはなくとも、経験からそれを知っている。ヒトという類としての、学びの記憶と言ってもよい。

私たちが母語を獲得する過程へと、このように思いを致すとき、母語の獲得には間違いなく、自分

以外の他者の存在が前提となっていたであろうことが、解る。それが母であれ、父であれ、兄弟姉妹であれ、他の誰であってもよい、自ら以外の他者の存在こそが、〈私が母語を獲得していること〉を支えてくれたのであった。幼き自らの周囲にいた人々の存在。それらの人々を好むと好まざるとに拘わらず、自らが言語を有することは、他者の存在が不可欠の前提となっている。私が存在する前に、少なくとも言語という観点からは、他者が他ならぬ〈私のために〉存在していたということ。そうした他者たちのことばの内に私が私として生まれ来るということ。私が私として育ちゆくこと。私が在るときには、既に他者が私のために存在していたということ。少なくとも母語をめぐって、こうした事実は圧倒的に肯定されねばなるまい。言語がアイデンティティとの係わりで論じ得る基礎は、まさにこの点に存する。類としての学びの記憶、個としての学びの記憶、私たちの言語にとっては、これが全ての始まりである。

ここに「○○語」だの「○○民族」だの「○○国」＝「国家」だのといったイデオロギー装置を、決して介入させてはならない。

〈かけがえなき母語〉——それが望まぬ言語であっても

その母語が、物心ついた自らにとって、よしんば望まぬような、忌避すべき言語であったとしても、母語を有しているということそれ自体が、肯定されねばならぬという点では、決して変わらない。言語環境に対する価値判断とは別に、その言語はその私にとって母語なのであり、私という存在のありとあらゆる出発点なのであるから。

例えば在日朝鮮人・韓国人の青年が、自らの母語が日本語となっていたとき、そのことを何人たりとも非難したりすることはできない。「〇〇人のくせに〇〇語の片言もできないのか」などといった非難は、〈言語≠民族≠国家〉というテーゼに照らしても、決して許されない非難であり、いわれなき非難である。そして何人もそのような自己に恥じ入るべき必要は、ただの一点もない。本来はaという言語であったろう母語が、侵略や抑圧によってその言語を獲得できず、bという言語になってしまったなどということがあったら、非難されるべきは、まさに侵略や抑圧の主体のほうであって、たった一つの母語しか有さない〈私〉ではない。

他者と自らをめぐるこうしたことどもは、言語を学び＝教えることの根源に係わっている。それは当然のこと、言語学習＝言語教育という営みの根源に位置づけられるべきことがらでもある：

数ある言語のうち、一人の個にあって、唯一特権的な地位を占める言語は母語(mother tongue; first language; native language)である。自らが考え、悩み、喜ぶ、ありとあらゆる回路を司る母語こそは、たとえそれが他から強いられたものであったとしても、さらに進んで、よしんば唾棄すべき言語であったとしても、「そう、私は一つしか言語を持っていない、ところがそれは私のものではない」という、デリダ(2001)の「単一言語」の特権化の無化を目論む、呻きのごとき言説さえ、「私のものでない」言語によって語らざるをえないという、まさにその点において、個にあっては、母語が自らを形作ってきたという点において、何人たりとも侵すことのできない、かけがえのない存在である。いかなる他とも置き換えがきかないという点において、母語とは〈自らの存在〉とほとんど同義である。この〈かけがえなき母語〉というありようこそ、ありとあらゆる言語教育の根本を律し、全てを位置づける唯一の原理たりうるであろう。自らにとってかけがえなき母語こそが、まさに自らに対峙する他にとってもまた、かけがえなき母語であるからである。母語に対する認識こそ、他者の言語に対する想像力の根拠となろう。

——野間秀樹（2007a: 38-39）

フランス語圏で仕事を残したスイスの言語学者、フェルディナン・ド・ソシュール（Ferdinand de Saussure,1857-1913）や、ドイツ語圏、オーストリアの哲学者、ルートヴィヒ・ヴィトゲンシュタイン（Ludwig Wittgenstein,1889-1951）らと並んで、右の引用の中で触れたジャック・デリダ（Jacques Derrida, 1930-2004）は、二〇世紀の言語論の重要な前衛であった。その数多の著作群は、日本語や韓国語や英語といった様々な言語に姿を変え、二〇世紀が共有することとなったのであった。デリダ（2001）によれば、デリダはアルジェリア近郊にユダヤ系の両親から生まれた「フランス - マグレブ - ユダヤ人」であった。「そう、私は一つしか言語を持っていない、ところがそれは私のものではない」というその言語は、フランス語なのであった。

それがたとえ望まぬ言語であったとても、〈かけがえなき母語〉という本源的なありようは、何人も否定できない。それは母語が、そして母語による営みが、その人の存在から決して剝ぎ取ったりできぬものだからである。

＊逆説的なことに、謂わばフランス語という大言語で書いたがゆえに、それは他の多くの言語に訳されて共有されることとなったとも言える。今日の小さな言語は翻訳の機会さえ、大言語とは条件の大きな差が歴然と横たわっている。同書の原題は *Le Monolinguisme de l'autre: ou la prothèse d'origine* で、訳者である守中高明は、直訳すれば「他者の単一言語使用——あるいは起源の補綴《ほてつ》」となるだろうとしている。デリダ(2001: 173)。

言語が、そして母語が、〈教え＝学ぶものである〉ということの意識化

言語獲得についての多くの論調は、母語を獲得する記憶を、大人が幼児にことばを教える記憶として考えているかのごとくである。あるいはまた多くの言説において、言語は大人が子供に教えるものという方向でのみ語られている。しかし果たしてそうだろうか?

乳飲み子に語りかける私。乳飲み子の笑みや涙に、私のことば、ことばが、あれこれと変化する。こう言って解ってもらえなかったようだ、ではこう言ってみる。ああ、こんなふうに言ってはならないのだな、ではこう言おう。子がことばを発するようになれば、子からの働きかけは、私がことばの形を造ることにとって、いよいよ重要な因子となる。幼な子に教えられるなどという体験は、いくらでもあるだろう。物心ついた子供であれば、なおさらである。ただ、子との対話の中で自らのことば

がどんどん変化していくということを、私たちが通常は意識化するもことなく、日々が通り過ぎてゆくだけである。

いま、かんこくの、こ・え・が、したねえー

子がことばを少し話し始めた頃である。母親は韓国語、ソウルことばの母語話者で、父親は日本語、九州から北海道までを生きたが、基本的には主要な言語形成地であった横浜や川崎あたりのことばの母語話者である。家では日本語と韓国語が行き来している。子を自転車の前の籠に入れて——自転車用の子供椅子ではなくて、針金の網で四角に組まれた箱である——子は、ちょこなんと膝を曲げ、かごの前をつかんで座っている。小さいと、子は自転車の籠の中に座ることができる。

ＪＲの東京の大塚駅の前を父と子の自転車が行く。すると前から明らかに韓国語の母語話者と思われる二人の若い男性が、韓国語で会話しながら、近づいてきて、すれ違ってゆく。子が父に言う。「アッパ、アッパー」。アッパは韓国語の幼児語で「パパ」の意である。「ん、何だ？」父の問いに日本語で子がとてもたどたどしく言う。「いま、かんこくの、こ・え・が、したねえー」「え？　あ？　あ、そう、そうだね！　いいところに気がついたなー」

父は驚愕する。何だ、子には、そもそも「かんこくのこえ」とか「にほんのこえ」などというものがあるのか？　ことばはそもそも「こえ」なのであって、言語の違いとは、その人、その人、固有の「こえ」なのか？　いわゆる、二言語使用の世界に育つ子供たちには、そんなふうに見えているのか？

そんなふうにして自分も「こえ」を使い分けているのか？　いやいや、きっと「かんこくご」だの「にほんご」だのという日本語の単語を、たまたま知らずに、単に「こえ」ということばで語っただけなのだろう――

対話の中でことばを学ぶという体験は、多くの人がもう無数の体験をしているだろう。この父もまた同様である。言語学徒であるはずの、かの父は、次に形造るべきことばを失う。その言語場で子に「韓国語《かんこくご》」だの「한국어《ハングゴ》」（韓国語）だのといった単語を、子に到底「教える」ことなど、叶わなかった。それほどまでに、その時の子のことばの領野が、安易なことばで決して侵してはならない、何かしら神々しい領野に感じられたからである。

おそらく対話のことばが実現する言語場では、しばしばどこか深いところで、神々しかったり、驚きや発見に満ちていたりといった、瞬間を迎えている。言語場とは優れて、ことばを学び＝教える場なのである。大人は子供と共に言語を学んでいる。そして大人は子供と共に言語を問う日々を、送ってよい。

言語を話すとは、言語を教え＝学ぶ営みでもある

言語を生きるとは、日々、言語を学び＝教えることに他ならない。〈話す〉〈聞く〉営みは、人の互いの相互の交わりの中でのみ成立している。人が〈話す〉とは、一方的に脳の中の何ものかを取り出して相手に投げかけているわけではない。言語場に参画する人の、あるいは瞳を、あるいは表情を、

あるいは仕草を、探索しながら、私たちは話しているのである。人が〈話す〉とは、一方的な営みにように見えて、実は双方向的な、もっと言うなら、対位法的な営みである。そこには予測があり、配慮があり、あるいは恐れがあり、歓びがあって、それらのただ中で造られることばの〈かたち〉それ自体も変容するのである。あ、こう言ってはいけない、あ、このことばで瞳が喜んでくれるんだ、あ、ことばはこう造ればいいのか――。言語的な要因、非言語的な要因の総体から、言語場において、人は話すことによって、常に、教え、学んでいる。言語を生きるとは、言語を教え＝学ぶ営みでもある。

変体仮名から仮名の原初が見える――表音のうちに表語が潜んでいる

言語が〈教え＝学ぶ〉ものであること。そうだとすると、私たちが日々目にしている〈書かれたことば〉の、日本語の仮名や漢字のありかたからも学んでいるわけである。ここでちょっとしたことに言及しておこう。

三―一において変体仮名について触れた。変体仮名が現行の仮名に統一されることによって大切な何かを置き去りにしてきたのではないかという問いである。そこに引用した野間秀樹（2014a）の執筆時には、変体仮名のデジタル化はまだ出発点的な段階であった。

「人《ひと》」を平仮名で「ひと」と書く。日本語の〈書かれたことば〉にあっては、それだけでも人間と文字と間のインターフェイス、文字とまさに〈人〉とのインターフェイスは異なります。人が「人」や「ひと」と〈書かれたことば〉に向き合う言語の場にあって、そこに実現するいわゆる概念的な意味は、概ね一緒かもしれない。しかしそこに立ち現れる感性的なありようは、「人」と「ひと」とでは異なってくるかもしれません。漢字と仮名を書き分ける詩の言語などを見ても、そのことはわかります。ましてやそこにもし「人」や「ひと」を、変体仮名によって「悲《ひ》と」と書いてあったら?

人　　ひと　　悲と

古くは実際にこう書かれることもありました。「悲」の字は行草で書かれます。こうして見ると、まるで「ヒト」という音を表す文字であったはずの仮名が、人の悲しみを湛《たた》えているかのごとく、読めるかもしれません。言うまでもなく、これは絵文字とは全く異なった働きです。音を表すはずであった音節文字としての仮名が、驚くべきことに自らの淵源であった漢字の働きを湛え始めます。

例えば江戸期などの変体仮名では既に漢字の〈意味〉との連なりはほとんど薄いもの、もしくは途切れたものだったでしょう。単に音を音節単位で表す働きに純化していたでしょう。それほど日本語の〈書かれたことば〉のなかでは多く用いられていたからです。

しかし今日の日本語の〈書かれたことば〉の中では、「悲と」と書かれたら、仮名は漢字という母胎の羊水に浮かんでいた自らの記憶を呼び起こしうるのです。平仮名は漢字の子なのですから。文字は人が読んで初めて意味を実現します。したがって、いつの時代のどういう人が、どのような言語場で読むのかによって、文字の意味も、そこに立ち現れる感性も、少しずつ異なりうるものです。変体仮名がまた新たに価値を創出します。

さらにこう続けている：

全く同じ音として実現する単語を、「人」「ひと」「悲と」と異なって書きうること。そこには〈音〉と〈意味〉をめぐる文字の本質的なありようが浮かび上がります。変体仮名がまるで表意文字と表音文字の境界を行き来する文字のごとくに。そう、ここでも「表意文字」「表音文字」といった境界づけでは掬い取れない、文字の働きが見えるのです。このことは実は文字にとってとても本質的なことでもあります。

つまり二〇世紀の記号論的な視座からの「表音文字」「表意文字」あるいは「表語文字」といった区別立てでは失われるものが、文字と人間との係わり、〈書かれたことば〉と私たちとの係わりの中に存在することが、そこに見えて来る。音を表すものであるはずの音節文字の〈かたち〉が、どこかで〈意味〉の実現に係わっているありようとは、謂わば文字の琴線に触れることでもある。比喩的に言えば、〈書かれたことば〉の〈かたち〉が、〈話されたことば〉におけるまるでイントネーションのような働きの一部を担っているかもしれないのである。

なお、このことは例えば書の世界が、音を表す文字といった機械的な対応関係などではなく、広い意味での美的な世界に係わるといったようなこととは、少し別のことがらである。「人」を「ひと」と書くか、漢字の行書草書を用いた変体仮名を交えて「悲と」と書くかは、文字の意匠の問題ではなく、どこまでも言語の音と意味とに係わる〈かたち〉の問題なのである。楷書であれ、行書であれ、草書であれ、それを知る者にとっては、「悲」はその〈かたち〉だけで、単に /hi/ という音を示すだけはなく、己のうちで意味を造形する機制の、根元に直接触れ得るからである。ことばの〈かたち〉が、〈美学〉や〈美〉といったことばに代表される、感性的なことがらに係わっているといった問題ではなく、音を表すと言われる、ことばの〈かたち〉が、言語場における意味そのものの形成にぐいぐいと喰い入って来るという、まさに意味の造形の根幹に係わる事態に、他ならない。

「悲」の草体を用いて「悲と」と書かれた /hito/ は、「人」と書かれた /hito/ とも、「ひと」と書かれた /hito/ とも、どこかで異なった、〈意味〉の実現に係わって来る。もちろんその係わりかたの強度といったものも、言語場を形成する人ごとに異なって来ることは、言うまでもない。変体仮名が日常であった言語場と、変体仮名自体が希な今日の言語場とでも、大きく異なって来得る。今、「悲」の草体と書いたけれども、ある人にとってはそれは「悲」の草体ではなく、どこまでも仮名の「悲」であったろう。言語場が有するこうした条件の違いは、私たちのうちにあって、意味の造形を左右する、決定的な駆動力となり得る。

いずれにせよ、音を表す文字といえども、文字が音を示すだけの役割を担っていて、間接的にその音が意味を想起させるというわけではないということは、決定的に重要である。音を表すとされるその音節文字の〈かたち〉が、意味の造形にしばしば直接関与するのである。漢字について言われる〈形音義《けいおんぎ》〉、即ち〈かたち〉と、それに結びついた〈音《おん》〉、そしてそれらが想起させるところの〈意味〉という三つの要素は、漢字のみならず、実は文字というものを貫く原理でもあるのだが、文字の〈形音義〉が、〈形から音へ、そしてその音から義へ〉といった線的な仕組みになっているのではなく、まさに形音義が、〈形音義トライアングル〉として、謂わば一度に、統合されながら働く仕組みになっている。それゆえ、変体仮名に漢字の〈かたち〉の記憶を見る限りは、意味の記憶も拒みにくい。

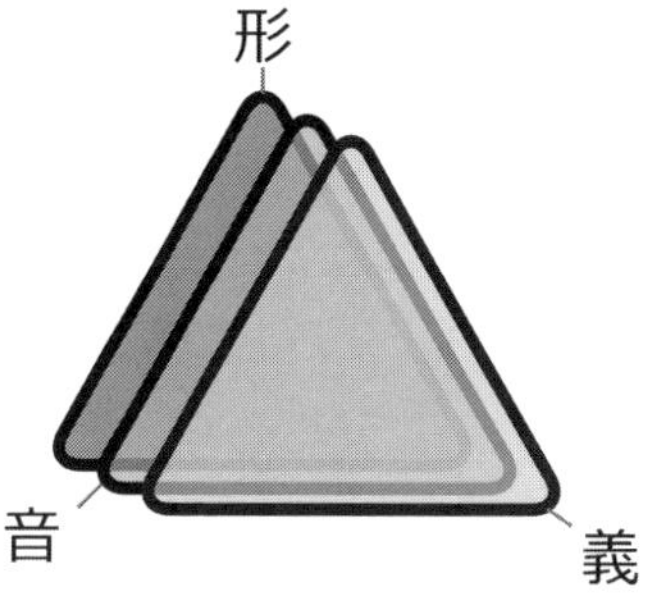

【図】文字の動的な原理たる〈形音義トライアングル〉

文字の形音義はそれぞれ別の階層にありながら、
一つに統合されたトリアーデをなして働く。
漢字などは一文字で〈形《けい》〉をなすが、
ラテン文字などは文字列が〈形〉を形造る。
形、音、義がそれぞれ別々に変容し得るがゆえに、
文字は他の言語でも生きることが可能となる

なお、このことは、表音文字であるはずのハングルが、しばしば表語的な働きを担っているという、興味深い事実とも、通底することである。仮名とは大きく異なって、ハングルはその表記法の特性によって、例えば있(øiss)のごとく組み上げられた一文字だけで、「ある」「いる」の意の単語の語根を特定させ、읽(øilk)だけで「読む」の語根を、놓(noh)だけで「置く」の語根を想起させるといったことが、文字の〈かたち〉と音と意味との係わりによっては、起こり得る。さらにまた〈形音義〉という三つの要素が、互いに異なった階層において動きながら、一つに統合される仕組みこそ、まさに文字の原理であるといったこととも、通底する。これらのことを含めて、文字をめぐる〈形音義トライアングル〉という原理的な仕掛けについては、野間秀樹(2018e: 136-164)を見られたい。

デジタル言語世界の思考に古い殻は脱ぎ捨てよ

「ことばは意味を持っている」とか、「ことばに意味が貼り付いている」などと考えてきた、記号論的な従前の言語論では、右のようなことは歯牙にもかけなかった。そうした思想では、ことばと意味とはいつも純粋素朴に対応しているのであり、〈シニフィアン=意味するもの〉(仏 signifiant：英 signifier)と〈シニフィエ=意味されるもの〉(仏 signifié：英 signified)は常に表裏一体で他のいかなる介入も許さず、意味とは、徹頭徹尾幻想の中で純化された「概念的な」意味であって、そこでは間違っても、変体仮名による「悲と」という文字列に、かなしみなど、読んではならないのである。

私たちのこれからの〈書かれたことば〉についての思考は、文字は、言語は、そうした狭い枠、旧い殻をもう取り払ってよい。もっともっと自由なありようを求めてよいのである。「悲と」という文字列に、かなしみを読むなどといった議論が、言語論の旧い枠組みでは荒唐無稽なものであっても、そこにもしや深い知的可能性の芽が垣間見えるのであれば、それを考察する領野は、守られ、共有されてよい。たとえ考察の結果、棄却されるようなことが、想定されようとも、私たちのこれからの言語の実践論にあっては、そうしたことどもについての思考のあらゆる可能性の水路を、予め塞ぐ必要など、全くないのである。

先の拙著、野間秀樹 (2014a: 66-67) では、次のような希望に満ちた展望を、述べていたのであった：

> マシン・マン・インターフェイスも、通信も、ストレージも、もう単純なテキストと画像と動画の時代にはなかった、全く新たな段階へと進み行きます。デジタル画像はさらに自由に、さらに高速に、さらに大量に扱えるようになります。ありとあらゆる古い文献、古い記録、古い絵画、古い文様、そうしたものが自由に高速に扱えるようになる。三次元の立体、三次元のものや空間さえも扱えるようになる。紙以前の竹簡、木簡、巻物の形の巻子本、紐で綴じた線装本、そしてかばんのように大きなグーテンベルク聖書のようなものまで、およそ古今東西の〈書物〉を三次元でデジタル化することが可能になるでしょう。いずれは三次元書物のページも繰ることができるでしょう。それら全てにオプションで「音《おと》」を付けることができます。こういう次第ですから、これまで見向きもされなかったものが、見えてきます。日本語といった、例えば言語に関わるこ

とだけでも、様々な可能性に満ちているわけです。

それから幾年も経たずに、同書の執筆時分には見られなかった、変体仮名のデータベース化などといった歩みも進められている。考えてみればよい。学校の「古文」の時間に読んでいたもの、それは現代の〈かたち〉に濾されたテクストだったのである。がちがちに手を入れられたテクストであった。過去に存在した〈かたち〉ではなかった。ともあれ、過去に存在した、ありとあらゆる〈書かれたことば〉のデジタル化、また〈書かれたことば〉と〈話されたことば〉との連携のデジタル化と、それらの共有化は、新たな知の可能性への重要な基礎である。過去のものは、捨てていいものとは限らない。それどころか、過去のもののうち、これまで私たちの記憶のうちで霞んでいたものこそ、デジタル言語世界における新たな可能性の素材となる、貴い宝かもしれない。そうした可能性を探る道程にあっては、言語の原理論の古い殻を脱ぎ捨て、新たな言語の原理論から問いかけることが、不可欠なのである。言語を生きる過程が、学び＝教える過程でもあるなら、〈書かれたことば〉のさまざまなありかたについても、思いを致して、決して悪くはない。

＊変体仮名のデジタル化、データベース化については、情報処理推進機構（IPA）のサイトを参照のこと。
https://mojikiban.ipa.go.jp/1bf7a30fda/data/MJH

第5章 ことばへの総戦略を
——外から問う

五—一　照射の言語——自らを他に照らす

学習言語を母語と対照しながら問う、対照言語学的な学びの回路を

言語を学ぶ場へ思いを馳せ、学びの言語について考えてきた。ここで今一つ、〈学習言語を母語と対照しながら学ぶ〉ということについて考えておこう。ある言語と他の言語を照らし合わせながら研究する言語学を、対照言語学という。言語の学習においても、さらにはまた言語を考える水路としても、対照言語学的な方法は大いに生かし得るものである。

こうした対照言語学的な学びは、次の三つの点から強く推奨される：

（一）〈母語に照らす〉という方法的、実践的な優位を獲得する

（二）そのことによって〈言語を問う〉姿勢を培う

（三）〈母語が学習言語に従属する〉という学習＝教育のスキーマから脱却する

見知らぬ言語を前に、その言語を与えられるがままに受け取ろうとするのは、体得するにあたっては、あまりにも茫漠たる営みである。例えばこの言語の単母音はいくつあって、こんなふうに発音するからね、と習う。先生についてひたすら真似をしてみる。教科書の説明にしたがって発音してみる。その際にもし、あなたの母語のこれこれの母音と似ていて、この点でこう違う音だからねと、説かれたらどうだろう。見知らぬ言語の母音を把握し、自らが発音する、決定的な手がかりを得ることになる。

例えば、韓国語の母音を教室で習う場面を見てみよう：

> 韓国語の標準語には八つの母音があります。そのうち、「ㅏ」と書かれる母音は日本語の「ア」と同じと思っていいですよ。「ㅣ」も「イ」と同じ。「ウ」に聞こえる母音に二つあります。「ㅡ」と書かれる「ウ」は「イ」と同じ唇の形で「ウ」を言えばいいですよ。やってみましょう。「ㅡ」、これを今後、唇も字形も平らなので、平らな「ウ」と言います。舌の先が「イ」より少し後ろに引かれますよね。もう一つは唇を丸く細く突き出す「ウ」「ㅜ」。こちらは丸く尖らせる「ウ」と呼ぶことにします。「エ」も二つあります。「ㅐ」は広く開けて「エ」。「ㅔ」は「エ」よりやや狭く「エ」。現在のソウルことばではこの広い「エ」「ㅐ」

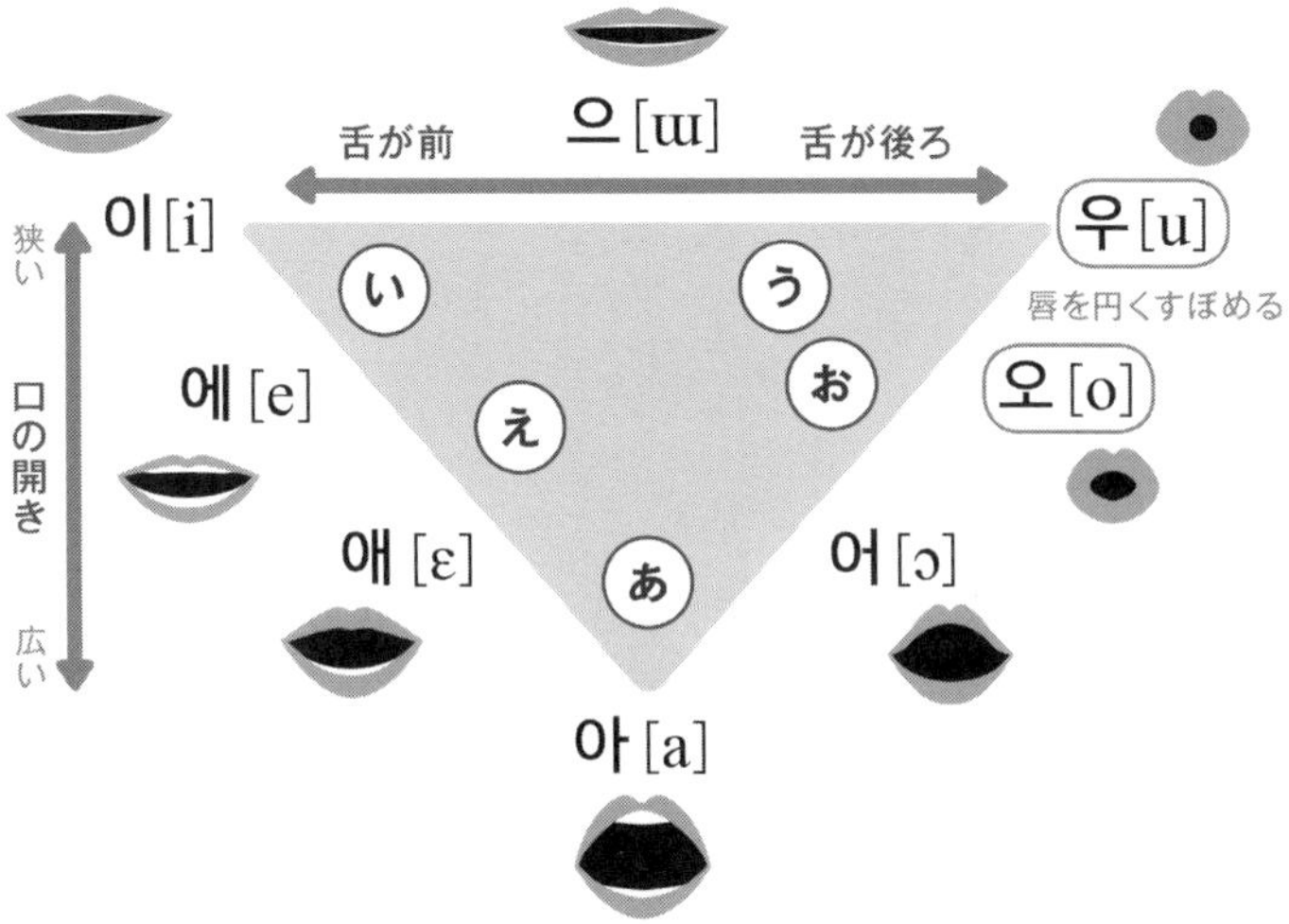

と狭い「エ」「ㅔ」の区別がなくなって、いずれも日本語の「エ」のように発音されていますので、皆さんも日本語の「エ」で構いません。しかし文字で書くときは厳密に区別します。日本語の助詞の「は」が「わ」と発音されても、文字の上では厳密に書き分けているようなものです。最後に二つの「オ」。一つは口を大きく開いて「オ」「ㅓ」。今一つは口を丸く細く突き出して「オ」「ㅗ」。以上、文字の上では八つ、音の上では事実上七つの単母音があります。

これらを図で日本語の「あいうえお」という五つの母音の位置と照らし合わせながら、確認しましょう。図は母音三角形と言います。上にあるほど唇の開きが狭くなり、左にあるほど舌の先が口の前に位置しています。

【図】韓国語と日本語の単母音を母音三角形で対照して学ぶ——野間秀樹（2021: 20）

参照点としての母語、学習の根拠地としての母語

右のような説明を見ると、対照言語学的な視座からなされていることが、解るだろう。漠然と口を開く、といった説明ではなく、あなたの母音これこれより広くとか、狭くとか、形造りの基準が明示されることになる。つまり母語の母音が根拠地となって、学習言語の母音を同定できるわけである。母語の母音なら教室を離れ、師を離れて、一人になってもいつでも再現できる。そこから出発すれば、ああ、この「一」と書かれる「ウ」は私の「イ」と同じ唇の形でいいんだったな、といった具合に、形造りの確固たる手がかりが、常に自分の中にあることになる。こうした方法が母語への参照なしに語られるより、遙かに効率的で解り易く、かつ確実なものであることは、言うまでもない。

右には解り易いように、単母音を例にとった。種々の言語の多くの学習書には発音の説明のあたりには、多かれ少なかれ、学習者の母語を参照点にとった、対照言語学的な視座が取り入れられているであろう。

重要なことは、こうした対照言語学的な方法が、発音だけでなく、語彙や文法や言語場における表現のありかたなど、言語の学びのあらゆる点で行われてよいのだ、という点にある。

英語であれば、例えば〈I will do it と I am going to do it はどう違うのか?〉とか、〈過去形の I did it と現在完了形の I have done it はどう違うのか?〉などといった悩みを、英語の内部だけで説いても、限界があろうことは、すぐ解る。英語母語話者は使い分けになど困りはしないわけで、むしろその使い分けを英語内部のことだけで日本語母語話者に語ったり、「現在と切り離された過去」だとか「現

在とつながりのある過去」などと言った具合に、抽象的な概念だけを用いて理解へと導くことは、文法論と文法教育論の相当の達人でないと、難しいだろう。何よりも学習者はリアリティを得にくい。日本語母語話者が学習者であれば、"I've stepped on someone's toe"（満員電車で：やば、誰かの足踏んじゃってる！）、"I stepped on your foot"（サッカーで：ごめん、足踏んじゃったね！）などのように、〈日本語のこのような言語場であれば、こう言う〉といった接近法が、どうしても不可欠である。

＊ちなみに、多くの学校英文法や受験英文法では、現在完了形は、現在、過去、未来、現在進行、過去進行、未来進行、現在完了、過去完了、未来完了、現在完了進行、過去完了進行、未来完了進行という一二の形をアイテムとする時制論で扱われている。おまけに「現在完了形の四つの用法」などと称して、「継続、経験、完了、結果」という互いに全く異なった平面の概念が羅列される。同じ平面では扱えないような概念を、ごく当然のごとくに並列させるのは、所謂文法論の十八番である。「継続しているか、していないか」とか「経験、未経験」のように、同じ平面における対立概念は理解しやすいのだが、「継続、経験、完了、結果」などと、全く位相の異なった概念を、上下左右から突っ込まれた日には、「未然、連用、終止…」よろしく、いきなり暗記しにかかるしか、手はなさそうではないか。中学生ほどの学習者であれば、混乱は無理もあるまい。

時制論は日本語であれば「する：した」といった対立に係わるものである。文法論的には現在完了形は時制の観点からはどこまでも現在形なのであって、それゆえに当然のこと、yesterday（昨日）だの、three days ago（三日前に）などといった、過去を明示する副詞句とは、共起しにくいわけである。現在完了形が現在形であることは、学習者に強調してよい。中学生くらいであれば、「何々したことを、今、持っている」くらいの意味だと、強調してもいいかもしれない。これはパラダイムの上で、現在進行形が現在形で、過去進行形が過去形であることと、並行的な関係にある。進行だの完了だのは、日本語で言えば「する：している」などの対立に係わるもので、一般言語学ではアスペクト論と呼ばれる分野で扱われる。「足踏んじゃってる」「その本はもう読んじゃってる」「そこにはもう行っちゃってる」などが、時制論では現在形、アスペクト論では完了形であって、これらは英語では現在完了形で表すことができるわけである。

当該の学習言語の言語圏に留学をした経験のある学習者と、そうでない学習者の大きな違いは、実際の具体的な言語場の経験値の違いにある。それゆえ、日本語という母語の参照点を抜きに、教室でいくら英語だけを練習しても、結局のところ、〈こういうときは、何て言ったらいいの？〉という疑問には隔靴掻痒の答えしか見出せないことになってしまう。日本語に照らすことによって、〈母語に照らす〉という方法的、実践的な優位を獲得し得るわけである。そのことはとりもなおさず、常に母語に照らすとどうなのかといった形で、〈言語を問う〉姿勢が鍛えられることにも、連なる。

学習者が母語を根拠地として位置づける

対照言語学的な方法によって言語を学ぶという営みは、学習の実践やその効果という点での優位性をもたらしてくれるのみならず、学習者にあって母語が一定の確かなる位置を占めていることを、学習者自身が常に確認する営為ともなる。ともすれば学習言語の前に拝跪することになるといった、謂わば負の結果を招来しかねない言語学習において、〈母語が学習言語に従属する〉という学習＝教育のスキーマから脱却する水路が、学習者自身の前に常に開かれていることになる。

「日本語もろくにできないで、英語をやってもしかたがない」とか、「英語ができればいいというものではない」といった方向の英語学習批判も少なくない。もちろんそうした批判にはそれなりの理もあるわけだけれども、こうした対照言語学的な学習＝教育の実践は、母語を学習者自身が絶えず再確認していく営みによって、少なくともそうした危惧の幾分かは建設的な方向で解消することができる。

母語でない言語を対照言語学的な方法によって学ぶなかで、母語について目覚めるなどということは、いくらでも出会える事態である。母音体系一つとっても、日本語といった大ざっぱな括りだけでなく、学習者によっては自らの方言という決定的な根拠地への関心も醸成することになる。母語と学習言語を対照して学ぶなら、京浜地方の方言の「ウ」は相対的に平らで、関西地方の方言の「ウ」は相対的に丸いなどといったことに、すぐに気づくことになる。/sikiteɴ/「式典」の母音のうち、無声子音に挟まれた/i/は、唇など発音器官が/i/の形をとっていても、声帯の振動が伴わず、「こえ」が伴わずに発音されることがある。こうした現象を母音の無声化と呼ぶ。京浜地方ではこうした母音の無声化が顕著なのに対し、関西地方では無声化がはるかに少ない。京浜地方の文末の「…です」/desu/の/u/などは無声化どころか、しばしば/des/のごとく子音/s/で終わったりもしている。自分自身の母語についての発音になどほとんど関心を抱いたことがなかった学習者にあってさえ、他の言語を学習する営みが、例えばこうした発音へのリアルな観察に関心を抱く、契機ともなり得るのである。言語を対象化し、言語について問うという意味でも、根拠地たる母語を大切に扱い、母語への関心を抱くという点でも、こうした事態は、間違いなく良いことに違いない。ここにおいて、言語を単なる道具に矮小化する言語道具観は、実践的に粉砕されている。

対照言語学と比較言語学

言語学習＝言語教育において母語と学習言語を対照して学ぶという方略は、さらに言語学一般に広げてみれば、二つの言語を対照して考えるという、対照言語学 (contrastive linguistics) に行き着く。言語学における今日的な意味での対照言語学は、チェコ、プラハ言語学派の言語学者、ヴィレーム・マテジウス (Vilém Mathesius, 1882-1945) の著作であるマテジウス（1986, 原著初出は 1961）などを淵源とし、英語圏におけるディ ピエトロ (1974) など、主に言語教育や第二言語習得研究の分野から活性化した。実体的には対照言語学は言語教育学から派生して生まれた分野のような位置づけとなっている。日本語圏においては日本語教育の隆盛と共に日本語と英独仏中国語などとの対照言語研究が活発化し、日韓対照言語学は日本語と韓国語の構造的な類似もあって、格段の進展を見せている。

名称がよく似た対照言語学と比較言語学は、互いに異なる分野である。対照言語学は基本的には例えば日本語とドイツ語といったように、同時代の二つの言語の対照を行う。時間の観点からは普通、同じ時期の言語を扱うので、共時言語学 (synchronic linguistics) の一分野となる。対照される言語は、それらの類縁性などと係わりなく、選ぶことができる。

これに対し、比較言語学 (comparative linguistics) は、歴史言語学 (historical linguistics) や通

時言語学 (diachronic linguistics) と呼ばれる、時間に沿った言語の変化を扱う言語学の一部である。印欧比較言語学に代表されるように、複数の言語間の歴史的な系統関係を探る。比較言語学は複数の言語を比較して――ここでは普通、「対照」とは言わず、「比較」と言う――、例えば日本語と琉球語は同系だとか、日本語と韓国語＝朝鮮語は同系だとは言えない、などといった具合に、それらの言語が互いに同系かどうかを調べたり、言語の様々な〈かたち〉を理論的に遡って想定し、共通の祖語 (proto-language) を再構 (reconstruction) したりする。一八世紀後半に始まり、一九世紀には言語学の本流をなす勢いであった。青年文法学派と呼ばれた学者たちは「音韻法則に例外なし」とまで高らかに宣言した。

＊比較言語学への入門には風間喜代三 (1978) が解り易く、面白い。古典的な総論としては河野六郎 (1980:150-250) の言語類型論、比較言語学、史的言語学の概説が、それぞれの特徴を把握するのに、捨てがたい。やや専門的なものとして、ロックウッド (1976)、高津春繁 (1950; 1992)、吉田和彦 (1996)、マルティネ (2003) がある。

二〇世紀後半に生まれた対照言語学は、その登場のしかたから、言語学の理論的な中核をなす分野というより、周辺的な、応用言語学 (applied linguistics) の一つと考えられてきた。しかしながら二つの言語を〈対照する〉という方法自体は、言語を考える上では極めて古いものであり、かつ学問的な思考の中核をなす方法であった。古典ギリシア、ローマなどを始め、それらの文法論や辞書学にあっては、多かれ少なかれ、〈対照する〉という方法は常に、言語を考える通奏低音のごときものであった。世界の様々な言語圏に出現した、ラテン語＝英語辞典とか英和辞典のような二言語辞書は、対照という方法の成果だと言える。

対照と差異

現代言語学を基礎づけたソシュールは、〈差異〉ということに注目し、思考原理の位置にまで据えた：

> 言語には、差異しかない——Saussure(1916; 1972: 166)、ソシュール (1940; 1972: 168)

差異（仏 différence ディフェランス）——これこそ現代言語学の根幹を支え、言語学のみならず、構造主義と呼ばれた思想の根幹を支え、さらにはポスト構造主義の時代の思想の根幹にまで流れ込み、二〇世紀の人文思想の伽藍を組み上げる根本概念であった。

ジャック・デリダが『エクリチュールと差異』(*L'écriture et la différence*, 1967) といった書名にも冠したごとく、ポスト構造主義の時代にあってもそれは根本概念として脈々と語られ続けてきた。「差延」と訳されたデリダの造語 différance もまた、「差異」différence を手掛かりに造られたのであった。フランス語の動詞 différer（ディフェレ）は「異なる」のみならず「延期する」の意を有することに基づく造語である。面白いことに、これら二つの単語は、発音は同じく [diferɑ̃s]（ディフェランス）

と変わらず、文字の表記の上だけで区別することができる。〈話されたことば〉では区別できず、〈書かれたことば〉でのみ、即ちエクリチュールでのみ区別し得るわけである。デリダは差異に注目した。では差異の前提は何か？「つねにすでに」先立つ他との関係性のうちの、それがそれであること、即ち自己同一性や同定といったことがらである。差延はこうした問いのうちに生まれた造語であった。差異＝差延をめぐる思考は、かくしてデリダによってぐいぐいと問い詰められてゆく。それを追うのは、ここでの課題ではない。私たちはもっと素朴な、而して言語をめぐる思考にとって緊要な課題の方に立ち止まる。

差異を言い、差延を言う、それらは謂わばある営みの結果として浮かび上がるものである。その営みとは、まさしく何ものかを何ものかと〈対照する〉という営みに他ならない。〈差異〉とは〈対照した後に〉得られる結果である。何ものかを何ものかと〈対照する〉、そうした営みの結果、そこに差異が立ち現れるかもしれないし、現れないかもしれない。対照という営みのないところ、そこに差異は語れない。そもそも何ものかを同定する営み自身が、対照という営みと不可分のものとしてある。もちろん〈対照する〉には二つ以上の〈何ものか〉がなければならない。その〈何ものか〉を位置づけることの中に、まさにデリダが「差延」という概念を用い、考えをめぐらせねばならなかった契機が横たわっている。そこから先の思考はもはや言語学の圏域を超えてしまう。ここで言語学にとって必要なのは、例えば「AはAである」「AはAではない」「AはBと異なる」などといった、同定に関わる営みを、いつも〈対照する〉という営みが包んでいるという点である。〈差異を見出すこと〉と〈対照すること〉は、鶏が先か、卵が先かというようなものに見えるかもしれない。しかし〈差異〉と〈対照する〉は、トートロジーではない。〈差異〉は卵であっても、〈対照する〉ことは、鶏ではない。鶏の〈産みの営み〉だからである。私たちは〈差異〉が動詞ではなく、どこまでも結果として措定し得る名詞なのだという点には、留意しておこう。

なお、対照する、しないに拘わらず、差異とはそもそもの始めから存在するのではないかという問いを、立てる向きがあるかもしれない。だがそれは違う。ソシュール言語学に端を発する、二〇世紀人文思想で言われる〈差異〉とは、単なる一般的な「違い」などではない。それは言語学における〈音素〉(phoneme) の発見にその起源を見るものであった。

音素とは、当該の言語において単語の意味を区別し得る、最小の音の単位を言う。日本語東京方言において、[ka] と [ga] は「…は」のような助詞をつけて発音してみても、同じ型の高低アクセントの単語であるのに、「蚊は」と「蛾は」という異なった意味を実現する。つまり無声子音 [k] と有声子音 [g] だけで単語の意味を区別しているわけである。こうした対《つい》を発見できるがゆえに、日本語東京方言では /k/ と /g/ をそれぞれ異なった音素として同定する。なお、音素は // に入れて表す約束である。

音素は言語ごとに異なるので、例えば /k/ と /g/ は韓国語ではそれぞれが独立した音素ではなく、同じ音素のヴァリアント、異音（allophone）に過ぎない。逆に、音節末の [m] [n] [ŋ] は、日本語では一つの音素 /ɴ/（ん）の異音に過ぎないが、韓国語では、/pam/（夜）、/pan/（半分）、/paŋ/（部屋）のごとく、それぞれが、これら音節末の子音だけで単語の意味を区別する単位、即ち音素となる。言語が異なると、音素も異なるということを見ても明らかなように、差異とはかくのごとく、人の係わりを前提としている。つまり能動的に〈対照する〉ことを前提としている。私たちは謂わば同一言語内での思考に慣れ過ぎていて、差異が人の係わりに立脚する差異であることを、忘れがちである。それは人の係わりなしに論じ得る形一般、Form の違いなのか、人の係わりが現出せしめる〈かたち〉Gestalt の違いなのかは、常に問われねばならない。後者の違いを〈差異〉と呼ぶのである。二〇世紀人文思想においてもこんな重要なことが、しばしば霞んでいて、〈差異〉がしばしば〈物理的な違い〉などと同一視されたりもしてきたのであった。

この点は「構造」という概念についても同様の問題が横たわっている。「構造」ということばで論じる際には、それが人の係わりのないところでも成立するような、形一般、Form を基礎にした「構造」なのか、それとも人の係わりを前提とするような、〈かたち〉Gestalt を基礎にした「構造」なのか、あるいはまた、全く別の機制に係わる「構造」なのか、総点検せねばならない。「構造主義」をめぐっては、これらの混濁のうちに、〈人〉が霞んでいったのである。

印欧比較言語学の出発、ウィリアム・ジョーンズの驚き＝対照的な視座を共有する

イギリスの弁護士、ウィリアム・ジョーンズ（William Jones, 1746-1794）はペルシャ語の文法書を著し、アラビア語やサンスクリットの翻訳をもなした東洋学者でもあった。東インド会社によってインド、カルカッタ、今日のコルカタに赴任する。そしてサンスクリット語に、ギリシア語やラテン語との強い類似性を見、さらにそうした言語が共通の起源から派生した可能性を見た。サンスクリットとヨーロッパの言語とをまさに〈対照する〉ことから得られたこの認識は、印欧比較言語学が誕生する、決定的な引き金となったのであった。ヨーロッパにおける比較言語学の登場こそ今日的な意味での学問としての言語学の誕生であった。

インド＝ヨーロッパ語の共通祖語の構想を述べた、Sir William Jones(1786: 422-423) の驚きを垣間見よう。まさに私たちがこの二一世紀に、新しい教科書を開いて、見知らぬ言語に初めて触れるときの、歓びに満ちた驚きから、ジョーンズのこの一八世紀の驚きは、決して遠くない：

サンスクリット語は、その古さにもかかわらず、素晴らしき構造を有する。ギリシア語よりも完全であり、ラテン語よりも豊かであり、それらいずれよりも精緻であって、さらにまた動詞の語根や文法諸形式の双方において、偶然に産出されたとは思えぬ、それらの言語への強い類縁性を有す。この類縁性の強きは、いかなる文献学者とて、それら三つの言語を全て調べるならば、おそらくはもはや存在せぬ、ある共通の源から沸き出でしことを、疑い得ぬであろう。（引用者訳）

なんだ、これも似ている、ここもそっくりだ、おお、何ということだ！　これらはもともと同じ言語から発しているのではないか？　学者としてのウィリアム・ジョーンズの硬質なことばの奥には、まるで少年のような、知的な発見の喜びが、透けて見えるかのごとくである。少年少女たちが、あるいは青年たちが、母語でない言語を学び始めるとき、そこには無意識のうちに〈対照する〉という契機が宿っている。そうした契機の萌芽は、その後の学習＝教育の過程で知的な問いの歓びと共に生育することがある。そうした歩みのうちで、人は誰しもちょっとした言語学徒になるのである。逆に、問うことを失い、言語を一方的に受容するものとして歩むとき、せっかくの萌芽は萌芽のままで朽ち果てる。「この言語はこうなっているから、これを覚えよ」と一方的に押しつけられる、学習＝教育の軛《くびき》を脱して、私たちには目的意識的に〈対照する〉という問いを選択してゆく権利がある。

対照言語学は、そして対照という方法が、見えないものを見る

ウィリアム・ジョーンズの発見は、比較言語学の出発点となった。その具体的な研究の実践においては、言語と言語を対照するという営みに、根底で支えられていたことが解る。対照することで、何が同じで、何が異なるということが、解る。そうしたことは対照言語学について書かれた、多くの記述が異口同音に語るところでもある。ところが、〈対照する〉という営みには、複数の言語の同一性と差異を明らかにするということだけではなく、今一つ決定的な方法論的優位性が存在する。

例えば日本語を対象として研究する。もちろん日本語のことが様々に明らかになる。ただしそれは日本語という言語の内側から見える限りにおいてである。しかし日本語と著しく異なる英語や中国語のような言語と照らしたり、日本語と構造的に最も近しい韓国語＝朝鮮語と照らしたりすることによって、内側から照らすだけでは、決して見えなかったものが、見えて来るのである。

日本語には「てにをは」と呼ばれる助詞がある。同様に満州語、モンゴル語、トルコ語といったアルタイ語型の言語にも助詞が存在するし、韓国語＝朝鮮語にも助詞が存在する。面白いことに、韓国語には日本語の「は」と「が」のそれぞれと働きがよく似た助詞がある。「は」と「が」の両方を備えた言語は稀であって、言語学者たちの関心を引くところでもある。

例えば先にも言及した、言語相対論やサピア＝ウォーフの仮説で知られる米国の言語学者、ベンジャミン・L・ウォーフ（Benjamin Lee Whorf, 1897-1941）は、日本語の「日本は山が多い」といった文を例に挙げ、この「は」と「が」のことに言及している。B・L・ウォーフ（1993: 224-226）から見てみよう。

「日本語の美しいパターンの一つとして、文には資格を異にする二つの主語があってよいということがある」。説明のしかたも面白い。英語ではいわゆる直接目的語と間接目的語という、資格を異にする二つの目的語がある。「同じような考え方を主語の場合にも適用するなどとは、われわれはおそらく考えても見なかったであろう」。いかにも驚きを隠さずに説いている。あたかもそれと同様に、主語1、主語2という二つの主語があるのだと説明する。「図示してみると、それぞれの主語から引かれた線が二本とも同一の叙述部のところで合流する形になる」といった記述は、さすがである。ここでウォーフが行っているのは、〈日本語を、自らの母語である英語に照らす〉という営みなのである。二つの言語を対照するということによって、日本語のことが見えるし、英語のことも改めて見えてくる。ああ、そう言われてみると、目的語が二つあるなんてのも、面白いことだな、英語話者のそうした小さな感嘆の吐息が聞こえて来るかもしれない。

日本語と同様の「は」と「が」に相当する助詞を有する韓国語であれば、「象は鼻が長い」を知ると、「象が鼻は長い」「象は鼻は長い」「象が鼻が長い」なども簡単に造れるし、語順を変えて、「鼻が象は長い」「鼻は象は長い」などもすぐに造れる。もちろん「象、鼻は長い」などといったものも瞬時に造れる。これらの違いを英語に訳し分けるなど、なかなか至難の業であろう。これが韓国語では造作のないことである。ここでは日本語と英語、日本語と韓国語という対照それぞれが、異なった結果を招来している。

対照という方法が有効なのは、何も異なった言語間だけではない。同じ日本語の内部での対照を挙げるなら、例えば『源氏物語』の言語について考察するなどといったことを、考えてもよい。『源氏物語』のテクストを隅から隅まで調べ上げる。調べれば調べるほど、いろいろなことが解るだろう。だがもしそこに〈対照する〉という接近法を加えたとする。『浜松中納言物語』『夜の寝覚』といった一一世紀のいわゆる物語文学の言語と対照してみる。あるいは一〇世紀、『竹取物語』や『宇津保物語』など伝奇物語の言語と対照してみる。そうした対照によって、『源氏物語』の言語だけを見ていたのでは、決して見出せない、様々なことどもが見えて来るであろう。それらの対照でも見えなかったものが、こんどは『栄華物語』『大鏡』など歴史物語と呼ばれるテクストの言語と対照することによって、さらに見えてくるかもしれない。

『源氏物語』のテクストには現れても、他のテクストには現れない語彙や文法形式、その逆に、『源氏物語』のテクストには一つも現れないのに、他のテクストにはいくつも現れる語彙や文法形式といったものは、少なくともまず鮮明に明らかにし得る。なぜそうなのかといった、その次の段階の考察への根拠を、言語事実という形で獲得し得るわけである。それらは『源氏物語』だけ見ていても、決して解らなかったことである。

他に照らすことの根源的な意義

要するに、ある一つの対象を考察するにあたって、その一つを他と対照してみるということは、他との同一性や差異を発見できるだけではない。一つだけを見ていたのでは、決して見ることのできなかったものが、見えるのである。対照する営みは、〈見えなかったものを、見る〉ということを、可能にしてくれる。そうであるとするなら、私たちは〈対照する〉という方法を、言語を生きるにあたって、戦略的に位置づけてよいではないか。——他に照らすことによって、見えないものを、見る。

他と対照するといったことは、学問だけではなく、私たちの生の中で、誰もが多かれ少なかれ行っていることである。「人の身になって、考えようよ」などといった発話が表すところは、厳密さはともかく、私たちの生におけるそうした対照の形の一つである。ここではそうした断片的な方途としてだけでなく、言語と言語場の総体を前に、全体論的な、そして根源的な方法として位置づけることが、決定的に重要である。その場その場の単なる戦術ではなく、私たちが言語を考え、言語を問い、言語を生きる上での、目的意識的な戦略的方法として、〈対照する〉ことを位置づけるわけである。

言語間の対照であれば、日本語にとっては、英語や中国語のように全く異なった構造の言語と照らし合わせることと並んで、韓国語＝朝鮮語のように構造的には最も近しい言語との対照が、極めて有効である。日本語と韓国語を対照する日韓対照言語学は、今日の対照言語学のうちではおそらく最も活発でかつ進んでいる分野の一つだと見てよい。音論、語彙論、文法論、そして談話やテクストの対照に至るまで、日々多くの研究がなされている。この分野では、韓国から日本語圏にやって来た留学生や研究者たちが、極めて大きな役割を果たしている。この点は、注目すべきである。

そして先の〈話されたことば〉論や敬語論の例でも見たように、金珍娥（2013）のごとく、それは日韓対照研究をいうドメインを超えて、日本語学の本体をも書き換える仕事となっている。つまり日韓対照研究はもう日本語学の周辺的な一隅を照らす研究ではなく、日本語学の核心中の核心、日本語学の決定的な本流を形造る分野となっているのである。いったいいかなる方法によって？　対照するという方法によって。他に照らすという視座によって。内側だけから見るのではなく、広く外からも見るということによって。

「先週、どこどこへ行って来たよ」という友人Aの発話に対して、「だめじゃん、私も誘ってくれなくちゃ」とBが言う――こういった日本語の対話があったとする。このBの発話を〇〇語では何と訳したらいいだろう。こうした問いはいくらでも立てることができる。言語学習＝言語教育の場でもよいし、翻訳といった営みの場でもよい。答えはいろいろな言語でいろいろに言うことが可能だろう。韓国語＝朝鮮語であれば、ほとんど一対一的に語彙を置き換えても、とりあえず意味は通じるほどに、

訳することができる。Bの発話例を日本語に直訳して表すなら、「あれ、私も呼んでくれなくちゃ」とか「ええ？　私にも言ってよ」などを始め、日本語をそっくり写したような表現でも、幾通りにも言える。ところで韓国語の母語話者であれば、「何で私呼ばなかったの？」（왜《ウェ》 나《ナ》 안《アン》 불렀어《ブルロッソ》？）とか「どうして私に言わないわけ？」（왜《ウェ》 나한테《ナハンテ》 말《マル》 안《ア》 했어《ネッソ》？）などといった、反語的な疑問文の形が真っ先に浮かんだかもしれない。つまりこうした類いの言語場では、私なら何と言うだろう、そう考えれば、こうした発話がまず浮かぶことが、母語話者にとっては、少なくないだろう。もちろんこうした形も日本語にもある。面白いのは、韓国語のとりわけ話しことばの文体では、日本語に比べると、こうした反語的な疑問文、修辞疑問文が極めて多用されるという点である。幾度か述べたように、日本語と韓国語はその構造がそっくりである。ゆえに似たような形の表現はかなりの程度で造ることができる。右の例もそれに漏れない。しかしそこには言語ごとの表現の仕方の偏りといったものが、明らかに存在する。何によって解る。対照することによって。

日本語と韓国語＝朝鮮語ではこんな面白いこともある。またしても日韓対照研究、今度は金恩愛《キム・ウネ》(2003)から引こう。「雨の日に会ったためがねの子、覚えてる？」を韓国語では何と言うか。韓国語にも日本語の助詞「の」に相当する「의《エ》」という助詞がある。だがここでの「雨の日」や「めがねの子」の「の」には使いにくい。韓国語では「비《ピ》 오던《オドン》 날《ナル》 만났던《マンナットン》 안경을《アンギョンウル》 낀《キン》 애《エ》 기억나《キオンナ》？」、直訳すると「雨降ってた日会ったためがねかけてた子、記憶出る？」と言う。「何か探し物？——うん、忘れ物。」は「뭐《ムォ》 찾는《チャンヌン》 거야《ゴヤ》？——응《ウン》、좀《チョム》 잊어버려서《イジョボリョソ》.」直訳すると「何か探すの？——うん、ちょっと忘れちゃっ

て」。同稿はこうした多くの用例を調査、収集している。つまり日本語では名詞的な表現で表すところを、韓国語では動詞的な表現で表すという、言語ごとの大きな傾向があることを、計量的な方法も交えた対照によって、説得的に明らかにしている。このように、あることがらを言語上でいかに表現するかという、表現のあり方の総体を〈表現様相〉と呼ぶ。同稿は日本語と韓国語の対照言語学的な表現様相論の事実上の出発点となった。

「雨の日に…」という例文は、日韓対照言語学や韓国語教育の多くの論考に引用され、日本語学で「ウナギ文」と呼ばれる「ぼくはうなぎだ」(=うなぎを注文した)ほどとはいかぬまでも、広く知られるところとなった。「雨の日文」というとでも言うべきところである。こんな例も見てみよう。「カツ丼の方は?」が「가쓰돈《カスドン》 시키신《シキシン》 분요《ブンニョ》?」、逐語的に分析すると、「カツ丼・注文なさった・方は・ですか?」となる。つまり日本語では助詞「の」で支えられている表現が、韓国語では動詞を用いて明示的に表されている。換言すれば、一方の言語で描かれているものが、他方の言語では描かれていない。

このような事態を前に、既存の対照研究であれば、一方は「場面依存性が高い」のに対し、他方は「低い」などと言って、済ませるであろう。そうした議論では「場面依存性が高い」ので動詞は「省略された」などと語られてきたわけである。それでは全く何も言っていないに等しい。ところが、金恩愛(2003)にあっては、そうした乱暴な、それこそ文字通り言語場に依存しきったような、安易な切り捨てはしていない。そこでは名詞を志向する構造なのか、動詞を志向する構造なのかといった具合に、ことばそのものをいかに造るかを、探らんとしている。そのことによって結果として、その言語は、いかなる言語場にあって、何を描き、何を描かないかという問いを、浮かび上がらせているのである。つまり、問いを〈その言語は何を描き、何を描かないか〉という方向で、立てることが可能になる。

【図】二つの言語を対照するとそれぞれの言語が描くものと、描かないものが見えて来る

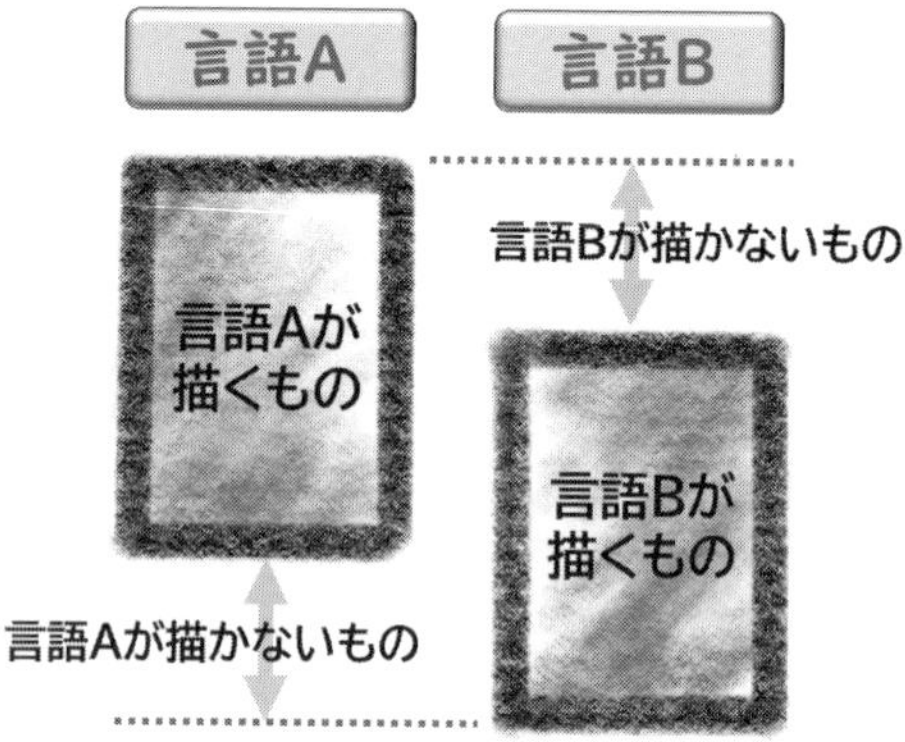

こうした〈表現様相論〉が歩み得る彼方を、言語存在論的な観点から照らすと、次のようなことが浮かび上がる。〈表現様相を可視化する〉ということは、究極的には、形態の対照、概念装置の対照に留まらず、言語が行われる場、即ち〈言語場〉の中で、いかなる表現のあり方を選択するか、言語が〈いかに表現するか〉を描くと同時に、まさにそのことによって〈いかに表現しないか〉ということまでをも、描き得るということ。

言語がいかに描くかはその言語だけ見てもわかるが、いかに描かないかは、ただただ対照研究というプリズムを通して

のみ垣間見ることができる。ここで重要なのは、言語の表現様式について〈いかに描かないか〉という形で目的意識的に問いを立てることができるようになったことである。〈いかに描くか〉のみならず、〈いかに描かないか〉をも言語に係わる私たちの問いの形とし得るということ、これこそ言語を生きる構えを得んとする私たちにとっても、大切なことだ。

自らのことばで、こう描き、これは描かない、当然のこと、他者のことばにあっても、こう描いていて、こうは描いていない、意識的にせよ、あるいは気づかないままにせよ、ここは隠されている、などといったことも射程に入れることになる。要するに、何かを語るとは、何かを語らないということでもある。

いかに描くか、いかに描かないかという問いであればなおさらのこと、言語場から切り離された文や単語を、標本のごとく扱うのではなく、〈話されたことば〉や〈書かれたことば〉が実践される、リアルな言語場のただ中から言語を照射する。言語学はもちろんのこと、私たちが言語についての構えを鍛え上げるためにも、〈いかに表現しないか〉という問いが、自らの大切な課題として意識化されねばならない。そしてそうした課題の遂行には、〈対照する〉という根源的な営みが、決定的な水路となってくれるのである。

複数の言語で読む

〈対照する〉という営みの意義を見る上で、言語研究の場から、言語学習＝言語教育の場へとまた目を転じてみよう。私たちが〈書かれたことば〉を読む。その際にも、〈複数の言語で読む〉という方法が、私たちの言語の学びや言語への問いにとって極めて有効であることを、付け加えておこう。
先に三―二や四―三において日本国憲法の例を見た。「国民の基本的人権」というミサイル話法のことばに埋め込まれた、民族排外主義、国家主義イデオロギーという地雷の存在が、例えば英語でそれを読むことを手掛かりにすることによって、透けて見えて来るのであった。「国」民の権利ではなく、「人」の、human な「権利」rights。もちろんこれとて、単に英語で読むだけでは見えない。それはどこまでも手掛かりに過ぎないのであって、日本語と英語を対照するということを通じて、それぞれのことばにぎりぎりと肉迫する必要がある。

万葉仮名という上代キラネーム法

あるいは『万葉集』を英語で読む。おそらくそこには汲めど尽きせぬことばへの問いが湧出《ゆうしゅつ》するであろう。実は英語までと行かずとも、『万葉集』を現代日本語と対照しながら読む、といった営みも、対照的な方法である。〈書かれたことば〉なので、万葉仮名の原文と照らし合わせることができる。

巻頭「こもよ　みこもち」で始まる雄略天皇の歌をつぶさに見るだけでも、それはそれは面白い発見があるだろう。「仮名は万葉仮名からできた」などという乱暴な言説も疑ってみることが、可能になるだろう。「あ」は「安」から、「い」は「以」から、「う」は「宇」からできた…という延長で万葉仮名を考えがちである。「篭もよみ篭持ち掘串もよみ掘串持ち」の一節は「籠毛與　美籠母乳　布

久思毛與　美夫君志持」と書かれている。ここだけでも既に「もち」は「母乳」と「持」の二通りの表記が現れている。他にも「岳＝をか」「吾＝われ」「家＝いへ」「山跡乃國者＝やまとのくには」といった訓読みが用いられている。「毛＝も」「美＝み」「久＝く」のような音読みと混在しているわけである。中西進校注(1978)。つまり万葉仮名は、一文字一音節を原則とする音仮名と、一文字複音節を許す訓仮名が混在していることが、すぐに見て取れる。この点ではっきり解るように、「仮名」とは呼ばれていても、万葉仮名は平仮名や片仮名とは本質的、原理的に異なったシステムである。

今日の日本語で漢字の音訓に加え、外来語までも宛てて自在に読ませる、「キラネーム」と呼ばれる命名法がある。ネット上にはこんな例が駆け巡っている。「田中 宇宙戦艦＝たなか やまと」「柑夏日向＝かんな ひなた」「希星＝きらら」「和夢＝なごむ」「七音＝どれみ」「男＝あだむ」。万葉仮名から見れば、こうしたキラネーム群は大いに理のある漢字の極限用法だとも言える。万葉仮名は謂わば上代キラネーム法の集積であった。

漢字の音訓を用いて自分の言語を表す方法は、日本語圏よりもさらに古く、高句麗や新羅に見られたものである。朝鮮語学では漢字で朝鮮語を表す方法を〈借字《しゃくじ》表記〉と呼んでいる。ただ残念なことに高句麗や新羅の借字表記は朝鮮語圏では一般化されず、後世に伝わることもなく、絶えてしまう。仏典漢文の訓読などでごく一部が残っただけであった。それゆえ、人名地名を除いては、朝鮮語は基本的に書かれることがなかったわけである。一五世紀朝鮮王朝に至り、訓民正音＝ハングルが登場する理由は、まさにここにある。

五―二　展開の言語――翻訳という言語場

日本語ヴィトゲンシュタイン、英語ヴィトゲンシュタイン――翻訳論

複数の言語で読むことを考えるなら、当然のこと、〈翻訳〉ということについても思いを致さねばならない。

言語存在論的な視座から見ると、大きさと深さも、言語をめぐる思想の上では、やはりヴィトゲンシュタイン（Ludwig Johann Wittgenstein, 1889-1951）は圧倒的であって、翻訳を考えるにも、何かと面白い。その代表作の一つ『論理哲学論考』のごく一部を手掛かりに考えてみよう。これを例に採るのには、三つの理由がある。第一に、哲学などのいわゆる言語論的転回（linguistic turn）の重要な結節点となるテクストであること。言語を鍵に様々な哲学的、知的問題を考えることとなった言語論的転回は、米国の哲学者、リチャード・ローティ（1931-2007）が編んだ Richard Rorty (eds.)(1967) *The Linguistic Turn* で広く知られるところとなったのであった。第二に、論理的な文章であること。このことは翻訳を考える例として、都合が良い。逆に、例えば一見論理的な文章に見えても、言語という観点から見たとき、ハイデガーのような、ロマン主義的な曖昧さ、ごまかしがあちこちにあるのでは、翻訳を考える以前の問題が多過ぎて、ここでの考察の核心がぼやけてしまうのである。第三に、それが最初からドイツ語と英語の対訳書として刊行されたこと。

ヴィトゲンシュタインはオーストリア、ウィーン生まれで、ドイツ語が母語であった。その著作、Wittgenstein(1922) *Tractatus Logico-Philosophicus*『論理哲学論考』は、初め独英語の対訳で刊行されたのであった。これは記憶されるべき事態である。飯田隆編(2007: 377-382)によれば、ヴィトゲンシュタインの『論理哲学論考』の英訳は、当時一八歳であった英国のフランク・P・ラムジー(Frank Plumpton Ramsey, 1903-1930)が担当したと言われる。それもタイピストによどみなく口述──〈話されたことば〉だ! ──したらしいと。ところでやはり同書の出版に係わりがあった、英国のチャールズ・ケイ・オグデン(Charles Kay Ogden, 1889-1957)と、今一人、アイヴァー・アームストロング・リチャーズ(Ivor Armstrong Richards, 1893-1979)との共著に、意味論の古典たるオグデン・リチャーズ(1967; 2001: 262-263)、その名も『意味の意味』*The Meaning of Meaning*(1923)があるのも、ことばと意味と翻訳を考える縁《えにし》と言うべきか。ところで『論理哲学論考』のドイツ語については、日本語での訳と注釈に木村洋平(2010)がある。原著についての同書のような言語的な接近は、言語圏を跨《また》いで知が翻訳によって通行する中で、もっと試みられてよいはずである。

さて実際に実現されているわけであるから、ドイツ語=英語の対訳は可能だったろうが、出発が、ドイツ語=日本語とか、ドイツ語=韓国語などであったら──そもそもそんな二言語対訳が言語的にどのように可能だったかも気になるところであるが──、それでもヴィトゲンシュタインの哲学は現在と同じような様相を呈していたのだろうか。

翻訳世界とはその言語場に生まれ落とされて在る、全てである

ここで『論理哲学論考』の日本語訳を見てみよう。訳者ごとにそれぞれ随分と趣が異なっていることが、見て取れよう。最初の決定的な一文を見る。前書き、序文を除けば、テクスト内部には一切の既知情報がない、全テクストの開始を告げる一文なので、ここでの検討には素直に向き合ってよい：

1. Die Welt ist alles, was der Fall ist.
1. The world is everything that is the case.

右が原文である。独英対訳となっている。これに対する日本語訳を観察してみる。併せて韓国語＝朝鮮語訳とそこからの重訳を引用者が付してみる。前述のように、韓国語の語順は日本語とほぼ同様である。韓国語訳に（　）で挿入されている漢字表記も原文のまま：

一・世界は、成立していることがらの全体である。——坂井秀寿訳 (1968: 61)
一・世界とは、そうであることのすべてである。——永井均訳 (1995: 54)
一・世界は、実際に生起することのすべてである。——黒田亘訳 (2000: 65)
一・世界とは、その場に起こることのすべてである。——山元一郎訳 (2001: 40)
一・世界とは出来事たる一切である。——中平浩司訳 (2005: 12)

一・世界は成立していることがらの総体である。——野矢茂樹訳 (2006: 28)
一・世界とは、かくあることのすべてである。——橋爪大三郎訳 (2009: 70)
一・世界は、そうなっていることのすべてだ。——木村洋平訳 (2010: 20)
一・世界は、そうであることのすべてである。——丘沢静也訳 (2014: 6)
一・세계（世界）는 사례（事例）인 것 모두이다。——朴煐植《パク・ヨンシク》・崔世晩《チェ・セマン》訳 (1985: 9)
（世界は事例であることの全てである。）
一・세계는 성립되어 있는 사항들의 총체이다。——김양순《キム・ヤンスン》訳 (1994; 2008: 33)
（世界は成立している事項《ことがら》たちの総体である。）
一・세계는 일어나는 모든 것이다。——이영철《イ・ヨンチョル》訳 (2006: 19)
（世界は起こる全てのことである。）

三—二で述べたように、右のそれぞれのテクストが、それぞれの言語的対象世界を構築するのだということに、思いを致したい。訳の巧拙などではなく、どれほど似ていて、どれほど異なっているかが、ここでの関心事である。まずことばが異なっていて、私たちのうちにあっては、それらを前に実践的に立ち現れる言語的対象世界も、異なってくる。実は微細に見ていくと、これらテクストがどのような順で配列されていて、どのような順に見るかさえも、違いに係わってくる。配列順は本書が参看した書の刊年に基づいているので、それぞれの初訳初出とは限らない。

それぞれの訳文を見てみよう。「世界」は共通しているので、よいとして、「は」「とは」の助詞が違う。日本語訳で「全体」「すべて」「一切」「総体」と分かたれる独語 alles は、英語 all と同根で「すべて」。しばしば漢字を用いて語義を示そうとするユニークな独和辞書、佐藤通次 (1961: 47) によると、alles は「総」であって、ganz が「全」、語源的には英語の either と同根の jeder が「各」だとされている。なお小西友七・南出康世編 (2007: 616) によれば、英語 each は「個別的」、all は「包括的」、every は each と all の意味をあわせ持つとされる。

次の alles, was der Fall ist と everything that is the case の従属節の日本語訳の違いが面白い。was は what に相当する関係代名詞。der Fall は、「落下」「出来事」「場合」「(文法の) 格」で、英語には「落下」「転落」「秋」の意の fall があるが、それとは別に、case がラテン語 cāsus「落下」「格」から来ていることと重なる。alles, was der Fall ist は「(なるほど) そう (だと言えるよう) なことのすべて」「(確かに) そうあるところのすべて」ほどの意であろう。一種の慣用的な表現ではある。英語だと is にあたる動詞 ist の位置が末尾にあって、英語、everything that is the case の is の位置と異なるのは、従属節内で動詞が後置される独語の統辞論的な在りようによる。

独語と英語では、こうした従属節を形造る単語も統辞論も、両言語を貫いて、概ねよく似ている。さらに言えば、単語の数も同一、元《エレメント》の位置が互いに動いているだけで、少なくともこの一文の独英語は、写像的ですらある。ところが日本語の方は、der Fall などに無理矢理結びつきを求めて言えば、「すとんと落ちてそこにあるそのまま」、さらに強引に、我々の目の前にあって、「腑に落ちるようなことども」などとしたとて、所詮はこじつけの域を出ない。いかにも距離感が拭えない。ただ、「確かに」とか「なるほど」と書いたような、発話者の主観的な思いに係わる語彙、即ち法性的《ほうせい》(modal)な語彙を排除すると、日本語で先に挙げたほどの訳となることは、頷《うなず》けよう。どれも工夫してあって、まさに、「腑に落ちる」。日本語訳のうちでは、従属節の時制が「その場に起こる」と「成立している」「そうなっている」が少々異なっていて、「成立している」と「そうなっている」も感じは違う。「成立」「生起」といった漢語が現れると、一々それに対応する原語を求めようとするのも、日本語話者の性《さが》と言うべきか。ある意味では恐ろしいことではある。「出来事たる一切」はまるで仏教的なごとくに、なかなか思い切っている。原文の文体、スタイル自体がテーゼのように書いてあることもあって、こんなふうに訳語も余計に一々気にはなる。

右のようにたった一文を見ただけでも、独語と英語の写像的な近似性に比べ、日本語との距離感は目立つ。もちろん韓国語=朝鮮語でも独英語とは同様の距離感が生ずることが、見えるだろう。まるで独語ヴィトゲンシュタイン、英語ヴィトゲンシュタイン、韓国語ヴィトゲンシュタイン、日本語ヴィトゲンシュタインといったごとく、言語ごとに少しずつ違ったヴィトゲンシュタインでも存在しているかのごとくである。さらには同じ日本語の内部でも、訳者ごとのヴィトゲンシュタインがあるかにまで見える。

とりわけ、名辞として何を据えるか、文法的に言えば、何を名詞として立てるかは、特にこうした哲学的な言説にあっては、距離感の隔たりを構成する、決定的な因子となる。どの日本語の訳文でも困っているように、独語 der Fall、英語 the case だけでは、日本語や韓国語では独立した名辞には据えにくい。この文脈にあっては、was der Fall ist や that is the case といった副文、従属節全体で初めて言語的対象世界がはっきりとした輪郭を見せるであろうから。

とにもかくにも、ここに見えるように、まずもって翻訳の世界とは、その言語場に〈かたち〉となって産み落とされている全てである。そしてそのような膨大な翻訳世界が既にずっと存在してきたということが、私たちにとっては出発点である。

〈無名ハ〉と〈名無キハ〉の間――総合と分析の翻訳論

様子は違っても、言語間の距離感といった点では、中国語のようなタイプの言語も少なからぬ距離感を示す。例えば、よく知られた『老子』の冒頭に見える、「無名天地之始、有名万物之母」といった古典中国語＝古典漢語のテクストを見る。そこにおいても、「無名」を「無名」という名詞として訓読するのか、例えば「名無キハ」のように、内部に述語を有する名詞節として訓読するのかによってさえ、言語的対象世界には差が現れるわけである。さらに面白いことに、蜂屋邦夫訳注（2012: 13-14）『老子』によれば、これを「無名」で切って、「名無きは天地の始め」と読む伝統的な説と、「無」で切って、「無は天地の始めに名づけたもの」と読む、宋の司馬光などの説があるという。

ポリグロットで知られる思想史家、井筒俊彦（1914-1993）の Toshihiko Izutsu (translated and annotated) (2001: 28-29) は、『老子』のこの二句を次のように英訳している：

無名天地之始、有名万物之母
The Nameless is the beginning of heaven and earth.
The Named is the mother of ten thousand things.

「無名」が the Nameless、「有名」が the Named と訳されるとき、単一の名詞としての、存在感、輪郭の明瞭さが嫌でも浮かび上がることが、見える。単独の名詞として名づけ得るような対象の存在が、私たちの言語的対象世界にアクティヴェイトされてゆく。なお a different possible interpretation (p. 26) として、The Nameless に Non-Being (or Nothing) を、The Named に Being があり得ることを、記している。

名詞類と動詞類の対立は、Heidegger(1976: 71) に見えるハイデガーの In-der-Welt-sein、この語順のまま英語に逐語訳すると in-the-world-be、Heidegger(1962: 78) のように、より英語らしく言えば Being-in-the-world を、〈世界 - 内 - 存在〉や「世界＝内＝存在」と訳すのか、〈世界のうちに在る〉〈世界・内に・有り〉〈世界のうちに在ること〉などと訳すのか、といった距離感にも通底する。

＊〈書かれたことば〉では、ここでも用いているように、〈　〉や「　」などの符号類も一定の役割を果たしている。〈世界のうちに在る〉を、とか、〈世界のうちに在る〉について、のように被引用部が文の形をしていても、それが名詞の働きをすることが、符号類によって明示化され易い。また、「学校に行く、学校に行かないを、問題にする必要は、ありませんよ」のように、引用されたことばは、名詞の機能を果たすのが、ごく普通のことである。野間秀樹（2009c,

2012c: 248-252) 参照。

こうした問題は、つとにアリストテレス（Ἀριστοτέλης, Aristotelēs, 384-322 BC）の著、アリストテレス (2013: 14) がその『カテゴリー論』(*Κατηγορίαι*, *Categories*) の中で、述べたこととも、大いに係わっている。「ものごとが語られる場合、組み合わせにもとづいて語られるものと、組み合わせられずに語られるものとがある」とし、前者の例に「人間が走る」(ἄνθρωπος τρέχει, man runs)、「人間が勝つ」(ἄνθρωπος νικᾷ, man wins)、後者の例に「人間」(ἄνθρωπο, man)、「牛」(βοῦς, ox)、「走る」(τρέχει, runs)、「勝つ」(νικᾷ, wins) といった単語を挙げている。Aristotle(1938; 1983: 14-15) から ( ) 内に引いた英訳を見ると解るが、動詞は to run のような不定形ではなく、runs のようにいわゆる三人称単数現在の、人称や時制などをも併せ持った、定動詞の形で示していることも面白い。謂わば to do のように抽象化された概念としての性格が濃い単語の形によって、例示しているのではなく、具体的な文の統辞論的な枠に入った、does のような形の方を考えながら、例示しているわけである。

アリストテレスの右のような「組み合わせ」の有無の区別は換言すると、複数の単語を用いた統辞論的な方法と、単独の単語による語彙論的な方法があることを、説いていることになる。こうした例を前に私たちはすぐに例えば〈名辞〉や〈判断〉などといった論理学的な平面に思考を移したくなるわけだが、言語存在論的な視座からは、そこで一度踏み止まって、まず言語上の表現様式のありようとしてじっくりと観察したい。

言語の表現様式の観点からは、あるいはまた、「青空」「味読」のような一単語に総合して名づけるのか、「青い空」「味わって読む」という複数の単語に分析して名づけるのか、つまり〈総合的なかたち〉と〈分析的なかたち〉との選択として考察することもできる。なお、こうした〈総合的なかたち〉と〈分析的なかたち〉の問題を、言語上の変形によって一気に例えば「SはPである」というような〈判断〉の問題として解析したくなる誘惑に駆られるかもしれない。ここではそうした「変形」は推奨しない。言語の上では「青空」の「青」と「青い空」の「青い」は決して記号論的な等価物のようには扱えないものだからである。長い文法論になるので、この問題はここで擱《お》こう。

名詞によって「もの」や「こと」のようにはっきりした輪郭を持った静的な対象として形造るのか、動詞述語を用いて、動的な対象を形造るのか、といった違いは、言語の起源に現れた単語が、名詞的なものだったのか、あるいは動詞的なものだったのかという、西欧における言語論争にもどこかで繋がっているように思われて、これはまたこれで面白い。

＊名詞的＝静態的なものと、動詞的＝動態的なものをめぐっては、カッシーラー(1989: 369-398)、チャン・デュク・タオ(1979: 122-213)、アンドレ・マルティネ(2003: 238-250) 参照。またCharles Bally(1932; 1965: 345-362)、シャルル・バイイ(1970: 388-409) の "Formes statiques de l'expression"「表現の静態的形式」の議論を参照。そこでは「われわれドイツ人はわれわれを取りまくものを働きつつあるもの、Wirklichkeit としてあらわし、ラテン的ヨーロッパ人はこれを物的なもの、réalité としてあらわすということは、精神の根本的差異を、そしてわれわれがこの世界にたいしてまったく異なるやりかたで対していることを示している」という、オーストリアの作家、ホフマン

スタール (Hugo von Hofmannsthal, 1874-1929) が言う対比に首肯し、そこからフランス語の「静態的」言語としての性格を論じている。さらに別の視角から國分功一郎 (2017: 216-228) も面白い。

〈美しい花が在る〉〈花の美しさが在る〉そして〈花が美しい〉——形容詞述語文の〈かたち〉

名詞的、動詞的という対立の一方では、日本語や韓国語＝朝鮮語では形容詞述語が存在するのに対し、英独仏語などでは形容詞単独では基本的に述語をなさない点も、言語的対象世界の構築に差をもたらす、面白い違いとして注目される。日本語や韓国語では形容詞は動詞の仲間、用言 verbal(s) であり、英独仏語などでは形容詞は名詞の仲間 nominal(s), 羅 nōmen (nōmina) である。

日本語圏の文芸評論家、小林秀雄 (1902-1983) は、美しい「花」がある、「花」の美しさという様なものはない、と言った。小林秀雄 (1961: 77-78, 初出は 1942)「当麻《たえま》」。ちょっと押さえておかねばならないのだが、これらは言語外現実について述べられているわけではない。これらはいずれも〈美しい花〉とか〈花の美しさ〉といった、言語的対象世界における名詞的な造形を焦点として語っているものである。私たちはことばによってアクティヴェイトされた言語的対象世界の造形を、言語外現実に照らし合わせようとするがゆえに、面白さを見出すわけである。

日本語でこのように語られるところの、それらが〈ある〉かどうかについては、例えば英語ならば be などという動詞に支えられた述語文として、〈かたち〉が造られる。

ところで実のところ日本語や韓国語＝朝鮮語では、〈花が美しい〉＝〈꽃이《コチ》 아름답다《アルムダプタ》〉とか、〈花

は美しい〉＝〈꽃은《コチュン》 아름답다《アルムダプタ》〉などといった形容詞述語文が、動詞述語文とは別に、堂々たる位置を占めている：

述語文の類型	主語	述語（述部）	主語	述語（述部）
形容詞述語文	名詞（＋助詞）	形容詞	花は	美しい
	名詞（＋助詞）	形容詞	꽃은《コチュン》	아름답다《アルムダプタ》
動詞述語文	名詞	動詞＋形容詞	Flowers	are beautiful

助詞「は」と「が」あるいはそれらの有無の問題、英語の冠詞類の問題、英語の単数と複数をめぐる問題などは、それぞれがとても面白い問題なのだが、それらはとりあえず捨象して、文の構造だけに注目してみよう。日本語や韓国語の形容詞述語文には英語のbeや、独語であればsein《ザイン》などという動詞の姿は、片鱗も見えていない。日本語や韓国語の〈花が美しい〉とか、〈花は美しい〉という造形における、〈美しい〉〈아름답다《アルムダプタ》〉という〈かたち〉は、ただ〈美しい〉〈아름답다〉ということを語っている。英語や独語にあっては、日本語や韓国語では表せないのだが、無理矢理に解析して言うなら、〈花が美しい在りようをしている〉ないしは〈花が美しく在る〉という造形の仕方がなされていることになる。「美しく」という副詞的な〈かたち〉を用いた説明では、もうそれだけで実情から離れてしまっているが。いずれにせよ、ここでの〈在りようをしている〉〈かくかくしかじかのし

かたで在る〉を英語や独語では be や sein といった動詞が支える。〈美しかった〉とか〈美しいだろう〉のような文法上の時制や法の〈かたち〉も全て、beautiful だの schön《シェーン》（独：美しい）だのという形容詞が担当するのではなく、be や sein といった動詞が示すのである。要するに右の英語では、〈動詞＋形容詞〉という二つの単語に分析されて表されている。さらに面白いことには、他ならぬこうした be や sein が、二つの名詞類ＡＢによる〈ＡはＢである〉というときの〈である〉に相当する繫辞 (copula) とされるのである。

日本語や韓国語では、時制 (tense) や法 (mood) の上での違い、例えば〈美しい〉とか〈美しかった〉とか〈美しいだろう〉などという違いは、〈美しい〉という形容詞一単語の〈かたち〉に総合されて示されているわけである。〈美しい：美しかった〉のような日本語の形の変化を見ても解るように、形容詞の内部に分け入れば、語幹の後ろにつく接辞類が、時制や法を表している。それらとて単語の内部の出来事であって、別の単語としての繫辞はもちろん必要ない。

要するに〈Ａは美しい〉などといったことを〈かたち〉にするとき、その〈美しい〉のありようもまた微細に見ると、言語ごとに異なっているわけである。〈美しい〉に類する単語の印象だのイメージだの適用範囲《スコープ》だのといった語彙的な意味がもたらす違いは、言語ごとに当然異なっている。語彙的な意味の違い、単語が造形する意味の違いは、なにしろ言語ごとにしばしばはなはだ異なるので、誰しもが関心を払う。しかしここで注目しているのは、語彙の違いに隠れて見えにくい違いである。例えば〈美しい〉を、ことばとして〈かたち〉に造る仕方自体もまた異なっているということ。はなはだ乱暴に言えば、〈花〉がいきなり〈美しい〉のか、つまり〈花〉にいきなり〈美しい〉といったことを被せる仕方で語れるのか、それとも、〈花〉はね、〈are =こうなのだよ〉、あるいは、〈are =在るのだよ〉、〈美しい〉と名づけ得るような姿でね、と語るのか、といったふうな違いである。なお、〈are =こうなのだよ〉などと英語と日本語を等号でとりあえず結ぶのも、いかにも強引であろう。もともと日本語では表せないものを書く際に、こうした強引さがついて来ることこそ、まさに言語ごとの違いの違いたる所以である。

〈無名ハ〉のごとく名詞的に名づけるのか、〈名無キハ〉のごとく動詞的に名づけるのかといった違いと並んで、〈花は美しい〉のように形容詞述語で名づけるのか、〈Flowers are beautiful〉のように動詞述語を用いて名づけるのかといった違いもまた、言語的対象世界の造形にあたって、隠れたところで作用する、言語間の違いである。

ことばのこちら側=言語内の〈かたち〉と、あちら側=言語的対象世界の造形《かたち》

「青空」と「青い空」、「無名ハ」と「名無キハ」、それらの〈かたち〉はいずれにせよ、言語外の対象に存する、あるいは存するかもしれないところのものとは、別の平面、言語内の平面にある。名づけはことばの側《がわ》にあり、名づけによって摑《つか》み取らんとするところのものは、常にことばのあちら側にある。ことばの〈かたち〉は言語内にあり、ことばの〈かたち〉によって形造られ得る像は、言語的対象世界にある。

ヴィトゲンシュタインを例に採ったので、少しだけ付け加えておこう。『論理哲学論考』が前期ヴィトゲンシュタインを代表すると言われ、〈言語ゲーム〉論が後期ヴィトゲンシュタインを代表すると言われる。〈言語ゲーム〉論総体に対する考察などは著者の貧相な力量では到底できないけれども、言語存在論的な視座から見た〈言語ゲーム〉ということばについてだけ見るなら、そのことばの選択の面白さも、またあるとしたら限界も、「言語」と「ゲーム」を結ぶ比喩に見事に象徴されているように思われる。駒を格子の中に律儀に置くという営みに支えられる、例えばチェスなどといったゲームへの比喩は、言語存在論的な観点からは、と言うより、言語についてのとりわけ曖昧さというリアルに身を置く言語学者たちの思いからは、その無菌室状態への比喩が、何かにつけて余所余所しいものに疑われるであろう――鋭いし、深いが、現実感《リアルではない》の希薄。例えば言語の構文法とゲームを沿わせるなど、端的に言って、つまらない。言語について言うなら、リアルさとは、ゲームの「予測不可能性」などといったことにあるのではなく、駒は格子の中に律儀に置かれず、格子の線上に置かれてしまったりという、そういうリアルさである。意味とは、しばしばどこに置かれているかが解らない、まさにそのようなものだからである。

ロジカルなテクストの翻訳で問われる通言語的な明晰性

言語の如何を問わず、私たちが言語によって何かしら普遍的な知を求めるのであれば、言語間に現れる、先のような距離感は、嫌でも問題にせざるを得ない。ただしここで「言語にとって〈翻訳〉はそもそも可能かどうか」などと、一気に突き進む必要は全くない。〈翻訳〉は既に在る。先に述べたように、世界のテクストは翻訳に満ち溢れている。翻訳世界とはその言語場に生まれ落とされて在る、全てである。私たちは歴史にあって〈書かれたことば〉を知るとほとんど同時に、翻訳の存在を知っているのである。そうした圧倒的な現実が出発点である。

言語と言語の間を実践しようという私たちにとって、ここで重要なことは、二言語間のみならず、多くの言語と言語の間を貫く、〈通言語的な明晰性〉(cross-linguistic clarity)とでも呼ぶべきものにある。言語で語られるその知が、もしも言語を超えて共にすることを希求するものであるのなら、まさにこうした〈通言語性〉といったものも、視野に収められてよい。二言語間の翻訳場《ほんやくば》は常に多言語間の翻訳場に変容する可能性に開かれているわけである。

先の『論理哲学論考』の一文は、独語と英語の間では、写像的な近似性といい、慣用的な表現の存在といい、いかにもそれぞれの言語内に固有の言語材に依拠するところが、大である。続く一文の日本語の訳文がどれも「世界は事実の総体であって、事物の総体ではない」ほどに概ね落ち着くのと、対照的である。つまりいかにも命題然とした、こうした表現であっても、通言語的な明晰性の鮮明な表現から、そうした明晰性が霞んでしまう表現まで、様々な表現を造り得る。「AはBである」とか「AとはBである」のような、単純な文構造で、かつAやBといった名辞の概念が鮮明であれば、通言語的な明晰性は担保されやすい。だが文の統辞論的な複雑性はさておいても、文がその言語に固有の表現、固有の歴史性に縛られた表現であればあるほど、通言語的な明晰性は失われる危険を孕む。こう考えると、この『論理哲学論考』でさえ、冒頭の一文は、少なくとも日本語や韓国語=朝鮮語から照らすなら、通言語的な明晰性にはいささか欠けるものと、慨嘆せざるを得ない。

もちろん、〈書かれたことば〉としての哲学であっても、論理的な営みであると同時に、修辞《レトリック》の所産でもある。いかな『論理哲学論考』とて、独語や英語といったそれぞれの言語の〈書かれたことば〉としての修辞は、決して払拭できないのであるから、詮《せん》ない仕儀《しぎ》ではあるものの、名づけて曰く、Logico-philosophicus「論理=哲学の」、Tractatus「論考」であってみれば、通言語的な明晰性への期待も、いや増そうというものである。ロジカルなテクストの翻訳にあたっては、二言語間だけでなく、さらに〈まだ見ぬ言語〉をさえ思い描いた、通言語的な明晰性といったものを意識しておいて、決して悪いことはあるまい。〈通言語的な明晰性はどのようなものか〉〈通言語的な明晰性はいかにして獲得し得るか〉といった問いも、これからの知の大切な課題となるであろう。通言語的な明晰性とは、言語ごとに互いに異なる翻訳世界の存在を認めたのちに、立ち現れる課題である。

なお、決して誤ってならないのは、こうした通言語的な明晰性が直ちに、言語を超えた普遍性だとか、世界知といったものへと、直結するとは限らないという点である。明晰に解るということは、少なくともことばとそこに造形される意味の可能性を共にできるということであって、そのことが大切なのである。解るからといって、それが皆に受け容れられるような、普遍的なものであるとは、限らない。

＊こうした通言語性を、逆に、「やまと言葉で哲学する」といった竹内整一（2012）の企てなどから照射してみるのも、

貴重な経験となるであろう。同書の発想を展開するなら、日本語圏では和語をキーワードに、韓国語圏では韓国語の漢字語ではなく固有語を中心に、ドイツ語圏ではなるべくラテン語系の単語を避けて、ゲルマン語系の単語で押さえて、ロシア語圏ではスラブ語系の単語で固めて、などといった具合に、同じ課題について言語ごとにそれぞれの固有語のことばを軸に哲学が組み立てられるなどといった楽しいことも、夢想できるではないか。

＊なお、『論理哲学論考』の解説や注釈は多くの言語で膨大だが、高校生を対象にする旨を、その題名に置く野家《のえ》啓一《けいいち》(2014) は、水準を落とさず、凝縮された僅か三〇ページ余りで日本語によって解りやすさを形にし得ている佳品と思われる。『論考』の独語英語の原文と日本語訳との落差に悶絶した若き日を思うと、現在の高校生たちは幸せである。ヴィトゲンシュタインについてはあるいはまた黒田亘編 (2000)。言語哲学のみならず、ヨーロッパの大言語を向こうにしてことばを造ってきた、日本語圏の哲学者たちの仕事には敬意を表さずにはおられない。

翻訳は可能なのか——翻訳ペシミズムは既に翻訳という現実が超えている

翻訳ということを考えるにあたって、ここで述べたようなことを、あれこれ追究していくと、実践論というより、原理論に係わることに、どんどん入っていってしまうであろうから、この問題はこのあたりで擱くことにしよう。

ただし実践論的な構えとして、翻訳ペシミズムへの警鐘だけはここで改めて鳴らしておこう。翻訳を見ると、あたかも日本語ヴィトゲンシュタインだの韓国語ヴィトゲンシュタインだのといったものがあるように見えて、通言語的な明晰性など不可能だとか、翻訳は原理的に不可能なのだといったことが、前景に立ち現れるかもしれない。けれども、事態は、決してそうしたペシミズムに陥るべきことがらなのではない。そんなふうに斜に構える必要は全くない。なぜと言って、現実的には、先ほど述べたように、〈書かれたことば〉を知るとほとんど同時に、翻訳を知っていたという圧倒的なリアル、豊かな経験値があり、もう一方で理論的には、翻訳の存在理由をことばと意味の原理が支えてくれているからである。

ことばが意味となるものであるという原理に立ち帰れば、そのことはすぐに解る。同じ言語の間でさえ、ことばに造形される意味は、人ごとに異なっているのであるから。そのことは言語をめぐる私たちの共生性の圧倒的な根拠でもある。そうであるなら、言語ごとの翻訳の多様性も、翻訳者ごとの多様性も、まさに言語と言語間に私たちが共に在り得ることの、証左でもあり得るわけである。そう、いろいろな翻訳があってよい。いろいろなことばで造ってよい。それは違ってよいのだ。もともと違っている。そして翻訳こそは表現様式の可能性の実践であり、今ある言語を来たるべき言語へと解き放つ、希望に満ちた営みでもある。

今、表現様式の可能性の実践と言った。言語論にあっては、言語存在論的な視座から、言語の表現様式と存在様式を厳密に区別し、さらに言語の存在様式や表現様式など言語のシステムと、言語外現実、さらにまた言語的対象世界とを、厳密に区別し、語られていることば、ことばを、精査せねばならない。翻訳とは、どこまでも言語の表現様式の実践である。

一つだけ留意しておこう。翻訳という営みを考えると、「そもそも世界への言語による名づけそれ自体が、世界をことばに翻訳することではないか」と考えたくなる誘惑に、駆られるかもしれない。

そうすると「言語とは翻訳である」などといった具合に、一気にことが解決したように見える。しかしそんなテーゼでは何も解決されていない。言語外現実と言語内のシステムを混濁させたまま、語っているに過ぎないからである。そうした例はとりわけロマン主義的な時代の言語論に溢れていて、今日まで多くの言語論が引き摺っている、ことばのアナロジーによる没言語学的な逸脱である。

翻訳とは、世界をどう名づけるかという、プライマリーな次元で終わってしまうような問題ではない。世界をことばでどう分節するかといった次元の問題ではない。そうしたプライマリーな次元において、名づけによって形造られた言語的なシステムがある、そして何と、世界にはそれとはまた異なった言語的なシステムが〈別に〉存在しているではないか。翻訳とは、そうした異なった言語的なシステムが存在する時空間にあって、複数の言語的なシステムを内に取り込みながら、私たちがいかなる言語的実践を生きるかという、今一つ高次の次元の問題なのである。

翻訳について更に言うなら、「言語は個別言語しか存在せず、あらゆる言語的知は個別言語という軛《くびき》を棄て得ないのだ、言語一般などというものは存在しないのだ」といった個別言語主義思想を実践的に超える営みでもある。翻訳という営みが実践されて来たし、実践されているということ自体が、個別言語の集合としての言語だけでなく、私たちが〈言語〉一般を措定し、〈言語〉一般を論じ得る現実的な根拠でもある。

さて、哲学史にあってもそれほど重要なことと思われてはいないようだけれども、ヴィトゲンシュタインが独英二言語対訳という形で『論理哲学論考』を世に出したことは、その著者の意図はどうあれ、言語という観点からは恐ろしく危険な営みであった。危険というのは、ドイツ語と英語という言語ごとに、その哲学が分裂してしまうような陥穽を、内に孕むことになるかもしれないからである。それはとても危険で、それゆえ魅惑的で、そして画期的な営みでもあった。

なぜかと言うに、異なった言語によってさえなお、一つの哲学たり得るのだという祝福を一方で示し、他方では、言語ごとに異なっているという事態も、また哲学たり得るのだという寛容を、文字通り言語的な実践によって、満天下に示すことになったからである。確認するが、後にそれは翻訳されたのではない。書物のそもそもの始めから、異なった言語の〈かたち〉が、さあ、選ばれよと、どちらかを選択してもよいよと、あるいは双方を行き来してもよいよと、これ見よがしに、別の言語場で事後に翻訳するのではなく、いま・そこで同時に、書物を紐解いたその同じ言語場に、曝《さら》されていたのである。それも言語を学ぶテキストなどではなく、哲学する書物として。

〈翻訳〉とは、こともあろうに、私たちの言語を、trans- 超えて、late 移す、という危険な言語実践である。しかしながらその〈翻訳〉とは、かくも祝福と寛容に満ちている。言語とは本質的に個々の言語を超えて共にし得るような、そうした存在のありかた、実現の仕方を見せてくれるものなのである。そう、当然のこと、ここでも見たように、言語ごとにそこに造形される意味は異なる。でもそれはことばに造形する私たちの意味が、原理的に異なることの現れ、我ら人という個の違いの階層が、言語の違いという階層に集約、昇華された現れに過ぎない。「同一の」言語内に現れる意味の違いも、「異なった」言語間に現れる意味の違いも、それぞれの人々のうちで互いに異なるという点では、変わりがない。翻訳にあっては、ただただ、一つの言語のあることばの〈かたち〉を結節点にして、他の言語の新しいことばの〈かたち〉が生まれていることが、私たちにとって新しい体験であり、嬉しいことなのである。それぞれの個のことばも、それぞれの言語のことばも、どんどん新たなことばの〈かたち〉を育んでいってよい。新たな〈意味〉を造形していってよい。私たちの言語実践はそうした豊穣の地平を希求してよい。言語とはもともとそうした希望に満ちたものなのである。

五―三　共感の言語――多言語と言語間言語を逍遙する

多言語に触れる

翻訳について触れたので、ことばを造る戦略として、そして言語についての〈構え〉を作る戦略として、〈多言語に触れる〉ということを挙げておこう。要するに、いろいろな言語を、少しずつでよいから、囓《かじ》ってみるということ。多言語と言ったが、四つ、五つほどでも、充分にその成果は獲得できる。

先に五―一で〈母語でない言語を学ぶ〉ことの意義を見た。〈対照する〉ということの、重要な意義を確認した。ここではそのことも重ねて、〈多様な言語を体験する〉ことに注目している。

英語もろくに話せないのに、いろいろな言語を学ぶなど、愚の骨頂だと思うなら、それは問題のすり替えである。一つの言語を深く身につけることと、いくつかの言語を体験してみるということとは、全く別のことだからだ。

例えばフランス語やロシア語や中国語や韓国語＝朝鮮語やアラビア語の、薄い入門書を手にとって、少しでいいから、独習してみよう。ドイツ語やベトナム語やトルコ語やグルジア語＝ジョージア語などという組み合わせもいい。スペイン語やヒンディー語やモンゴル語やアイヌ語なども素晴らしい。現実的にどうしても数は限られるから、採り上げる言語は、例えばここに四つずつ挙げたように、その構造などができれば異なった言語がいい。もちろんどんな言語でも構わないのだが、多様さを見るという点では、構造が異なった言語、さらには文字の異なった言語が含まれることが、言語をめぐる私たちの殻を打ち砕いてくれる。

どの言語であれ、入門書を一冊終えることができたら、それはもう壮挙、大勝利であって、いわゆる「自分へのご褒美」をご自分で何でも買ってください。ここでは特にそんな凄い地平を目指そうと言っているわけではない。今一つ、「学ばねばならない」などという当為性とも、ここでは無縁である。ただ楽しめばいい。音も必ず聞いてみよう。真似もしてみよう。

入門書の、第五課だの第一〇課だのといった、ともかくとりあえず辿り着けるところまで、まず齧ってみればよい。おそらくそこには目も眩《くら》むような、驚くべき楽しい世界が繰り広げられていることだろう。挨拶一つでも違うだろう。数の数え方にこんなのがあるのか。へえ、こんな名前の付け方があるんだ。何、凄いね、こっちの言語では個人の名前に神々の名前が多いって、なんか恐れ多いね。この言語は何だってこんなに単語が長いやつが多いの、何か理由があるのかな。ええっ、動詞の活用なんてのがないのか、それで大丈夫なわけ？　何だ、日本語と語順がおんなじじゃん。何々、主語はいらない？　へ、自動詞の主語と他動詞の主語では〈かたち〉が変わる、どういうこと？　何なの、「赤い」っていう形容詞がそのまま「赤くなる」っていう動詞になっちゃう。へー、この言語には、アラビア語起源、ペルシャ語起源、フランス語起源、英語起源の語彙が入り交じってるんだ、あ、そういえばアラビアとかペルシャの隣だもんねー。わー、この言語は何て可愛い音なんだろう、これは人によるのかなあ。可愛い文字だなあ、こんなのが書けるようになるのか。むむ、何と声調なんてものが六つもある、中国語の四つの声調でも大変そうなのに、やばいな、この言語は。しかしこの縦書き文字はパソコンではどうするんだろう、ちょっと調べてみよう。おお、この文字で書くと、「チンギス・ハーン」、こんなになるのか、これはなかなか格調高いな、崇高だ——そう、崇高だ。そこに繰り広げられる、言語をめぐることどもは、しばしば崇高ですらあるだろう。

私たちの日常と全く異なった、〈話されたことば〉と〈書かれたことば〉。世界はかくも多彩なのだ。そしてそれらを体験している自らの驚きは、きっと私たちが愛おしんでよいものである。確認せねばならない。これは旅では出会えない。もちろん旅は素晴らしい。だが今ここに体験していることは、旅人として歩く幸せとは、また別の幸せである。書物が、そこに付された音源が、手助けしてくれて、私たちを全く異なった言語の世界に導いてくれている。その言語圏の人々には、いったい世界がどう見えているのだろう。その言語圏の人々はいったいどんなふうに恋を語って、どんなふうに思いを書くのだろう。めくるめく世界がこの本の向こう側にはある。一冊が僅か二千円、三千円ほどの言語の入門書たちは、そうした巨大な開かれた問いへの出発点たり得るのである——おお、言語の入門書たちに栄光あらんことを。

こうして考えると、〈多言語に触れる〉という営み、旅がそうであるように、若き私たちこそ、実践したかったことではないか。いや、もう私たちが若くなければなおさらのこと、早く実践しておきたいではないか。そして子供たちに、伝えておきたいではないか。

中学や高校、そして大学と、公教育の場ではいくらでも実践が可能である。一年にいくつかの言語を体験できる授業。大学の授業、週二回なら四週で八回。これだけでもかなりのことに触れることができる。週一回なら四週で四回、八週で八回。そんな配分はいかようにも組むことができる。ただ、一日体験といった形は、ないよりは良いけれども、あまり奨められない。少しでいいから、耳を澄まして、手を動かして、口に出してみながら、実際に〈学ぶ〉時間が、数回は必要である。問題は専門とする教員の手配だが、地方大学ほど、難しい条件下に置かれる。こんなときに複数大学が連携できれば、カリキュラムは幾分組みやすくなる。小学校でも実践できれば、これは素晴らしいだろう。市民向けのカルチャーセンターであれば、これこそ真骨頂というものではないか。

学校で授業を組むことは困難でも、多言語に触れることは、独習書さえ入手できれば、一人でも実践できる。独習書には近在の図書館でも、書店でも、きっと出会える。図書館も書店も〈多言語に触れる幸せ〉フェアを組んでくれるといいいな。

＊ここまで来ると、いろんな言語を纏めてざっと紹介している本ってのはないの、という問いが立つ。ある。研究者向けにはもういろいろあるが、一般向けの東京外国語大学語学研究所編（1998ab）『世界の言語ガイドブック一・二』などという二冊が、この種のものでは良くできていて、なかなかに楽しい。右に書いたような驚きが、これだけでもいろいろ解る。ただ、強調したように、言語についての知識だけではもったいない。音源つきの独習書によってことばそのものを必ず聞いたり、書いたりという〈学び〉を体験してみなければ、面白さの核は覗き見られないからである。他に阿子島香編（2008）、大木充・西山教行編（2011）など。言語学的な観点からヨーロッパの言語を展望したメイエ（2017）が文庫で読めるのは嬉しい。これと対照的に、ヴァルテール（2006）は西欧諸言語の単語の具体例を豊富に挙げており、より親しみやすい。亀井孝・河野六郎・千野栄一編著（1988-1996）『言語学大辞典』などという凄い書物もある。全六巻、厚さを測りたくなるくらいに、厚く、中身も熱い。大部の言語学辞典は英語などでもあるけれども、本を組む文字の密度などを考慮すると、文字通り世界最大、その質もほとんど臨界点に達している。金字塔の名にふさわしい最高峰の言語学辞典である。言語学のごく簡単な入門的知識があれば、さらに楽しめるだろう。同書の第六巻の「術語編」も特筆すべき。同大辞典のヨーロッパ言語と、アイヌ語や琉球列島の言語を含めた日本列島の言語の抜粋「セレクション」（1997,1998）も別に刊行されている。世界の文字については日本語で書かれたものも、翻訳書も、挙げきれないほどに、いろいろある。河野六郎・千野栄一・西田龍雄編著（2001）『言語学大辞典 別巻 世界文字辞典』はその極北。ページごとに繰り出される膨大な図版を見るだけでも、先入観に充ち満ちた、私たちの頑迷固陋な世界観は、音を立てて崩れ始めるだろう。世界の文字についての簡便なものとしては、ジャン（1990）、町田和彦編（2011）、八〇余りの言語についての「世界のことば読み方事典」（p. i）を宣言する庄司博史編（2015）、四五言語の文字とことばについての町田和彦編（2021）も。町田健（2008）は四六の言語を紹介しながら、一冊の新書で国境で区切られた地図と異なる、言語地図を豊富に見せてくれる。その地域で主となる言語の話者の分布で区分しただけでも、国家の境界との違いが歴然とする。

エスペラントという〈希望する人《エスペラント》〉

エスペラント(Esperanto)という言語がある。帝政ロシア領のポーランドに生まれた、ユダヤ系ポーランド人、ラザーロ・ルドヴィゴ・ザメンホフ（エスペラント表記：Lazaro Ludoviko Zamenhof, 1859-1917)が、一八八七年に発表した、人工国際語である。「世界語」と言われることがあるが、ザメンホフは何も世界の言語をエスペラントに統一しようなどと、造ったわけではない。どこまでも国際補助語である。日本語圏では普通、「国際語」と言われるけれども、国の間ではなく、民族の間を繋ぐのだと見て、「族際語」ということばも用いられる。しかしながら民族と言語も一致するわけではないので、より正確には〈言語間言語〉と言うべき性質の言語である。

日本語やアイヌ語や琉球語のように〇〇語と呼んでいる言語を自然言語と呼び、目的意識的に造られた言語を人工語、計画言語などと呼ぶ。言語学者たちによるものを始め、しばしば人工語が試みられたけれども、多くは広く用いられるに至っていない。そのうちエスペラントは広くかつ長きに渡って実践されている、希有なる言語だと言える。なお、ザメンホフはロシアの十月革命の年に病で死んでいるが、後にその息子と二人の娘はナチスのホロコーストにより亡くなっている。

エスペラントの単母音は/a, i, u, e, o/の五つ、半母音はヤ行音の/j/（表記も同じくj）とワ行音の/w/（表記はŭ）の二つ、子音は二三個、音節の構造なども比較的簡素である。日本語母語話者にはとても発音しやすい言語と言える。文字はラテン文字＝ローマ字を用い、aという字母は常に/a/という音を表し、kという字母は常に/k/という音を表すという具合に、字母と音素が基本的に一対一的に対応している。つまり読まない字母があったり、数文字で一音を表すなどといった、綴りと音のずれがない。

名詞は常に -o で終わり、形容詞は常に -a で終わる。動詞の不定形は -i で終わり、現在形は -as、過去形は -is、未来形は -os で終わる。こうした体系に不規則なものは一切なし：

esper-o	esper-a	esper-i	esper-as	esper-is	esper-os
エスペーロ	エスペーラ	エスペーリ	エスペーラス	エスペーリス	エスペーロス
希望	希望の	希望する	希望する	希望した	希望する
名詞	形容詞	動詞不定形	動詞現在形	動詞過去形	動詞未来形

時制も、多くの自然言語のような、未来のことを現在形で表すなどといったことがない。過去、現在、未来がすっぱり〈かたち〉の上で機械的に分かたれる。なお、-ant- は「…している」意の接辞。従って esper-ant-o（エスペラント）とは「希望している人」の意の名詞。エスペラントという言語名は謂わば「希望人」というわけである。-ig- という接辞は使役、従って esper-ig-i（エスペリィーギ）は「希望を抱かせる」。このように文法は極めて簡素な構造で、徹底して規則的である。なお、実際に単語を表記するときは、ここで示しているようなハイフンは、書かれない。

語彙は概ねヨーロッパの大きな言語の語根に似ている。新語もエスペラントの内的な法則性によってどんどん造られ、用いられている。英語のInternetは、inter〔間〕＋net〔網〕からできている。エスペラントではinter〔間〕＋reto〔網〕、interreto〔インテルレート〕である。こんな具合なので、自然言語で生まれた単語を、誰がエスペラントに造っても、不思議なことに、概ね同じようになる。これもなかなか面白い。エスペラントの規則性、体系性は徹底しているので、-asは動詞の現在形の語尾であるから、interretas〔インテルレータス〕などという動詞の〈かたち〉をその場で造って言ったとしても、実際にはあまり使われない〈かたち〉であっても、ああ「インターネットする」ということだなと、それなりに解ってもらえる。

総じて、エスペラントを比喩的に言えば、限界を超えて簡単にしてしまったラテン語のようなものだと思えばよい。多くの書物が作られ、またインターネット上でも活発に用いられている。厳密にはもちろん解らないけれども、一〇〇万人ほどに使われていると言われる。

なぜ今エスペラントか

ここでなぜエスペラントという言語を話題に挙げたかというと、〈多言語に触れる〉ことと、また別のベクトルから〈非母語に触れる〉ということの、貴重な契機となり得るからである。さらには、いかにも言語間を繋ぐための「道具」として創られたかに見える人工言語が、そうした道具性を超えて、〈言語〉としての本質的な性格を獲得するさまを、目の当たりにできるからである。

次のような諸特徴は、自然言語とは全く異なる、エスペラントならではのものである：

a：基本的に誰にとっても母語ではなく、言語間言語である
b：人々にとって非母語であるがゆえに、母語話者としての特権性が希薄である
c：目的意識的に造られた人工語が、実際にどのように発展するのかを、制御し、体験し得る
d：その言語内的な構造が極めて簡素で、自然言語に比して、極めて学びやすい
e：比較的簡単な学習で言語というもののエッセンスを知ることができる
f：広く実践されており、今日の、とりわけネット上の言語場では容易に接近が可能である

自然言語が言語間の共通語として用いられる、いわゆる〈リンガ・フランカ〉(lingua franca) と、〈言語間言語〉とは、根本的に異なっている。リンガ・フランカは共通語 (common language)、通商語 (trade language)、架橋語 (bridge language)、補助語 (auxiliary language)、媒介言語 (vehicular language)、中継言語 (link language) など、様々に呼ばれている。母語が異なる人々の間で用いられる言語である。リンガ・フランカとしての例えば英語や仏語などには、その言語場には立ち会わずとも、必ず母語話者が存在する。母語話者はその言語を自在に操ることができるという点で、既に話者間には言語使用者としてのヒエラルキーが存在してしまう。これに対し、エスペラントは基本的に誰にとっても、非母語である。母語話者としての予めのヒエラルキーが存在しない。この点についての、母語が異なる人々の間での、心的な負担は大きく軽減される。

また、リンガ・フランカは言語場において実際に使いながら、言語の内的構造が簡素化されることが、しばしばあり得るけれども——例えば、日本語で「これは大きすぎますよね」と言いたいところを、非母語話者相手だと「これ、大きい、わかる？」などと思わず言ってしまったりする場面を、思い浮かべればよい——その簡素化は目的意識的なものというより、謂わば自然な簡素化で、言語場ごとの偶発的な性格が強い。エスペラントはとりわけ文法的な体系の点で徹底して簡素化された言語であって、リンガ・フランカとして用いられる自然言語とは異なり、その簡素化は鮮明に目的意識的なものであり、偶発性よりも〈知的な共有性〉が圧倒的である。

そうした知的な共有性を話者のうちで支える言語的な知識は、少なくとも文法規則という点ではほとんど極限まで簡素化されており、自然言語に比べ、比較にならぬほど、獲得しやすい。それゆえ、言語にあって語彙と文法が表現を構成していくありようを、学習者は最小限の時間と労力で体験することができる。これも経験から言えることなのだが、英語を知らない小学生が初歩を学ぶだけでも、とりわけ英独仏露語のようなタイプの言語に見られるような、言語のごく基本的な仕組みを知ることができる。エスペラントは後にいろいろな言語に触れる際の、謂わば〈言語間の知的なハブ〉の役目も果たしてくれるのである。エスペラントの語彙の多くはヨーロッパの主要言語に似ているので、日本語や韓国語＝朝鮮語や中国語はもちろん、ヨーロッパの主要言語の母語話者でない人々は、もちろん相対的に言語間の距離を感じざるを得ない。それでもなお、言語間言語としてのこうした知的ハブの役割は、捨てがたい。実際に使われている言語のうちには、他にそんな言語は存在しないのである。

エスペラント、理想は解った。しかしそんなものが使えるのか

ソシュールの筆頭の弟子とも言うべき、フランスの言語学者アントワーヌ・メイエ（Antoine Meillet, 1866-1936）は、ヨーロッパの諸言語についてとりわけ歴史的、社会的な視点から述べたメイエ(2017)の末尾に、「人工語の試み」という章を置き、エスペラントについて問答無用と言わんばかりに、高く評価し、次のように述べている：

> 簡単に学べる人工語を作り上げる可能性と、このような言語が使用できるという事実は、実践によって証明されたのである。理論的な議論はどれも無駄である。エスペラントは機能を果たしたのだ。実際に使われることがないだけである。
>
> ——メイエ(2017: 460)

「実際に使われることがない」という最後の一文は、同書の原著初版一九一八年、第二版一九二八年以降の、エスペラントの数多の実践が書き換えてしまった。

イタリアの記号学者、小説家のウンベルト・エーコ（Umberto Eco, 1932-2016）もエーコ(2011)『完全言語の探求』のやはり末尾に「国際的補助言語」の章を据え、エスペラントを語る中で、その称揚者たちを紹介している。右のメイエはもちろん、ソシュールと並ぶ〈音素〉の発見者とも言うべき、ロシア構造主義言語学の祖、ポーランドの言語学者、ボードアン・ド・クルトネ（Baudouin de Courtenay, 1845-1929）、全七巻の英文法の巨冊で絶大な影響を与えたデンマークの英語学者、オッ

トー・イェスペルセン(Otto Jespersen, 1860-1943)、英国の哲学者、バートランド・ラッセル(Bertrand Russell, 1872-1970)、ドイツ語圏の哲学者、ルドルフ・カルナップ(Rudolf Carnap, 1891-1970)。

さて、言語の実践にあっては、この点が重要なのだが、いくら言語構造が簡素であっても、自然言語が表し得るような、複雑で微妙なことどもを表せないのでは、浅い表面的な疎通にしか役立たない。しかしエスペラントはその点で、既に豊かな実践を経験している。ザメンホフ自身がエスペラントで詩を書いたり、アンデルセンの童話集、シラーの『群盗』(*La rabistoj*)、ゴーゴリの『検察官』(*La revizoro*)、シェイクスピアの『ハムレット』(*Hamleto*)、『旧約聖書』(*La Sankta Biblio*)の一部などをエスペラントに翻訳していたのを始め、その後、多くの言語で多くの人々によって、詩、小説、戯曲、エッセイ、論考など様々なテクストが翻訳されている。もちろん『源氏物語』(*Rakontaro de Genĝi*)などもある。

新聞や放送の歴史も長い。エスペラント=エスペラント辞典はもちろん、エスペラント=日本語辞典を始め、多くの二言語辞書が刊行されている。日本エスペラント学会エスペラント日本語辞典編集委員会編(2006)『エスペラント日本語辞典』は、日本語圏で編まれた中辞典規模の二言語辞書の中でも、独仏西韓中語などの二言語辞書にゆうに匹敵する高い水準だと言える。

エスペラントの国際大会や国際合宿なども盛んに行われている。前インターネット段階では、エスペラントに接したくとも、実のところ大きな困難を伴っていた。エスペラントの言語場は、書物や、文通や、同好会のような言語場に限られがちであった。それでも例えば日本と韓国の間のエスペラントでの交流の場は、一九八〇年代以降、なかなか活発に続けられていた。ところがインターネット段階を迎えた今では、こうした困難が劇的に改善されることになった。話者の多い他の自然言語同様、ネット上でいくらでもエスペラントに接することができるようになったのである。つまり学んでも使えない、学んでも出会えない、などということが、少なくともネット上では、なくなった。つまり、私たちの今日の日常の言語場でも、なくなったのである。ちなみにウィキペディア (Wikipedia) の言語別の記事数では、三一九言語のうち、三五位となっている。二〇二一年三月八日。

　日本語圏では一九〇六年に日本エスペラント協会が発足しており、経験値も蓄積されている。小説家・二葉亭四迷が『世界語』という題名で最初の学習書を刊行したのを始め、エスペラントに係わった人士は少なくない。柴田巌《しばたいわお》・後藤斉《ごとうひとし》編、峰芳隆《みねよしたか》監修 (2013)『日本エスペラント運動人名事典』は物故者二九〇〇人を採り上げており、壮観である。国際連盟事務次長も務めた教育者・新渡戸稲造 (1862-1933)、社会主義者・堺利彦 (1871-1933)、コロケーション研究で知られる『英和活用大辞典』の勝俣銓吉郎《かつまたせんきちろう》 (1872-1959)、『国史大系』の編纂などで知られる歴史学者の黒板勝美 (1874-1946)、民俗学者・柳田國男 (1875-1962)、『広辞苑』の言語学者・新村出《しんむらいずる》 (1876-1967)、大正デモクラシーを代表する思想家・吉野作造 (1878-1933)、『日本改造法案大綱』(1923) の右翼、国家主義者・北一輝 (1883-1937)、アナキスト・大杉栄 (1885-1923)、詩人、童話作家の宮沢賢治 (1896-1933)、『一般言語学講義』を訳し、ソシュール言語学を日本に導入した言語学者・小林英夫 (1903-1978)、文化人類学者・梅棹忠夫 (1920-2010)、中国での反戦運動で知られる長谷川テル (1912-1947) など、多彩である。柳田國男については後藤斉 (2015) も詳しい。

アナキズムの影響を大きく受け，また英仏語の翻訳も多く手がけた中国の小説家・巴金《はきん》 (Bā Jīn, 1904-2005) のことばが，エスペラントのこのかんの姿をよく表している：

エスペラント，それは理想ではない，事実である

エスペラントは弾圧もされた。闘争せねばならぬ言語でもあったのである。闘うエスペラントのありようを知るには，書名からして思わず気合いが入るが，大島義男・宮本正男 (1974, 1987)『反体制エスペラント運動史』があり，またウルリッヒ・リンス (1975)，その名も『危険な言語――迫害のなかのエスペラント』がある。後者はエスペラントからの日本語への翻訳書という実践の形でもあって，エスペラントが言語として働くありようを，文字通り手にとって，リアルにわしづかみすることになる。田中克彦 (2007) の書名は『エスペラント――異端の言語』，なるほど異端ではある。そしてその異端から，人間にとって言語とはという，本質的な中枢へ迫ろうとしている。ザメンホフの思想はザメンホフ (1997) で読める。また小林司 (2005)。

エスペラントもまた，単なる「道具」ではなかった。それは〈言語〉だったからである。言語道具観がいくら喧伝されようとも，言語はいつも人の存在の深いところと共に在る。

人の世に文字が生まれるとは、一体どのようなことなのか

私たちが言語を問い、言語を考え、言語を生きるにあたって、なぜ今エスペラントを言挙げするのか？　そのことを考えるに今、次のような巨視的な問いを改めて考えてみよう。

ことばの〈かたち〉とは、音の世界にしか存在しないものであった。言語とは〈話されたことば〉のことであった。ところが光の世界に〈かたち〉をなし、〈書かれたことば〉を造形する文字が誕生した。〈書かれたことば〉が生まれた。さあ、人の世に文字というものが生まれると、一体、どんなことが起こるのか？

人間にとって文字とは常に既にそこに在るものであった。ラテン文字などのアルファベットや漢字がそうであったように、文字とは、気がつくと既に存在していて、いつ、誰が、どのような考えで創ったかなどといったことは、知り得ぬものであった。蒼頡《そうけつ》(Cāng Jié) なる人が漢字を創ったなどという話も、ほとんど神話や伝説のごとくに霞んでいる。比較的新しい時代にあっても、皇帝に命じられて文字を創ったなどという史実はあっても、その原理や思想を私たちが詳細に知って、さらに文字が誕生することによって、人々はその文字についてどのように考え、どのように振る舞い、そしてどのように生きて死んでいったのか、ということを詳細に追うことは、極めて難しかった。知るためには、文字論としての書かれた記録が求められるし、その後の言語実践を追うことができなければならないし、何よりもその文字が、例えば砂漠に埋もれた西夏文字のように、絶えてしまったのでは、解らなくなる。今日、生きて使われていなければ、文字を実践する具体的なリアリティが掴めない。

そうしたことを詳細に知り得て、文字をめぐるあらゆることどもを体験し得る文字こそ、一五世紀、朝鮮語圏に生まれた訓民正音《くんみんせいおん》＝ハングルである。正音と略されたり、諺文《オンムン》（おんもん、げんぶん）と呼ばれもした。この〈諺〉は東アジアにおけるuniversal, cosmopolitan＝中華に対する、local、vernacular＝この地のことば、の意である。朝鮮王朝第四代の王・世宗《せいそう》（세종《セジョン》、1397-1450、在位1418-1450）は、一四四六年、正音を公にした。

なるほど時の最高権力者たる王が創った文字であるから、臣下たちはそれに従った？　違う。臣下たる士大夫たちはこれに猛烈に異を唱えた。訓民正音に抗《あらが》った士大夫たち、王朝の知識人たちの思想は、世宗に突きつけた上疏文で知れる。注目すべきは、一般に言われるような、中華を宗主とする事大主義という政治思想によってのみ訓民正音に異を唱えたのではないという点である。上疏文は優れて言語思想を論じていた。文字の原理論を批判し、将来の言語使用のありようを憂い、漢字漢文による真の知が崩壊するといった危機を訴えた。王朝の知識人たちの思想は、漢字漢文原理主義と呼ぶことができる。これに対し、訓民正音を創製せんとした王・世宗、訓民正音の思想と原理を説いた書物『訓民正音』に名を連ねる、訓民正音革命派と呼ぶべき若き学者たちは、圧倒的な少数派であった。王朝では言語と文字をめぐるイデオロギー闘争が繰り広げられ、それは『朝鮮王朝実録』などという、一九六七巻、九四八冊に上る、五一九年間を記録した恐るべき書物、そのうちの『世宗大王実録』に克明に記されたのであった。

朝鮮語圏にあって、知の原子とは漢字であり、知の生命体とは漢文であった。人は誰もが朝鮮語を〈話す〉のに、〈書く〉のは、ただただ漢字・漢文であった。母語たる朝鮮語は書かれることなく、ただ〈話されたことば〉としてのみ存在した。凡そ人が眼にする〈書かれたことば〉とは、漢文即ち古典中国語であった。それは母語ではなく、学習して獲得する言語であった。人が伝え、分かち合い得るような知の形とは、漢字・漢文でのみ形象化されたのである。現代の日本語圏で喩えるなら、誰もが日本語で話すのに、書かれた日本語というものは存在せず、書く方途も存在せず、書くときは皆ラテン語を用いていて、そのラテン語は一部の特権階級だけが学んでいる、などといったありようを想像してみればよい。〈話されたことば〉は母語たる朝鮮語、〈書かれたことば〉は学習言語たる漢文、こうした二重言語状態が、紀元前後に漢字と漢文が朝鮮半島にやって来て以来このかた、一千年以上も続いていたのであった。

文字にとって、この点がまた決定的に重要である。文字が創られると、〈書かれたことば〉がすぐに花開くといったものではない。文字は書かれ、読まれ、そしてさらに繰り返し書かれ、読まれねばならない。この点についても、正音革命派の戦略は卓越している。正音を公にした翌一四四七年にはもう、『龍飛御天歌《りゅうひぎょてんか》』という王朝を言祝《ことほ》ぐ頌歌《しょうか》が刊行される。

さらには漢字音の字書『東国正韻《とうごくせいいん》』全六巻を完成させ、翌一四四八年に頒布する。表語文字である漢字は、その字音が解らない漢字の音を知るには、漢語圏=中国語圏では、（一）同じ音の漢字で示す方法、（二）二つの漢字を用いて他の一つの漢字の音を示す〈反切《はんせつ》〉と呼ばれる方法、この二つの方法しかなかった。現代のように、拼音《ピンイン》(Pīnyīn)と呼ばれるラテン文字によって、音を直接示す方法などなかったわけで、反切は謂わば間接的な方法である。解り易いように、日本語の漢字音で見るなら、未知の「東」の字音を知るのに、「徳」の頭子音 /t/ と、「紅」の頭子音 /k/ 以外の全て /ou/ とを組み合わせて /tou/ と示すといった具合である。「東、徳紅反」とか、「東、徳紅切」のように言うので、反切と呼ぶ。なお日本語の「紅」/kou/ の字音では音節末の子音がなくなってしまうけれども、漢語の hóng であれば、頭子音 /h/ があって、残りの óng 全体が〈母音＋音節末の子音＋声調〉というセットである。声調とは一つの音節内部の音の高低のパターンで、漢語では四種が認められる。

反切はなかなかに面白い方法だが、それにしても字音を二文字で示すのは、いかにも回りくどい。朝鮮語圏では訓民正音という〈表音〉の方法で〈表語〉文字である漢字の音が直接示されることになったのであった。後には正音を用いて漢字を学ぶ、『千字文《せんじもん》』の朝鮮語版なども民間で使われるようになる。漢字を学ぶのにも、正音が用いられたわけである。

書物を編纂するこうした時間的な密度を見ても、目的意識的な文字戦略が窺えよう。『訓民正音』が頒布された年には、世宗の后《きさき》である昭憲王后《しょうけんおうこう》が逝去したが、その冥福を祈るために、世宗は訓民正音を用いて、釈迦の一代記『釈譜詳節《しゃくふしょうせつ》』全二四巻を一四四七年に刊行している。また同年、世宗はそれを読んだ思いを、やはり正音を用い、『月印千江之曲《げついんせんこうのきょく》』という韻文の〈かたち〉にしている。

一六世紀には正音で書かれた小説が現れる。蔡壽《チェス》(1449-1515) の『薛公瓚傳《ソルゴンチャンジョン》』(1511) は、時の第一一代の王・中宗《ちゅうそう》(在位 1506-1544) の政治を批判したり、今世で文字を知る者は、女性であっても来世での幸せが得られるなどと書き、人心を惑わす書物として、禁書になるほどであった。その後にも思想、宗教、文学、医学、言語、あらゆる分野で、正音を用いた多くの書物が作られ、多くの漢文の書物が朝鮮語に訳され、正音で書かれてゆく。儒学イデオロギーの象徴たる李退渓《イ・テゲ》(1502-1571)などという大学者でさえ、漢文だけではなく正音でも儒学を説き、短詩である時調《シジョ》を詠めば、それは正音で記された。また他方、多くの個人の書簡が認《したた》められている。

　木版印刷や金属活字印刷などタイポグラフィとしての性格を濃厚に有しながら出発した訓民正音は、筆で書かれ続けることによって、漢字しかなかった書の領域にも、カリグラフィとしての新たなる美学をもたらすこととなった。主として宮中の女性たちが用いたことから、〈宮体〉と呼ばれる、筆による美しい訓民正音の書法様式の成立は、中でも特記に値する。朴柄千《パク・ピョンチョン》(1983)に拠れば、宮体は一七世紀後半には現れ、朝鮮王朝第一九代の王・粛宗《しゅくそう》(1661-1720, 在位1674-1720)は男筆の、その妃・仁顕王后《じんけんおうこう》(1667-1701)は女筆の代表となったとされる。その後も宮体は一九世紀を超えて、文字通り連綿と受け継がれ、〈宮体マニエリスム〉とも呼び得る美学として、息づくのであった。

【図】『訓民正音』(解例本)の書体(右)と宮体の書体(左)
いずれもᄉᆞ랑《サラン》=現代語사랑《サラン》(愛)の古語。「想い」ほどの意

文字は王宮に留まっていなかった。日本への旅行記でも知られる英国の女性旅行作家、イザベラ・バード（Isabella Bird, 1831-1904）はバード（1998: 111）『朝鮮紀行』（原本の刊行は一九〇五年）に、「わたしの観察したところでは、漢江沿いに住む下層階級の男たちの大多数はこの国固有の文字が読める。」と書き残している。近代に入ると、正音はハングルという新たな名を得て、劇的に広まることになる。

文字というもののこうした歴史、〈書かれたことば〉の歴史を、訓民正音＝ハングルはまさに誕生のその時から、私たちが辿ることができるのである。人の世に文字というものが生まれると、そこにはいったい何が起きるのか。人は文字をめぐって、どう生きて、あるいはいかに死ぬのか。人の世に文字が生まれ、〈書かれたことば〉が現れるとは、一体どのようなことなのか。その答えを、訓民正音＝ハングルから私たちは学ぶことができる。私たちが訓民正音＝ハングルを学んでよい、充分すぎる根拠ではないか。

私たちの時代の韓国の作家、韓江《ハン・ガン》（1970-）は、題名だけ見ても読みたくなる彼女の中編（2011）『희랍어《ヒラボ》 시간《シガン》』（希臘語《ギリシア》の時間）において、息を飲む描写で、ハングルで書かれた文字列を描いている：

棒で地面を引っかいて書いた文字。そこで危うげにも結びついていた音韻たちの、驚くべき約束。

——韓江『希臘語《ギリシア》の時間』（引用者訳）

＊ハングル＝訓民正音については、野間秀樹 (2010) を見られたい。同書 pp. 301-316 の文献紹介と、pp. 332-349 の文献一覧によって、関連する基礎的な文献を網羅的に知ることができよう。韓国語版は노마히데키《ノマヒデキ》 (2011)。朴泳濬《パク・ヨンジュン》・柴政坤《シ・ジョンゴン》・鄭珠里《チョン・ジュリ》・崔炅鳳《チェ・ギョンボン》 (2007) はある程度の前提知識があれば、さらに楽しめる。『訓民正音』という書物については、姜信沆《カン・シンハン》 (1993) が重要、また趙義成《チョ・ウイソン》訳注 (2010) がある。右に引いた韓江の作品には、斎藤真理子訳、ハン・ガン (2017)『ギリシャ語の時間』がある。

人の世に言語が生まれるとは、一体どのようなことなのか

それでは〈文字〉ではなく、人の世に〈言語〉というものが生まれると、いったいどのようなことが起こるのか？

そもそも言語などというものを、人が勝手に創るなどということが、可能なのか？　言語が誕生するときには、どのような姿をとるのか？　文字通り人工的に創られた言語が、実際に使い物になるのか、機能するのか？　それは人々に使われるのか？　言語たるには、その原初にあって、いったい何と何があればよいのか？　言語が易しいとか、難しいといったことは、言語にとって、私たちにとって、どのような意味を持つのか？　その言語は、いったい何が困って、何が役に立つのか？　創られた言語は変化していくものなのか？　人工の言語にあって、新しいことばはどうやって生まれるのか？　大体、言語は誰もが歓迎しくれるのか？　あるいは迫害されたりもするのか？　人工言語と自然言語はいったいどのような係わりで生きてゆくのか――およそ言語をめぐるありとあらゆる問いを、私たちが体験し得る言語がある。それがエスペラントである。言語を問い、言語を生きる〈構え〉

を、今こそ得んとする私たちが、堂々とエスペラントを学んでよい、充分すぎるほどの根拠ではないか。私たちはエスペラントによって言語の原初を、訓民正音＝ハングルによって文字の原初を、訪ねることができる。

五―四　創造の言語――ことばを〈かたち〉に造るために

言語以前と言語以後――疑似言語を切り分け、真にことばの及ばぬ領野を見据える

ことばのパンデミック。世界の半分はことばでできていて、その領野はとてつもなく広い。私たちがことばについての構えを育むならば、逆に、ことばがどうしても及ばない領野があることも、見えて来る。言語以前 before language、そして言語を超えて beyond language。

二〇世紀人文学は、記号としての言語を語り、記号論バブルとでも言い得るほどに、記号ということば、言語ということばが飛び交った。そしてほとんどありとあらゆる領野に言語を重ねて考えるということを、行ってきた。そこでは映画言語とか、音楽言語とか、美という言語とか、ファッションという言語とか、果ては存在という言語などということばさえ現れかねないほど、ありとあらゆるものが「テクスト」と呼ばれ、「エクリチュール」になぞられ、言語のアナロジーとして語られてきた。それらをとりあえず〈疑似言語〉と呼んでおこう。

でも私たちはこれまで考えてきただけでも、もうそうした「〇〇言語」などという無批判なアナロ

ジーが危険で、かつ場合によっては自己満足の思考循環に陥ってしまうであろうことに、気づいている。大切なことはここだ。それはほんとうに言語なのか？　私たちがことばで成り立たせている言語と、本当に同じようなものなのか？　もし異なるとすると、どこが、どのように異なるのか？　そうした厳格な問いが問われることが、大切なのである。

つまりこうだ。言語を問い、言語を考え、言語を見据える。そのことによって、言語と言語でないものを、切り分けることができる。音楽がなぜ言語でないかを考えることは、「音楽という言語」という規定で安住していた地点から、さらに深い地平へと前進することになる。言語でないものにおいて逢着した困難を、言語に逃げたり、逆に言語で解決できない困難を、言語でないものに逃げないで済む。言語を考えるとは、かくして、言語でないものを考えることでもある。言語を問う構えが重要なのは、言語そのものを考えることができるだけではなく、言語ではないものを問うための、決定的な駆動力を私たちが得ることに連なることにもある。言語を正視することは、ことばの及ばぬ領野を大切に扱うことでもある。

例えば美術という領野。絵画という領野。絵画が〈話されたことば〉や〈書かれたことば〉でないことは、誰でも解る。だがそれを言語だということによって、それ以前には想像もできなかったような、いろいろ面白いことを語ることができた。二〇世紀は知のそうした志向性が顕著な時代であった。二〇世紀はことばの世紀であった。ところがそこで行き来する〈ことば〉の扱いについては、その原理論的なところで、概ね無謀であった。言語を問い、時には言語を疑い、言語と言語でないものを峻別するような思考自体が、ほとんど育っていなかったからである。そうした言語への無批判な従属、あたかも何か超越的なもののごとくに言語を位置づけてしまう信仰、そうした思想は一九世紀は言うに及ばず、おそらく少なくとも一千年に亘って培われてきた思想だからである。実はその完成形態が二〇世紀のソシュール言語学、記号論であった。二〇世紀はことばへの信仰の世紀であった。言語そのものを疑いもせず、言語に首まで浸かっているような思想も、言語をシニカルに見て構造を語るような思想も、言語そのものについて対峙し得ず、言語場に現れる言語に対して武装解除している点では、変わらない。

〈ことばが意味を持っている〉という信仰は、ギリシア、ラテンから、あるいは春秋戦国の思想から、やはり圧倒的な主流であった。ソシュール言語学の〈意味するもの〉と〈意味されるもの〉という視角は、素晴らしいものであった。でもそれを語るときに、ことばと意味はいつもセットで扱われてきてしまった。かろうじて語用論という分野が成立したものの、意味の多重性はもちろん、意味の崩落や、意味の剝落、意味が実現しないなどといった言語場のリアルは、往々にして図式の外に置かれてきた。また、そうしたある種の思想にとって、言語とはゲームであった。そのゲームとは、ことばへの信仰の一形態である。でも言語はゲームではない。

言は意を尽くすのか――漢語圏の言語思想の問い

なお、西洋型の言語思想と比べてみるとき、中国言語思想、より正確には漢語圏の思想における〈言尽意＝言は意を尽くす〉、〈言不尽意＝言は意を尽くさず〉という論争は、幾分異なって見える。この論争を少し乱暴に纏《まと》めると、発話者の言わんとするところを、ことばは十全に表すものなのかどうかという論争である。この点については和久希（2017）『六朝言語思想史研究』がとても大きな領野の、そして非常に面白い諸事実と見取り図を与えてくれる。仁を言い、道を求め、無を語る、主として実践倫理と形而上学の間が前景として押し出されてきた漢語圏の思想を、その後景に隠れている言語思想という観点から照らしており、貴重である。同研究で論じられている思想家たちの、個々の言を見れば解るように、思想家ごとにも異なっているし、もちろん西洋的な言語思想ともあれこれ異なっている。しかしながら面白いことに、言語存在論的な視座から照らすなら、それら問いの立て方の根幹が、〈ことばが意味を持っている〉という信仰にどこかで頼っているという点については、共通するものを見出すことができる。

つまり論争の大きな軸は基本的に〈言語主体の意がある、そして言がある、そこに現れた言は意を尽くしているのか〉という問いの形になっているわけである。それらの問いは実は、〈言自体が意を有する、その意が、言語主体の意と同じものなのか、異なっているものなのか〉という形の問いに集約される。これは私たちの日常の「ことばではうまく言えない」などといった素朴な悩みと、根底では綺麗に通底するものである。もちろん西洋の言語思想にあっても、ずっと底流に流れてきた悩みである。

これまで述べてきたように、言語存在論の核心は、〈言自体が意を有する、その意が、言語主体の意と同じものなのか、異なっているものなのか〉という問いの、〈言自体が意を有する〉という大前提に対する根底的な疑義なのであった。言が意を有するという発想自体を、撃たねばならないのであった。言自体は意を有さない。意とは言語場における参画者たちがそれぞれに造形するところのものだからである。そしてもともとの発話者の意を、参画者たちがそれぞれのうちにあって、それぞれの仕方で形造るものだからである。従って、発話者の「意」と、言語場に現れた言の「意」を比べることは、もともと原理的にできない。そもそも発話者の「意」とは、言語未生以前のものであるかもしれないし、言語場において〈かたち〉に作られたことばに発話者が造形している意味かもしれない。そこさえも十全に検討されぬままに、それらを比べること自体が、成立するかどうかも、簡単に決めつけることができないのである。もちろん、言語場において〈かたち〉に作られたことばには、発話者が造形する意味だけでなく、言語場に立ち会う、全ての受話者が造形する意味もまた存在し得るのであった。

原理論的なことがらから、実践論的なことがらへと、話を戻そう。私たちが発話者の「思い」のようなものと、ことばの「意味」と呼ばれるようなものを比べるときには、右に述べたようなことについては、常に警戒が必要である。

「思った通りに書きなさい」などという作文教育の危険性は、言うまでもない。「言ってることと、やってることが、違うじゃない」という事態、つまり〈言と行〉が一致しないなどという事態には、常に「言っていること=思っていること」という前提が忍び込んでいる。そこでは既に「思っていること」と呼ばれているものが、発話者を含めた全ての参画者たちごとに異なっているのであった。〈発話者が言っていること〉のうちに、受話者たちは〈発話者の思っていること〉を読む。発話者も受話者も、それゆえことばと意味の実現の仕方には、細心の注意を傾けねばならないのであった。〈言と行〉というスキーマはとりわけ儒学にあっては重要な問いの〈かたち〉であった。しかしながら「言行一致」「言行不一致」の前に、まずその「言」をこそ、撃たねばならないのである。

ちなみに私たちはつい「中国言語思想」のように呼びたくなるのであるが、これもまた私たちの意識の底に重要なものが欠けてしまいかねない名づけである。つまり中国が多民族国家だということは知っていても、「中国＝漢民族＝中国語」といった、全く現実にそぐわない図式が、私たちの意識の底で知らず知らずのうちに形成されかねないからである。魏晋南北朝というフィールドにしても、元、清にしても、そうした場で主として論じられているのは、言語こそ基本的に漢語であるけれども、古代から近世に至るまで、国家と呼ばれる権力中枢に係わった民族は、漢民族だけではなく、様々であった。漢民族の象徴的な帝国たる唐の、高祖・李淵 (Lǐ Yuān, 566-635) とて、父系が漢族か鮮卑族かといった論争はともかく、その母は鮮卑あるいは匈奴系と言われる独孤《どっこ》氏であった。言語学を言うなら、そもそも中国音韻学の決定的な淵源となった韻書『切韻《せついん》』五巻 (601) を著した、隋の陸法言《りくほうげん》 (Lù Fǎyán, 6-7 世紀？) その人こそ、鮮卑の陸氏であった。なお鮮卑語はテュルク語系あるいはモンゴル語系と言われる。今日なお漢字の規範中の規範として君臨する『康熙字典《こうきじてん》』(1716) が、満州族アイシンギョロ (満 aisin gioro) 氏の皇帝・康熙帝《こうきてい》（在位 1661-1722）の勅撰であったことは、言うまでもない。現代でも英語文法の大御所にデンマークのオットー・イェスペルセンなどという人があったけれども、そうした学問的な意義に比しても、時を超えて受け継がれる『切韻』や『康熙字典』の重さは、計り知れない。

つまり現代中国を基準にして、私たちが中国言語思想だの中国思想だのと呼ぶその統一的な内実は、国でもなければ、民族でもない、何よりもまず明らかに言語にある。それも決定的に重要なことに、漢字という文字体系による〈書かれたことば〉が支えていた。そして忘れてならないことに、漢語に比べて言語資料や研究こそ限られているものの、西夏語、モンゴル語、満州語などの〈書かれたことば〉もまた、漢語圏に重なる形で、数多の言語場を造り上げていたのである。漢語圏の言語思想については、言語存在論的な観点からもまだまだ追究されてよい。その一方、中国大陸における漢語圏以外の言語による思想の研究についても、その文献学的な研究と共に、今後の大きな発展が俟《ま》たれるところである。なお、何々民族と呼ばれるその内実とて、常に流動していることは、言うまでもない。

〈書物を読む〉とは〈言語場の今日的な変容のうちに書物を読む〉ことである

言語に対する構えを作るにあたって、少年少女たちには、自らの辞書をと説いた。少年少女たちの前で、今一つ、どうしても書物を読むということを、改めて確認し、位置づけ直しておかねばならない。書物を読むとは、自らの外にあることばの〈かたち〉を読むことであって、外から内へという回路を通じて、ことばを得ながら、問いを問うことでもあり、ことばの〈かたち〉を我がものとする道程でもあるからである。それは、ここでの狙いである、自らの内なる構えを作ることでもある。他方、外的な条件にあっては、書物を読む言語場が、既存の言語場における構えでは持ちこたえられぬほどに、劇的に変容しているからでもある。

〈書かれたことば〉が登場し、印刷術が普及してこのかた、読書とはおよそ学びの根幹であった。前述のように、私たちの言語場のありようが今、根底から変容している。そこにおける読書のありかたもまた、構えを作り直さなければならない。

スマホ・ネイティブなどということばが珍しくもなくなるほどに、スマートフォンないしはそれに類するデバイスがありふれたものになった今、書物がもたらす言語場は、言語パンデミック以前の時代とは全く異なった役割を担っている。ＳＮＳやニュースに典型的なように、スマートフォンに現れる多くの〈書かれたことば〉は、謂わば向こうからやって来るという姿をとる。私たちの言語場のうちの身体感覚ではそれらのテクストは〈流れて行く〉という性格を濃厚に見せるわけである。あ、時間がないけど、これはちょっと読んでおこう、あ、今見ておかないと、忘れちゃうかな、あ、これ後で読むためにとっとこう、コピペ、スクショ。そこにおいてテクストは流動することばである。それらのことばは向こうから私に与えられる形で、やって来る。

それら流動型のテクストとは異なって、書物における〈書かれたことば〉には、こちらから訪ねるという姿をとる。書物のテクストは基本的にはいつもそこに在る、ないしは在るだろうところのものである。だから昔も今も書物は私が探すものなのだ。書物のテクストは〈流れて行かない〉。書物のテクストは、そこに留まり、沈潜することばである。

〈流動型：沈潜型〉というテクストのありようの二つの極と並んで、〈断片型：全体型〉とでも呼ぶべき、テクストのありようの二極を考えてもよい。ＳＮＳやニュースはもちろん、日常にあってスマートフォンなどで検索して、遭遇する多くのテクストは、断片的である。それらは概ね短い。不思議なことに、著作権の切れた長編の文学作品のテクストだったり、古典籍文献のテクストだったりという巨大な作品であっても、それらは常に一部として断片化されて私たちの前に現れる。スクロールしたりクリックすれば、とてつもなく長い全体を辿ることができることは解っているのに、私たちの身体感覚では、なぜかそれらのテクストはいつも断片である。

ところが書物は違う。とりわけ紙の書物は決定的に違う。何よりもそれは。言語場を構成する参画者の、量の感覚、全体感覚といった点で決定的に異なっている。書物とは volume（巻）と数えるくらいだから、volume（量）のあるもののことなのだ。書物とは全体としてそこに在るものである。書物と書物でないものを区別する決定的な要因は、私たちにとっての全体感覚にある。私たちが書物に向き合うとは、書物という全体に向き合うことである。もちろん言語場の現象的な瞬間瞬間はごく一部のテクストに向き合っているのだけれども、私たちは書物のうちの一部のテクストというより、常に書物全体に向き合っている。紙の書物が有する全体感覚が、電子書籍には恐ろしく希薄である。それはタップしたりクリックしたりして初めて、私たちの前に現れる。何かの間違いで、ひょっとしたらそれは現れないかも知れないという不安が、私たちの指先にはいつも蹲《うずくま》っている。電子書籍に私たちは本という重さを持った物理的な存在としてではなく、限りなく薄い被膜の表面の光、記号という不確かな存在として相対しているからである。重さを一方では本に感じ、一方では何とタブレットに感じている。そしてタップした後、電子書籍としてのその本が運良く現れても、それは決して全体ではないのだ。紙の書物はいつも全体である。書物が見つからないときも、全体の姿が見つからないのであり、見つかりさえすれば、必ず全体があることを知っている。紙の書物は所謂「積ん読」をしていても、本の全体はそこに在る。かくのごとく、書物に向かう身体感覚は、常に全体感覚としてのそれである。こうしたことは、良い、悪い、といった評価以前に立ち現れる、言語場における私たちの全体感覚の違いである。

私たちが書物に対する際の全体感覚は、同時に、私たちの時間感覚を支えてくれている。つまりその書物のどこを読んでいても、一冊の書物に対しているという安定感は、失われない。今、この本のここらあたりを読んでいる。この辺は飛ばし読みをした。ここは面白い、思わず線を引く。そうそう、付箋もつけておこう。えーと、これは何だったたっけな、最初の方にあったな、もう一度見てみよう。あれ、これ、何度か出て来た、お、ありがたいことに、索引があるじゃないか、索引で引いてみよう。それにしてもこの表紙の装丁はいいな。お、ジャケットを外してみても、このタイトルデザインもなかなか洒落てる。――その書物を読むという営みを、制御しているのは、その言語場の最初から最後まで、読み手である私たちである。読む対象として一冊の書物を選択した瞬間に、私たちはその書物をめぐる言語場の主宰者となる。言語場における主宰者として自らの時間感覚によってことばを読み、意味を造形し、言語的対象世界を形造る。

今、〈書物を読む〉とは、単に書物を読むことを意味しない。〈言語場の今日的な変容のうちに、書物を読む〉ことである。

〈流動型＝断片型〉のテクストと〈沈潜型＝全体型〉のテクスト

同じく〈読む〉という言語場であるのに、〈流動型＝断片型〉的な性格の強いスマートフォンなど携帯デバイス上のテクストと、〈沈潜型＝全体型〉という性格の強い書物のようなテクストとでは、私たちが自らその言語場を主宰しているという感覚に、大きな違いが生まれている。今日の〈読む〉という営みは、その圧倒的な速度と量によって、ともすると〈流動型＝断片型〉の言語場の方に偏りがちである。畢竟、与えられることばの濁流に呑み込まれる危険は、いよいよ大きい。前述のように、今日の言語場の変容が言語疎外を支えているのであった。

なおここで「それは何が書いてあるかによって違うのであって、〈流動型＝断片型〉だから悪いとか、〈沈潜型＝全体型〉だからいいということにはならないではないか」という疑念があるとすると、そうした疑念は大いに正しい。もちろんとんでもない書物もいくらでもあるからである。だがここで問題にしている核心は、〈読む〉という言語場にあって、私たちがどのように位置づけられているか、ということに他ならない。そこにあって私たちがいったいどれだけ自らを律し、自ら考え、自らの時間で動いているかということ。〈読む〉という点ではテクストである以上、同じなのだけれども、それが与えられた読みのように位置づけられ易いのか、自ら律した読みとして位置づけ易いのかという違いこそが、今こそ重要なのである。〈沈潜型＝全体型〉的な性格の濃い、〈本を読む〉といった営みには、まずその書物を選択するという、決定的な決断の機会が担保されている。読み始めて、本がくだらなければ、捨てればいい。〈流動型＝断片型〉テクストを読む営みは違う。どこかで時間に追われているその速度戦の前では、テクストを捨てる決断の機会さえ、あまりにも短い時間に区切られてしまって、気づいたときには、もう読んでしまっている、などということがしばしばである。何しろ与えられるテクストは、速く、短いのだから。あ、くだらないの読むのに時間を使ってしまった、ああ、もうこんな時間だ。スマートフォンにへばりついていた時間に、さらに私たちの後悔する時間が加わる。

要するに、ことばを単に記号的な「情報」として向き合っている限り、右のような違いは問題にさえ浮上しない。便利で速ければいいじゃない。一々本なんか開いてるより、ずっと効率的じゃない。その通りである。便利で、速くて、効率的なものは、どんどん利用すればよい。ただし、そのことに目を奪われて、決定的に重要なことが、失われてはいけない。奪われてはいけない。私たちが言語場の知的な、精神的な、感覚的な、生理的な、主宰者となるということ。ことばが与えられるもの、ただ受容するものではなく、ことばは自らが律するものだということ、自らが獲得するものだということ。突きつけられているスキーマは、こうだ。君が読んでいるのか？　君が読まされているのか？　君が読んでいるのなら、そのテクストは君が便利に活用しているわけだ。もし君が読まされているのなら、君がテクストに便利に活用されているのだ。同時代は〈流動型＝断片型〉テクストに溢れている。それゆえにこそ、〈書物を読む〉言語場の鮮明な位置づけ直しと、その断固たる確保が不可欠なのである。

いわゆる「情報」として濾されたことばを読むという点では、例えば電子書籍という本も紙の書物も違いはない。だが文字はただ記号として在るのではなかった。それは触感があり、色艶があり、ことによっては質量感覚さえ備えた姿で、私たちの前に在るのであった。書物も同様である。高度な三次元デジタルといった世界であれば、擬似的な空間のうちで書物のページを捲《めく》れるようにはなるだろう。だが紙の触感といったものまでにはおそらく辿り着かないか、あるいは人間の神経などへの人工的な加工や補助器具の使用抜きには、不可能だろう。少なくとも本書が有効なものとして読まれる時間的な期限のうちには、まず到達できまい。同じ「本」でも既にこれだけ違うのである。ましてや、〈流動型＝断片型〉テクストであれば、紙の書物のテクストとは、全体感覚の違いからしても、あまりにも違う。

この違いを知ることは、子供たちにとっては、喫緊の課題である。中高年層にはまだ〈本を開いて読む〉という記憶が残っている。指の感触も知っている。年齢層が下がるほど、いやことによっては年齢層にも拘わりなく、そうした記憶は、「学校」やそれに類する、つまらない「教科書」や「課題図書」などを始めとする〈与えられた本読み〉の言語場記憶に偏在しているかもしれない。マーカーを引いたり、鉛筆で書き込んだりするという、本当は大切な〈本〉の記憶が、〈自由な学習〉の記憶と重なっていればよいのだけれども、教育の側の問題とも相まって、〈与えられる教育〉の記憶と重なってしまう。これは悲しいことだ。

タブレットを指で擦《す》る感覚だけでなく、紙の書物を捲る感覚を、子供たちが知らねばならない。記号や情報という名の対象の感覚だけでなく、書物という全体感覚を知らねばならない。それら指先の記憶は、実のところ、言語場を私たちが支配するのか、それとも支配されるのかという記憶とも、大きく重なっているのである。指先は支配と被支配を知っている。〈書物を読む〉ことを、言語場の今日的な変容のうちに新たに位置づけ直すこと。書物の読みをノスタルジアにしてはならない。ノスタルジアで語れるほど、書物を読むことは、皮相的で外化された営みではない。私たちがことばをめぐって言語場で行う営みは、単に道具を使うなどといった技能なのではなく、例えば指先に象徴される、私たちの存在の肌から、ことによっては心などと呼ばれる存在の深奥までをも、深々と貫く営みである。

人はある〈立ち方〉を以て、地に立っている——〈読み方〉もそうだ

ここでちょっとした比喩を許されたい。重火器が、ミサイルが、ドローンが、どんな武器という武器が次々に現れても、人は素手の武道を求め、憧れている。それは武道が〈敵を倒す〉などという目的下の単なる道具などではないからだ。ここでは単なる殺し合いの術ではなく、武の「道」だからだとか、「人格を磨く」ものだ、などという精神主義を語っているのでないことに、注意されたい。ことの核心は、武道であれ、武術であれ、格闘の術であれ、それが人の手の延長にある道具などではな

く、まさに身体と精神を直に実現する営みだという点にある。武道は自らが自らを律するという営みなのである。自らの生に直結している。〈書物を読む〉こともまた、これに類する。

著者もまた、高校生の時分に初めてある武道を学んだ。その時に初めて知った。人には立ち方というものがある。人はただ地に立っているのではない、誰しもが、ある立ち方を以て、立っているのである。そして私たちの多くは、人に〈立ち方〉などというものがあることを、知らない。高校も二年生になって自らが初めて武道に触れるこの日まで、誰もそんなことは教えてくれなかった。そんな大切なものがあるなら、もっと早くに教えてくれればよかったのに。そうした点においては「体育」の授業などという時間があんなにたくさんあったのに。体育の先生たちの誰一人そんなことは教えてくれなかったではないか。私たちはいつも地に立って生きているのに。

そう、〈書物を読む〉、人はただ読むのではない、ある読み方を以て、読んでいるのである。そして私たちの多くは、人が書物を読む〈読み方〉などというものがあることを、知らない。書物を読むとは、目的意識的に獲得し、自らが律し得るものなのだ。私たちは、子供たちに、そんなことを伝えてあげねばならないのではないか？　ふむ、武道では比喩がちょっと過ぎただろうか。

私たちが言語を生きる上で、〈反撃の言語〉を獲得するためには、〈書物を読む〉ことの、全く新たな位置づけ直しが必要である。惰性の〈読み〉でも、アナログ時代へのノスタルジアな〈読み〉でも決して生きられない。私たちの時代にあって〈読む〉とは、言語のパンデミックのうちに〈読む〉ことなのだから。

終章
言語 この希望に満ちたもの
――やはり、生きるための言語

世界の半分は言語でできている。そうした比喩の手掛かりから私たちは出発した。そして言語を生きる〈構え〉を作ることを考えてきた。単なるリテラシーといったことに留まらず、私たちの生の根幹に係わる営みとしての、言語を考えてきた。最後に総括しておこう。

〈言語はいかに在るか〉〈言語はいかに実現するのか〉という問いから言語を照らすことによって、既存の言語学や言語論では見極めることができなかったことが、浮かび上がって来た。ことばには〈かたち〉があるとか、言語の存在様式と表現様式は異なるのだといった、極めて基本的なことを丁寧に確認した。そしてことばがまるで抽象的な記号のように扱われて来た、謂わば二〇世紀的な思考の殻を砕いて、言語が実際に実現するリアルな言語場のありようを見つめた。言語場は個人史を有する生身の人が駆動させるものであった。そうした言語場はこれまでさまざまな変容を経てきた。そして言語場の今日の人類史的な変容、言語場の劇的な変容が顕わになったのであった。

私たちが現在直面しているのは、人類史的な言語危機段階、ことばのパンデミックと呼び得る事態である。ことばは私たちの生の隅々まで、速度と質量を持って襲いかかって来る。言語のパンデミックは、私たちの周囲にことばが押し寄せるという〈環境パンデミック〉から、スマートフォンやイヤフォンなどのデバイスを媒介にした、文字通り身体にへばりついているような、〈身体パンデミック〉へと増殖している。ことばはただ満ちて、溢れているだけではない。それは私たちの思想や感性に喰い入って、私たちの思想や感性を造形しにかかるのであった。

私たちが〈かたち〉にしているはずのことば、ことばが、私たち自身に立ち向かって来て、私たちを支配し、制御し、私たちを抑圧するという、〈言語疎外論〉をも覗き見た。そこで私たちが希求する言語は、あたかも崩壊してしまっているかのごとくである。私たちは言語のパンデミック、言語のメルトダウンの時を生きている。〈引用〉という言語の本質的な働きにも着目した。今日の引用は〈アナーキーな引用のマトリョーシカ構造〉といった様相を呈していることを見た。指示詞の指示機能は崩壊し、固有名詞という固有でない名詞の危うさが露呈する。言語がメルトダウンする。では私たちになすすべはないのか？　きっとある。そう私たちは確信し、歩みを進める。

私たちは言語を生きる道を探る。まず私たちの内から、そして外から。言語を生きる構えを求めた。〈問い〉こそがあらゆる反撃の出発点である。言語が係わる、ありとあらゆる対象に、場に、問いを投げかけなければならない。伝統的な言語学、記号論的、関係論的な性格の濃い、二〇世紀的な言語論が関心を抱かなかった、言語の原理論におけるいくつかのことがらについての把握は、私たちの問いを強靱でかつ豊かなものにしてくれるのであった。

例えば言語が本来的に有する〈同席構造〉を正しく位置づけ直すこと。そのことで、その恐ろしさも、歓びも、正視できることが、解る。言語場における直接の対話者とは別の受話者、即ち同席者の存在に、言語場は原理的に開かれているのであった。同席者は見えることもあるし、見えないこともある。私たちがことばを造るにあたって、言語場における潜在的な同席者の存在を、決して忘れるわけにはいかない。

好き放題にことばが乱舞するパンデミックにあって、とりわけ注目すべきことの一つに、ことばは〈かたち〉にすると、私たちの言語的対象世界のうちに、それをとりあえず在ることにしてしまうという、〈存在化機能〉があった。「神」であれ、「亡霊」であれ、「無」であれ、対象を組み合わせる、「AとB」のようなものであれ、ことばで〈かたち〉にすることによって、その対象の「存在」をアクティヴェイトactivateする、そうした存在化機能によって、これまでしばしば思考のプラットフォームや思考のプロトコルが私たちに強制されていたのであった。そうした強制の仕掛けを打ち砕き、自らのことばを造ることの大切さを見た。「国民」「国益」、与えられることばたちの存在化機能は決して侮れない。それは容易にdeactivateなどできないし、脱構築するなども容易ではない。

更にまた、〈言語道具観〉による言語の矮小化を破砕すること。言語道具観は言語を人間の存在から引き剝がし、「道具」と貶めることによって、言語と離れた位置に、私たちを係留し続け、言語を問い、言語を生きることを、忘れさせる。〈言語道具観〉を破砕するという点から、〈言語を学ぶ〉ということに着目した。言語を単なる道具に貶める言語道具観こそが、私たち人にとっての言語の本質的な何かを捨て去る思想なのであり、今日の言語教育＝言語学習を覆っている支配的な思想なのであった。本書「はじめに」の書き出しと同じように、梶井基次郎の小説の文章構造を借りて言えば、言語教育という名の樹の下には、言語学習者たちの累々たる屍《かばね》が埋まっている。これも信じていいことだ。言語道具観との闘いこそ、言語を学び＝教えることの中軸に据えるべきものである。

自らの存在に直結する母語と、母語ではない言語＝非母語との係わりに注目すること。それらの係わりに蹲《うずくま》っている、〈対照する〉という契機に着目すること。「言語には差異しかない」、二〇世紀ソシュール言語学はそう言った。二一世紀の人文学もそうした思考を思い切り引き摺《ず》っている。言語学者ソシュールの思いがどこにあったにせよ、構造主義からポストモダニズムへ至る過程は、言語から人の姿を悉く消去する過程でもあった。これには情報工学も追従している。だがしかし、〈差異〉の前にこそ、我ら人が〈対照する〉という営みがあるのであった。差異がまず在るのではない、私たちがそれを差異とするのである。人の営みなき荒地には、差異もなければ、同一性もない。言語はそれ自体で〈かたち〉になっているわけでは決してない。言語の〈かたちGestalt〉とは、単なる〈形

Form〉一般ではない。言語場を駆動させる人の存在こそが、音や光の粗密に〈かたち〉を見出し、私たちをして、それを言語と呼ばせるのである。

人が〈対照する〉という契機を手掛かりに、母語以外の言語を学ぶということを照らし直した。そこには何よりも自らを他に照らすという営みの、大切さが見えた。その先にたぐり寄せることができるのが、翻訳という言語実践であった。翻訳とは、既にそこに存在する実践の形であった。私たちは翻訳のペシミズムや翻訳の限界論を超え、豊かなることばを造形する、翻訳という言語実践に希望を見るであろう。

さらには母語以外のいくつかの言語に触れることの意義を、エスペラントのような言語間言語に触れることの意義と重ね合わせて、言語について考えながら、逍遙した。言語の始原は知りがたい。ただしエスペラントは、それを教えてくれる。文字の始原は知りがたい。ただし訓民正音＝ハングルはそれを教えてくれる。

内なる問いから出発し、外に照らし、外と交差する私たちは、書物を読むといった営みもまた、現在の言語場の変容にあって、位置づけ直さねばならないし、それは私たちの子供たちに伝えねばならないこととして、ある。スマホなどの〈流動型＝断片型〉テクストで失われている、所謂紙の本の〈沈潜型＝全体型〉テクストを読む全体感覚、時間感覚の違いは決定的である。そこでは常にこう問われているのであった――君が読んでいるのか？　君が読まされているのか？

私たちはありとあらゆる言語場を正面から見据え、私たち自身のことばを〈かたち〉に造る。私たちの問いから構えが築かれる過程とは、ことばが私たちをうち鍛えてくれる過程であり、私たちが私たち自身のことばを鍛え上げる過程に他ならない。

私たちの言語実践、その領野は広大である。ともすると、あまりにも自明なもののごとくであったり、あまりにも超越的であるかに見えるがゆえに、私たちはしばしば言語のことを忘れる。でも言語とは、私たちがそれをまさに生きているものなのである。

おわりに

本書は北海道大学出版会から形にしていただいた。実はとても嬉しい。

著者は九州、京浜、そして北海道まで、大げさに言えば、日本のあちらこちらを転々とした。小学校の二年生など、一学期ごとに転校したのであった。

中学の三年生の三学期から高等学校の一年までは函館で、そして高校の二年と三年は小樽で育った。いわゆる「多感な」などと言われる時期かもしれない。それでなくとも啄木が「函館の青柳町こそかなしけれ」「かなしきは小樽の町よ」などと歌っている、その函館と小樽である。

初めて本当の雪の世界を歩いたのも、これらの街であった。冬、体育の授業でスキーを担いで学校の裏山に登り、授業後にはスキーの全くの初心者の私が、林の中を必死で縫って滑って、ようやく無事に学校へ辿《たど》り着く、などという体験も、小樽が初めてであった。札幌はというと、高校生のための公募の美術展に美術部の仲間たちと幾度か絵や版画の作品の搬入をしに行ったことを、真っ先に思い出す。札幌も小樽も美術の仲間たちの街だ。まるで絵葉書のようにかの時計台があって、デュシャン、ポロックに唸《うな》り、池田満寿夫《ますお》、横尾忠則《よこおただのり》、河原温《かわらおん》を評し合い、雑誌『美術手帖』を一緒に覗き込んでは、李禹煥《リ・ウーファン》、もの派の衝撃に胸を熱くする。そう、小樽ではいつもどこかで誰かが絵を描いている。——

かにかくに、かのなまへは、恋しかり。街の名からは、ただただ満腔の思いが込み上げる。

本書は〈話す〉ことや〈書く〉ことを論じている。

しかしながら、著者は子供の頃、中学の一年生頃まで、初めて出会う人たちや、とりわけ、大勢の人の前では〈話す〉ということが、全くできなかった。今も、対談などはやりたくない。所謂学級委員などはかろうじてやっていたのだが、六年生のとき、こともあろうに、小学校の児童会役員に「立候補」しろと、クラスで勝手に投票され、決められてしまった。「立候補」などということばは嘘だ。そんな嘘を拒否することばすら、知らない子供だった。言われるがままに、従うと、何と選挙演説というものがあるという。演説の場、校庭の、四年生以上であったか、全校生徒の前に立って、歯をがちがち鳴らしながら、膝をがくがくと震わせて、怯えきっていた。ことばを言い間違えて、全校生徒に笑われた。大学を出たばかりの担任の女性の先生は、「演説なんて大丈夫だよ。思っていることを言えばいいんだよ」と助言をくれたのだった。とっても優しい先生の思いとは、おそらく全く裏腹に、実際の〈話す〉場で、そんな助言は何の意味もなかった。人々の前で〈話す〉とは、ことばにもならないような、恐怖と羞恥、それ以外の何ものでもない。

中学に入るや、また生徒会の役員にされた。これは入学時に学校が決めたものである。もちろん「立候補」のわけがない。一年生の後期になると、改選があった。一年C組の私のクラスにまで、I組のTさんが来てくれた。Tさんも学校が決めた、もう一人の一年生の女子の生徒会役員である。昔のことで、男子一人、女子一人、そう勝手に決められていた。後期の役員選挙に一緒に立候補しようとTさんが私を誘う。

「嫌だよ」「どうして？」「……」「ね、どうして嫌なの？」「……人前で演説なんかするの、嫌なんだよ」「演説？　演説って、だってそんなの、たった一回だけじゃない。やればいいじゃん。ね、一緒に立候補しようよ。一緒に生徒会やって、楽しかったじゃん」「うん、楽しかった」「そうだよね、一緒に行った夏休みのさ、生徒会役員のキャンプファイヤー、楽しかったよね？」「うん、ほんとに楽しかった。最高に楽しかった」私は涙が出るくらいに、狂おしかった。「でしょ？　ね？　一回だけ、演説、やって。原稿書くのくらいだったら、私だって手伝えるよ。一緒にやろうよ」「……だめ」「私が……、こんなに頼んでも、だめ？」「……ごめん」。きりりとして、とっても利発で素敵で、ほんとに大好きなTさんに、ああ、今嫌われる――。

Tさんは後期の生徒会役員になった。今一人の男子は誰がなったかなど、関心もなかった。もうTさんは私のいるところには、いないのだ。C組とI組は教室の階も違って、離れていた。その後、Tさんを遠くから一度見かけただけで、ただの一度もことばを交わしていない――。二年生になるとき、私は横浜から川崎の中学に転校して行った。このことを思うと、まるで啄木ならぬ「石をもて追はるるごとく」といった気持ちだった。たった一回、人前で〈話す〉ことができなくても、少年は大好きな人を失うのだ。大好きな人の前で、その人への思いを〈語る〉こともできずに。言語に係わる一つの小さな私的記憶である。

〈話す〉とは私のうちに「在る」ことばを単に外に ex- 出す press することなどではない。それぞれの個人史を有する生身の人々に向かって、これまた思い切り個人史を引き摺《ず》った生身の人が、もう二つとない、そこにしかあることのない言語場において、ことばを造ることである。

言語とは、一人の発話者がことばを放って終わるものではない。発話者がいて、受話者がいて、その受話者も実は発話者でもあり得る。発話とは、ことばを一方的に発することではない。それは言語場における互いが相互に交わる営みである。そして受話者は一人とは限らない。もともと言語場には複数の、場合によっては大勢の受話者が一つの言語場に存在し得るのであって、それは一人の受話者が、単に複製されたかのごとく、複数存在するのではない。複数の受話者は、受話者のコピーたちではない。複数の受話者とは、それぞれが全く別々の、生きた個なのである。少年のことばに耳を傾ける大勢も、少年を嗤《わら》う大勢も、そのような生身の人々である。それは画一的なコピー集団などではない。

思いを美しい瞳に光らせる少女が、ことばを〈かたち〉に造って問い、心を抉られるような気持で、少年が答のことばを〈かたち〉に造る、言語場とはそうしたものである。ことばは造られることが、叶わないかもしれない。ことばが〈かたち〉となっても、それは意味として実現しないかもしれない。少年がことばを自らの心のうちに求めても、〈かたち〉の片鱗さえ見つからず、かろうじて音の〈かたち〉として発したつもりの音が震えて、聞いているはずの少女にとっては〈かたち〉さえ、なさないかもしれない――言語場とはそうした場のことである。

脳の中の「ことば」を出して終わる言語学からは、もうそろそろ訣別してよい。言語はことばを放って終わってなどいないからだ。言語が「心的実在」であると語って、よしとするような言語思想では、言語場のリアリティも、言語場における生身の個の存在も、言語場における少年や少女たちの恐怖も羞恥も、もちろん歓びも哀しみも、おそらく決して解らない。

言語に係わる、いま一つの小さな私的記憶。小学校の六年生の時分、『毎日小学生新聞』のエスペラントなる言語の入門の連載記事を毎回切り抜いて、自分で勝手に学んだ。とても面白かった。英語の授業は中学からだったから、たまたま英語より先にエスペラントに接したことになる。その頃は東京の本郷だったか、現在の日本エスペラント協会の前身、日本エスペラント学会の事務局を訪ねた記憶もある。エスペラントの入門書を探しに。

近所の一年下の五年生に、勉強もできて、脚も速くて、運動も万能の親しい友達、H君がいた。ある日、紙と鉛筆と連載の切り抜きを貼ったノートを持って、H君に言った。エスペラントっていうことばがあってね、これこれでさ、こんなふうに面白いんだ。一緒にやらない？　二人でエスペラントで話そうよ。みんなには解らない、秘密の話も二人でできるよ。

鮮明にその姿を覚えている。H君は目を輝かせて、満面に笑みを浮かべ、文字通り、身を乗り出して来て、こう言ってくれた。「わぁ、面白いねー、やろう、やろう」。嬉しかった。やっぱりH君だ。この言語の仲間ができた。そしてH君が発した、その次のことばに驚愕するのである——じゃあさ、教えて、教えて。そのエスペラントで「あ」は何て言うの？　私は心底驚愕した。ああ、このH君って、何て頭のいい子なんだろう。何て言うのかな、言語を把握する仕組みみたいなものを、予め自分で持ってるんだ。凄いな、凄いよ、H君。そして私は声にならない声で、H君に謝った。あー、そんなふうにはなってないんだけど……。私は本当に困惑した。こんなときは何て言ったらいいんだろう——

人の知らない言語で語り合うという、私たち二人の陰密なる野望は、こうして潰《つい》えてしまった。愚かなる私。その言語で「あ」は何て言うの——ああ、何て鋭いんだろう。実に、鳥肌が立たんばかりの、その感嘆の震えを、今でも忘れない。ああ、それに引き替え、自分は何てだめなんだろう。でも日本語の「あ」がそれぞれ違う音に置き換えられるような言語ってのも、あるんだろうか。あー、暗号なんかはそうなってるのが、ある？

ここに在るものを〈問い〉と言う。少年たちの問い。少年たちは問うのだ。その言語で「あ」は何と言うのか？　恐るべき問いである。言語を把握するために、そうした問いは可能なのか？　その問いにはいかに答えればいいのか？　そもそも未知の、初めて接する言語を、いかに語れるのか？　少年たちの問いから、私はその時、その先には進めなかった。H君には大きな借りができた。そうした思いが心のどこかにずっと蹲《うずくま》ることになった。言語に係るいま一つの私的記憶である。

著者が言語学を志したのは、この時であった——なんて言うと、かっこいいのだけれど、残念ながら、この体験の衝撃が大きすぎたからか、言語学なんか志したりは全くせず、まあ、言語学などというものがあることも、知らない。エスペラントもとりたてて熱心に学び続けることもなく、少年はGペンでかりかりと、ひたすら漫画を描いているのであった。

問いが大切だ。問いが全ての出発点を規定する。問いを潰してはいけない。問いは共にされ、育てられねばならない。問いを育てていく術《すべ》を学ばなければならない。学校は、教育は？　そんなことを教わった記憶はない。私が先生の話をちゃんと聞いていなかっただけか？　いや、おそらく、学校が、少年たちの、少女たちの問いを、圧殺しているのだ。そして何よりも私たち自身が、言語は問うてよいものだということを、学んでいなかったのである。しかし少年は断固として、ことばを〈かたち〉に造ってよいのだ——演説はしない。君が好きだ。

勤務校ではない、他の大学に出講した、ハングルの創製についての、ある授業でのことである。さあ、どうですか、質問でも何でも、おっしゃりたいことを、自由にどうぞ。私の問いかけに、一人の学生が語ってくれた。先生はさっき問いが重要だとおっしゃったんですけど、僕が小学校の一年生の時、平仮名を初めて習ったときに、先生に訊いたんですよ。ひらがなのこの「あ」は、どうして「あ」って読むんですかって。おお、なるほどねー、面白い問いですねー、今度は私が身を乗り出した。それで先生は何ておっしゃったんですか。先生はとにかくそうなってるから、そう覚えなさいって、それで僕はなんかこう——小学校一年生がそんな場面を記憶しているくらいだから、きっとぼろぼろに傷ついたのだ。小学校のその先生は、嘘でもいいから、「おお、面白い質問だねーこれから一緒に平仮名を学ぶわけだけど、君のその面白い問いを、これから時間をかけて、みんなで少しずつ考えていこうか」、くらいのことでも言ってほしかった。いやいや、私だって、あのとき、そんなことは言えなかったのだ。あのとき——私はH君とのことを猛烈に思い出しにかかった。

　平仮名の「あ」をどうして「あ」と読むかという問いは、巨大な問いである。音と光の原理から、言語音と文字、漢字について。音節と音素。表語と表音。漢字の形音義トライアングルと〈かたち〉の変容。音の変容。漢字音。訓読と訓読み。義の変容。書体と書法。筆と線。連綿と空画。漢語と韓国語＝朝鮮語とベトナム語と日本語。ちなみに中島隆博 (2017: 209-215) で論じられる「阿（ア）字」論のような、思想史を駆け抜けるごとき、面白くも恐るべき議論は、到底我が力量の及ぶところではないので、これを避ける。そして問題を禁欲的に言語学的なフィールドに限ったとて、おそらく大学院で一年やそこらかけて講義しても足りないくらいの、深く大きな問いと答えを造形し得るだろう。言語史と文字史、そして言語と文字の原理を考察する、実に魅力的な問いを考えることになる。

　言語をめぐって、少年たちは、少女たちは、素朴に、素直に、そして大胆に、問いを問う、knight、何だろうこの読まない k とか gh とかってのは。漫画に出て来るデンマークのクヌート王の Knut なんかとは違うのかな。なんで「てふてふ」が一匹韃靼《だったん》海峡を渡っていくわけ。なんで毎回毎回「子曰く」とか「如是我聞《にょぜがもん》＝是《か》くの如く我聞く」ってくっついてるの。大体、英語ってのはどうして世界に広まってるのかな。アラビア文字ってのもいろんなところに広まってるみたいだけど、これみんなお互いに読めるのかな。平仮名とか漢字とか、一体誰がどんなふうに思いついたのかな。文字ってのは、勝手に創ってもいいわけかな。教科書に書いてあることって、みんなほんとなのかな。どうしてフェイクニュースとかって、可能なのかな。大体、人間にとって言語って何。

小さな問いから大きな問いまで、少年少女たちには、いつも次々に問いが生まれている。教育が、大人たちが、私たちが、それら問いを圧殺してはならない。そして今、私たち自らが失っていた、言語をめぐる問いたちを、取り戻さねばならない。忘れてならないことに、言語は怖いものでもあると同時に、この上なく楽しいものでもある。そしてそれは希望に満ちたものでもある。

先に、多くの方々のお力を得て、東京大学出版会より『言語存在論』を上梓する機会に恵まれた。同書を、言語を考える原理論とすると、本書『言語 この希望に満ちたもの——TAVnet 時代を生きる』は、謂わば言語を生きる実践論である。世界の半分は言語でできている。そうした比喩の手掛かりから私たちは出発した。そして生きるための言語を求め、言語を生きる〈構え〉を獲得せんとしたのであった。

言語が係わる領野は広い。限りなく広いがゆえに、そして著者の力不足のゆえに、本書の及ばぬところは多い。読者の皆さんのお叱りも頂戴するであろう。本書の希いは、ただただ、ことばのパンデミックとも言うべき、今日の人類史的な言語危機段階にあって、言語を生きる〈構え〉を共に、という点にある。

『言語存在論』刊行以後にも、金禮坤《キム・イエゴン》、藤本幸夫、亀山郁夫、西谷修、権在一《クォン・ジェイル》、李相男《イ・サンナム》、西岡文彦、徐尚揆《ソ・サンギュ》、長見有人《おさみありひと》といった方々を始め、日本と韓国の、研究教育や出版を共にしてくださっている温かき方々から、陰に陽に嬉しい激励を賜っている。そして金珍娥《キム・ジナ》、高槿旭《コ・グヌク》といった方々を始めとする、私と共に学んでくださった、多くの熱き仲間たち。改めてここにお礼申し上げたい。

大学出版会から刊行する書物の本扉の裏には、英語に訳した書名を表記する慣習となっている。翻訳という営みの希望を語り、複数言語の逍遥などにも触れた本書の内容とも相俟《あいま》って、英語だけではなく、例えば言語間言語たるエスペラントや、アジアの言語などでも、という編集方略が提起された。著者の貧相な力量ではもちろん危ないので、常日頃からご厚誼をいただいている先生方に、教えを請うた。日本語書名の訳は、エスペラント、韓国語、簡体字表記と繁体字表記の漢語＝中国語、ドイツ語、フランス語、ハンガリー語、満州文字表記とそのローマ字転写の満州語文語、そして英語である。ロス・キング (Ross King)、陳力衛《チェン・リーウェイ》 (Chén Lìwèi)、後藤斉《ひとし》、川口裕司、高東昊《コ・ドンホ》、木村護郎クリストフ (Goro Christoph Kimura)、陸智豪《ロッヅオ》 (Lù Zhìháo)、パーパイ・エステル (Pápai Eszter) といった方々の、温かくも快いご教示によって、複数言語を逍遥したいという希望を秘めた、小さな冒険が形になった。縦書きの満州文字はユニコードのフォントではなく、一七〇八年刊と推定される満州語辞書『御製清文鑑《ぎょせいしんぶんかん》』の書体から、高東昊先生が自ら集字してくださったものである。右の行から読む日本語などと違って、縦書きの満州文字は、左の行から読む。

本書を北海道大学出版会から世に出していただいた光栄は、本扉裏、複数言語の企てはもちろん、最初から最後まで、同会相談役であられる竹中英俊氏に拠る。常日頃より論文や著作に注目してくださって、温かい激励と有益なる助言を惜しまれなかった。言語や文字をめぐる氏の造詣によって、著者は激しく鼓舞されたのであった。

また原稿はMS-Word形式やテキストファイルなどではなく、Adobeの印刷組版アプリケーションであるInDesignで提出したい、ジャケット、表紙《カバー》、扉から本文、奥付に亘《わた》る全ての組版デザイン、図版に至るまでの全部を著者自らの手で、という願いも、快く受け容れてくださった。心より感謝申し上げる。

最後に改めて、本書を共にしてくださった全ての皆さんに、心よりお礼を申し上げたい。言語をめぐって、皆さんに、どうか幸いあらんことを。

二〇二一年、桜舞う春に

野間秀樹

＊本書は基本的に書き下ろしたものであるけれども、一部に、野間秀樹 (2007a, 2012d, 2014a, 2018ade)、노마 히데키［野間秀樹］(2008) の一節を引いた箇所がある。

事項索引

●さ

●は

●ま

人名索引

図版

こんな人は×××
こんな人は×××
こんな人は××

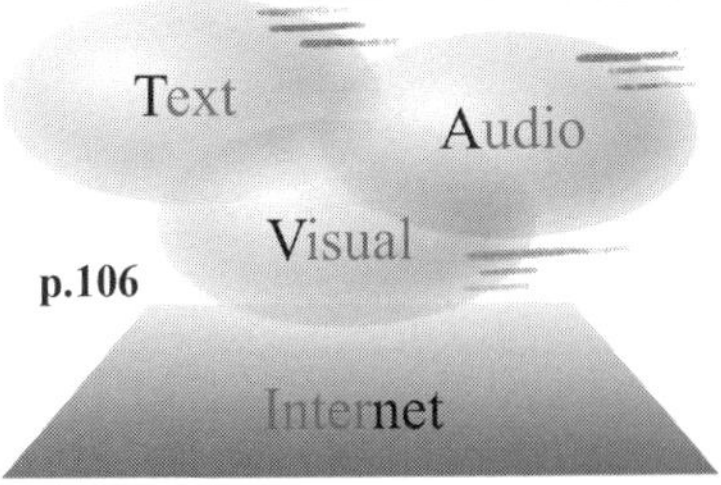
Text
Audio
Visual
Internet

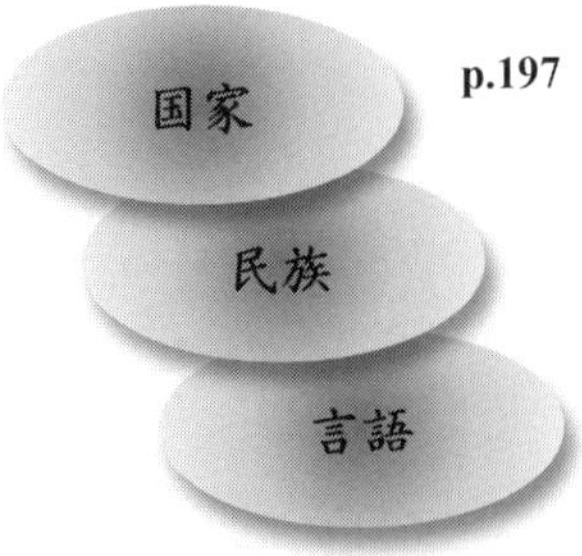
国家
民族
言語

ことば

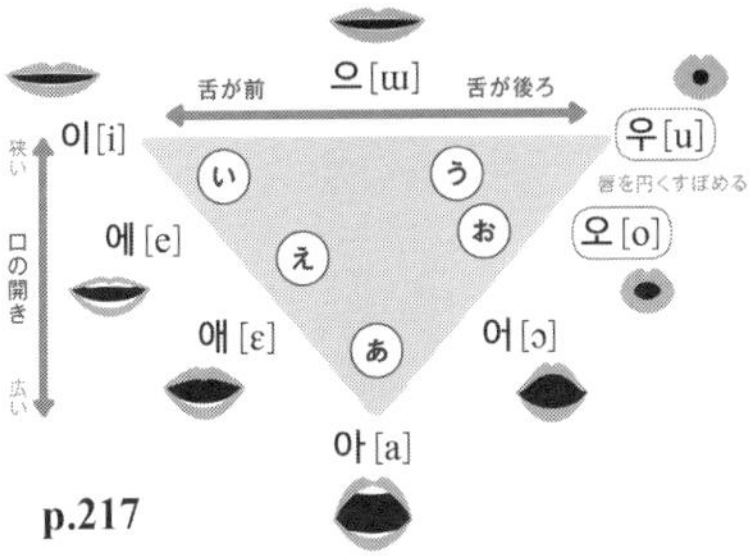
으[ɯ]
舌が前
舌が後ろ
이[i]
우[u]
唇を円くすぼめる
狭い
口の開き
広い
い
う
お
え
あ
에[e]
오[o]
애[ɛ]
어[ɔ]
아[a]

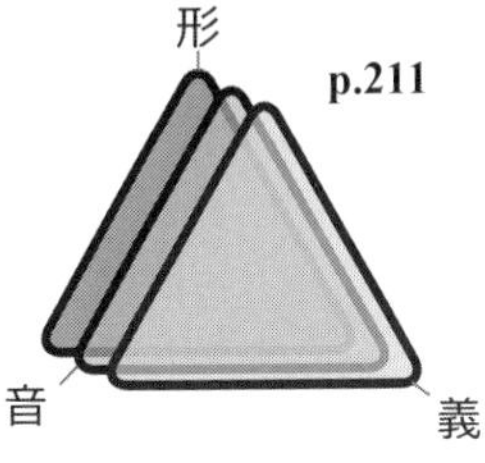
形
音
義

사랑

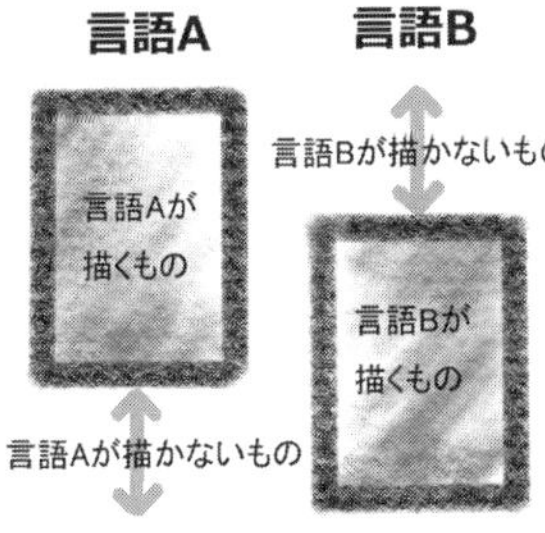
言語A
言語B
言語Bが描かないもの
言語Aが描くもの
言語Bが描くもの
言語Aが描かないもの

索引

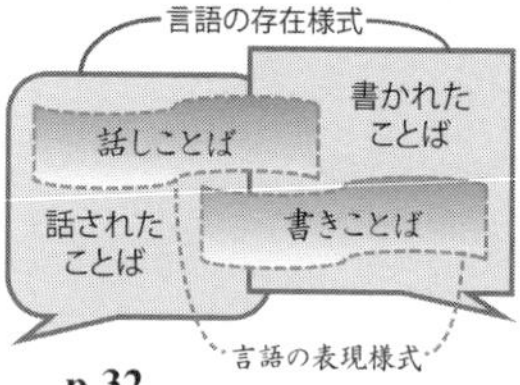

p.32

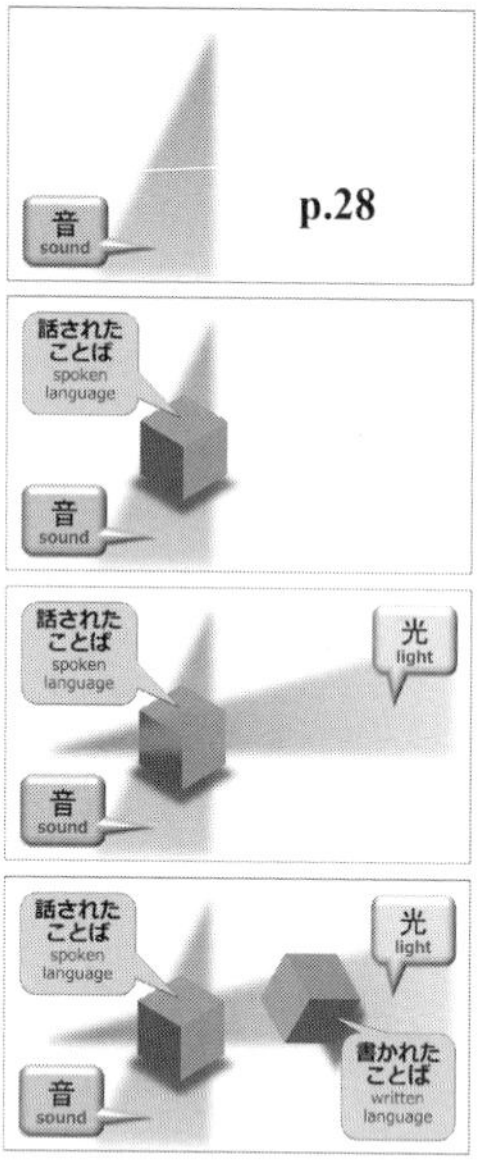

p.28

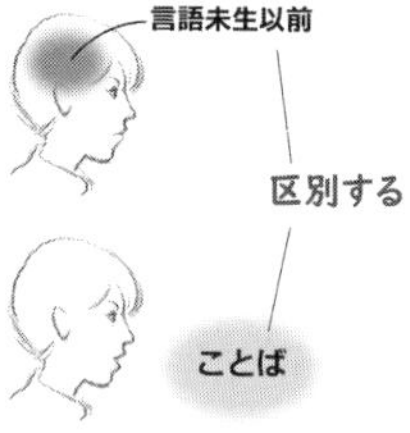

p.20

p.80

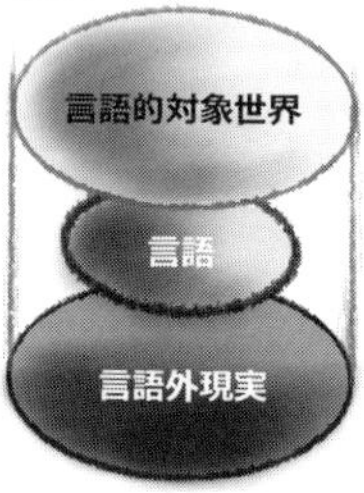

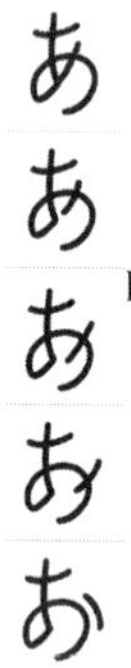

p.44

p.41

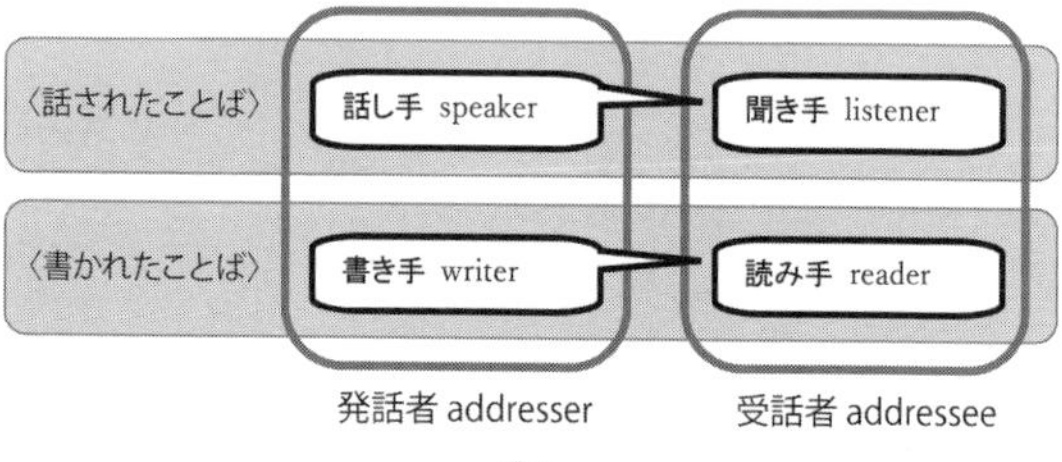

p.50

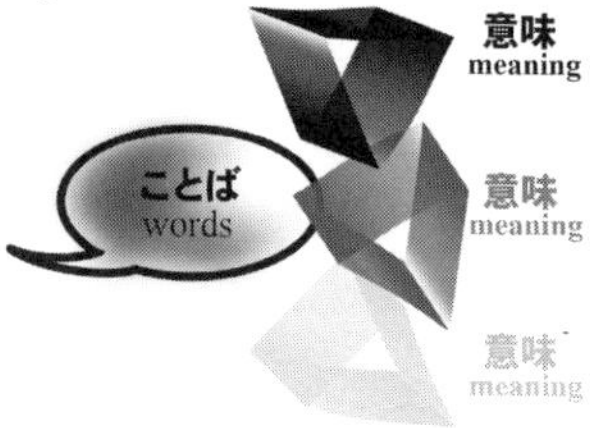

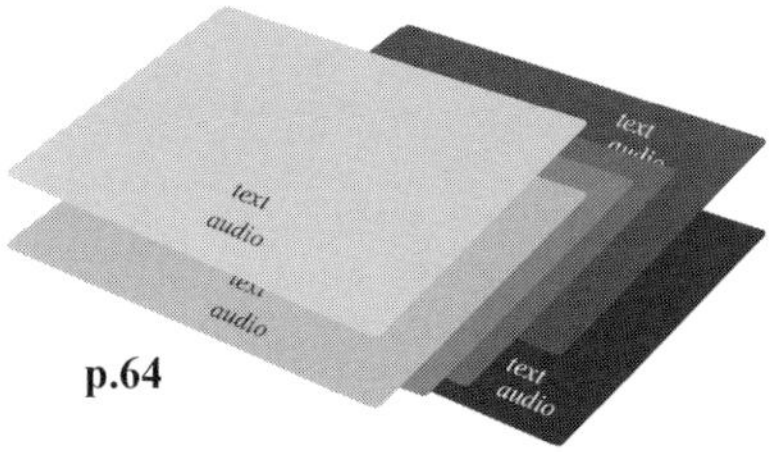

p.64

文献一覧

＊言語の原理論をめぐる文献については，野間秀樹 (2018e)『言語存在論』の，訓民正音＝ハングルや漢字などについては，野間秀樹 (2010)『ハングルの誕生』の，より広汎な文献一覧を参照されたい．

姜信沆 (1990) "增補改訂版 國語學史" 서울 : 普成文化社

姜信沆 (2003) "수정 증보 훈민정음연구" 서울 : 성균관대학교 출판부

姜信沆 譯註 (1974) "訓民正音" 서울 : 新丘文化社

金斗鍾 (1981) "韓國古印刷技術史" 서울 : 探究堂

김성도 (2013) '문자의 시원과 본질에 대한 몇 가지 인식론적 성찰' 인문학연구원 HK 문자연구사업단 (2013) 所収

김영정 (1997) "언어・논리・존재――언어철학・논리철학 입문" 서울 : 철학과현실사

金允經 (1938; 1985) "朝鮮文字及語學史" (1985)『한결 金允經全集1 朝鮮文字及語學史" 서울 : 延世大學校 出版部)

김주원 [金周源](2013) "훈민정음 : 사진과 기록으로 읽는 한글의 역사" 서울 : 민음사

김진아 [金珍娥](2019) "담화론과 문법론" 서울 : 역락

김진우 [金鎭宇](2008) "언어와 사고" 서울 : 한국문화사

노마 히데키 [野間秀樹](2002) "한국어 어휘와 문법의 상관구조" 서울 : 태학사

노마 히데키 [野間秀樹](2008) '언어를 배우는〈근거〉는 어디에 있는가――한국어 교육의 시점' "한글 : 한글 학회 창립 100 돌 기념호" 서울 : 한글 학회

노마 히데키 [野間秀樹](2011) "한글의 탄생――〈문자〉라는 기적" 김진아・김기연・박수진 옮김 . 파주 : 돌베개

노마 히데키 [野間秀樹](2015a) '인문언어학을 위하여――언어존재론이 묻는 , 살아가기 위한 언어' "연세대학교 문과대학 창립 100 주년 기념 국제학술대회 발표자료집" 서울 : 연세대학교 문과대학

노마 히데키 [野間秀樹](2015b) '훈민정음 = 한글의 탄생을 언어의 원리론에서 보다' "세계 한글작가대회 발표자료집" 서울 : 국제펜클럽 한국본부

노마 히데키 [野間秀樹](2016a) '언어를 살아가기 위하여――언어존재론이 묻는 ,〈쓴다는 것〉' "제 2 회 세계한글작가대회 발표자료집" , 서울 : 국제펜클럽 한국본부

노마 히데키 [野間秀樹](2016b) '언어존재론이 언어를 보다――언어학과 지 (知) 의 언어' "제 3 회 경북대학교 국어국문학과 BK21 플러스 사업단 국제학술대회 : 언어생활과 문화", 대구 : 경북대학교 국어국문학과 BK21 플러스〈영남지역 문화어문학 연구인력 양성 사업단〉

노마 히데키 [野間秀樹](2017) '한글의 탄생과 불교사상의 언어――언어존재론적인 시좌 (視座) 에서' "불교와 한글 , 한국어", 서울 : 한국문화사

노마 히데키 [野間秀樹](2018) '〈쓰여진 언어의 영광〉――언어의 원리론에서 한글의 탄생을 비추다' "소리×글자 : 한글디자인", 서울 : 국립한글박물관

노마 히데키 [野間秀樹] 엮음 (2014) "한국의 지 (知) 를 읽다" 김경원 옮김 , 서울 : 위즈덤하우스

노자 [老子](2000; 2012) "노자 도덕경과 왕필의 주" 김학목 옮김 , 서울 : 홍익출판사

루트비히, 오토 [Otto Ludwig](2013) "쓰기의 역사", 이기숙 옮김, 서울 : 연세대학교 대학출판문화원
마루야마 게이자부로 [丸山圭三郎](2002) "존재와 언어" 고동호 역, 서울 : 민음사
박기완 [朴基完](1983) "에스페란토로 옮긴 훈민정음 Esperantigita Hun Min Ĝong Um" 서울 : 한글 학회
朴炳千 (1983) "한글궁체연구" 서울 : 一志社
朴炳千 (1985) "書法論硏究" 서울 : 一志社
백낙청・임형택・정승철・최경봉 (2020) "한국어, 그 파란의 역사와 생명력" 파주 : 창비
비트겐슈타인, L. (1985) "論理哲學論考" 朴煐植・崔世晩역, 서울 : 정음사
비트겐슈타인, 루트비히 (1994) "논리철학논고 / 철학탐구 / 반철학적 단장" 김양순 옮김, 서울 : 동서문화사
비트겐슈타인, 루트비히 (2006) "논리－철학 논고 : 비트겐슈타인 선집 1" 이영철 옮김, 서울 : 책세상
송기중 [宋基中]・이현희 [李賢熙]・정재영 [鄭在永]・장윤희 [張允熙]・한재영 [韓在永]・황문환 [黃文煥](2003) "한국의 문자와 문자 연구" 서울 : 집문당
安秉禧 (2007) "訓民正音硏究" 서울 : 서울대학교 출판부
兪昌均 (1982) "訓民正音" 서울 : 螢雪出版社
이강서 (2013) '플라톤의 문자관' 인문학연구원 HK 문자연구사업단 (2013) 所収
李基文 (1961;1972) "國語史概說 (改訂版)" 서울 : 太學社
李基文 (1998) "新訂版 國語史概說" 서울 : 太學社
이익섭 [李翊燮](1986;2003) "국어학개설" 서울 : 학연사
이현희 [李賢熙](2003) '訓民正音 硏究史' 송기중 외 (2003) 所収
인문학연구원 HK 문자연구사업단 (2013) "문자개념 다시보기" 서울 : 연세대학교 대학출판문화원
최윤갑・리세룡 편저 (1984) "조선어학사전" 연길 : 연변인민출판사
최재목 역주 (2006) "郭店楚墓竹簡本 노자" 서울 : 을유문화사
최현배 [崔鉉培](1937;19714) "우리말본" 서울 : 정음문화사
Coseriu, Eugenio(1997) "서양 언어철학사 개관――古代부터 現代까지" 愼翼晟 역, 서울 : 한국문화사
King, Ross [로스 킹] (2021) '' 다이글로시아 ' 라는 용어의 문제점 : 전근대 한국의 말하기와 글쓰기의 생태계에 대하여' "漢文學報" 서울 : 우리한문학회
한강 (2011) "희랍어 시간" 파주 : 문학동네
한국철학회 편 (2002) "현대철학과 언어" 서울 : 철학과현실사
한석환 (2005) "존재와 언어 : 아리스토텔레스이 존재론" 서울 : 도서출판 길
허주잉 (2013) "한자문화학" 김은희 옮김, 서울 : 연세대학교 대학출판문화원

阿子島香編 (2008)『ことばの世界とその魅力』, 仙台：東北大学出版会
浅野裕一 (2003)『古代中国の言語哲学』, 東京：岩波書店
東浩紀 (1998)『存在論的, 郵便的 ジャック・デリダについて』, 東京：新潮社
東浩紀 (2002)『郵便的不安たち #』, 東京：朝日新聞社
麻生建 (1989)『ドイツ言語哲学の諸相』, 東京：東京大学出版会
アダムツィク, キルステン (2005)『テクスト言語学序説』, 川島淳夫訳, 東京：同学社

アリストテレス (1971)『アリストテレス全集 1 カテゴリー論 命題論 分析論前書 分析論後書』，山本光雄編，山本光雄・井上忠・加藤信朗訳，東京：岩波書店
アリストテレス (2013)『アリストテレス全集 1 カテゴリー論 命題論』，内山勝利・神崎繁・中畑正志編，中畑正志・早瀬篤・近藤智彦・高橋英海訳，東京：岩波書店
アンダーソン，ベネディクト (2007)『定本 想像の共同体――ナショナリズムの起源と流行』，白石隆・白石さや訳，東京：書籍工房早山
飯田隆 (1987, 1989, 1995, 2002)『言語哲学大全 I – IV』，東京：勁草書房
飯田隆編 (2007)『哲学の歴史 第 11 巻 論理・数学・言語』，東京：中央公論新社
池内正幸 (2010)『ひとのことばの起源と進化』東京：開拓社
池上嘉彦 (1975; 1983)『意味論』，東京：大修館書店
池田知久 (2019)『老子 全訳注』，東京：講談社
石田英敬 (2016)『大人のためのメディア論講義』，東京：筑摩書房
石田英敬 (2020)『記号論講義 日常生活批判のためのレッスン』，東京：筑摩書房
市河三喜・高津春繁主幹 (1952,1955)『世界言語概説 上下』，東京：研究社出版
井筒俊彦 (2009)『読むと書く――井筒俊彦エッセイ集』，若松英輔編，東京：慶應義塾大学出版会
伊藤邦武・山内志朗・中島隆博・納富信留編 (2020)『世界哲学史 8 ――現代 グローバル時代の知』，東京：筑摩書房
今井むつみ (2010)『ことばと思考』，東京：岩波書店
今井むつみ・針生悦子 (2014)『言葉をおぼえるしくみ――母語から外国語まで』，東京：筑摩書房
今福龍太 (2009)『身体としての書物』，東京：東京外国語大学出版会
イ・ヨンスク (1996)『国語という思想――近代日本の言語意識』，東京：岩波書店
イリイチ，イヴァン (1995)『テクストのぶどう畑で』，岡部佳世訳，東京：法政大学出版局
イリイチ, I.・B. サンダース (1991; 2008)『ABC――民衆の知性のアルファベット化』, 丸山真人訳，東京：岩波書店
ヴァルテール，アンリエット (2006)『西欧言語の歴史』，平野和彦訳，東京：藤原書店
ヴィゴツキー (1962; 1975)『思考と言語 上下』，柴田義松訳，東京：明治図書出版
ヴィゴツキー (2001)『思考と言語 新訳版』，柴田義松訳，東京：新読書社
ウィトゲンシュタイン (1975)『ウィトゲンシュタイン全集 1 論理哲学論考』，山本信・大森荘蔵編，奥雅博訳，東京：大修館書店
ウィトゲンシュタイン，ルートヴィヒ (2001)『論理哲学論』，山元一郎訳，東京：中央公論新社
ウィトゲンシュタイン，L. (2003)『論理哲学論考』，野矢茂樹訳，東京：岩波書店
ウィトゲンシュタイン，ルートウィヒ (2005)『論理哲学論考』，中平浩司訳，東京：筑摩書房
ヴィトゲンシュタイン, ルートヴィヒ (2010)『『論理哲学論考』対訳・注解書』, 木村洋平訳・注解，東京：社会評論社
ヴィトゲンシュタイン，L.(1968)『論理哲学論考』，藤本隆志・坂井秀寿訳，東京：法政大学出版局
ヴィトゲンシュタイン (2014)『論理哲学論考』，丘沢静也訳，東京：光文社
上野千鶴子編 (2005)『脱アイデンティティ』，東京：勁草書房
ウォーフ，B. L.(1993)『言語・思考・現実』，池上嘉彦訳，東京：講談社
宇佐美灊水考訂 (1931)『老子道徳眞經 二卷』，王弼註，陸徳明音義，宇惠考訂，救堂書屋

校刊，上海：商務印書館（代印）
ウスティノフ，ミカエル (2008)『翻訳 その歴史・理論・展望』，服部雄一郎訳，東京：白水社
牛島徳次・香坂順一・藤堂明保編 (1967; 1981)『中国文化叢書 1 言語』，東京：大修館書店
宇波彰 (1972)『言語論の思想と展開』，東京：三一書房
エーコ，ウンベルト (1996)『記号論と言語哲学』，谷口勇訳，東京：国文社
エーコ，ウンベルト (2011)『完全言語の探求』，上村忠男・廣石正和訳，東京：平凡社
エレゴール，A. 他 (1987)『言語の思想圏』，東京：平凡社
オースティン，J.L. (1978)『言語と行為』，坂本百大訳，東京：大修館書店
大木充・西山教行編 (2011)『マルチ言語宣言』，京都：京都大学学術出版会
大黒俊二 (2010)『声と文字 ヨーロッパの中世 6』，東京：岩波書店
大澤真幸 (1995)『電子メディア論』，東京：新曜社
王前 (2011)『中国が読んだ現代思想　サルトルからデリダ，シュミット，ロールズまで』，東京：講談社
大森荘蔵他編 (1985a)『新・岩波講座 哲学 2 経験 言語 認識』，東京：岩波書店
大森荘蔵他編 (1985b)『新・岩波講座 哲学 3 記号 論理 メタファー』，東京：岩波書店
大森荘蔵他編 (1985c)『新・岩波講座 哲学 4 世界と意味』，東京：岩波書店
岡本裕一朗 (2015)『フランス現代思想史』，東京：中央公論新社
岡井慎吾 (1916)『漢字の形音義』，東京：六合館
奥田靖雄 (1985)『ことばの研究・序説』，東京：むぎ書房
オグデン C.　& I. リチャーズ (1967; 2001)『意味の意味』，石橋幸太郎訳，東京：新泉社
小熊英二 (1995)『単一民族神話の起源――〈日本人〉の自画像の系譜』，東京：新曜社
小倉進平著，河野六郎増訂補注 (1964)『増訂補注朝鮮語学史』，東京：刀江書院
オング，W. J. (1991)『声の文化と文字の文化』，桜井直文・林正寛・糟谷啓介訳，東京：藤原書店
温又柔 (2015)『台湾生まれ 日本語育ち』，東京：白水社
ガーフィンケル，ハロルド他 (1987)『エスノメソドロジー 社会学的思考の解体』，山田富秋・好井裕明・山崎敬一編訳，東京：せりか書房
改訂新版哲学事典編集委員会 (1971)『哲学事典』，東京：平凡社
柿木伸之 (2014)『ベンヤミンの言語哲学――翻訳としての言語，想起からの歴史』，東京：平凡社
風間喜代三 (1978)『言語学の誕生――比較言語学小史』，東京：岩波書店
カッシーラー, エルンスト (1957)『国家――その神話』, 河原宏・淺沼和典・秋元律郎共訳, 東京:理想社
カッシーラー，E.(1972)『象徴形式の哲学・第 1 巻 言語』，生松敬三・坂口フミ・塚本明子訳，東京：竹内書店
カッシーラー，E. (1989)『シンボル形式の哲学 [1]』，生松敬三・木田元訳，東京：岩波書店
カッシーラー，エルンスト (1999)『シンボル・技術・言語』，篠木芳夫・高野敏行訳，東京：法政大学出版局
カッツ，J.J. (1971)『言語と哲学』，西山佑司訳，沢田允茂監修，東京：大修館書店
加藤周一・丸山真男校注 (1991)『翻訳の思想 日本近代思想大系 15』，東京：岩波書店
加藤典洋 (1996)『言語表現法講義』，東京：岩波書店
金谷治 (1997)『老子』，東京：講談社

亀井孝 (1971)『亀井孝論文集――日本語学のために』, 東京：吉川弘文館
亀井孝・大藤時彦・山田俊男編 (1963; 2007)『日本語の歴史 1-7』, 東京：平凡社
亀井孝・河野六郎・千野栄一編著 (1988-1996)『言語学大辞典 第 1 巻－第 6 巻』, 東京：三省堂
亀井孝・河野六郎・千野栄一編著 (1997)『言語学大辞典セレクション 日本列島の言語』, 東京：三省堂
亀井孝・河野六郎・千野栄一編著 (1998)『言語学大辞典セレクション ヨーロッパの言語』, 東京：三省堂
柄谷行人 (1986; 2001)『探究Ⅰ』, 東京：講談社
柄谷行人 (1994; 2004)『探究Ⅱ』, 東京：講談社
カルナップ (1977;2003)『カルナップ哲学論集』, 内井惣七・内田種臣・竹尾治一郎・永井成男訳, 東京：紀伊國屋書店
カルナップ, ルドルフ (2007)『論理的構文論：哲学する方法』, 吉田兼二訳, 京都：晃洋書房
河上誓作編著 (1996)『認知言語学の基礎』, 東京：研究社出版
川村湊 (1994)『海を渡った日本語――植民地の「国語」の時間』, 東京：青土社
姜信沆 (1993)『ハングルの成立と歴史』, 日本語版協力 梅田博之, 東京：大修館書店
岸俊男編 (1988)『日本の古代 第 14 巻 ことばと文字』, 東京：中央公論社
金恩愛 (2003)「日本語の名詞志向構造 (nominal-oriented structure) と韓国語の動詞志向構造 (verbal-oriented structure)」,『朝鮮学報』第 188 輯, 天理：朝鮮学会
金珍娥 (2010)「〈非述語文〉の現れ方と discourse syntax――日本語と韓国語の談話から」,『朝鮮学報』, 第 217 輯, 天理：朝鮮学会
金珍娥 (2012)「談話論からの接近」, 野間秀樹編著 (2012) 所収
金珍娥 (2013)『談話論と文法論――日本語と韓国語を照らす』, 東京：くろしお出版
金珍娥 (2019a)「日本語と韓国語の談話における〈述語文〉の様相――〈話されたことば〉の文末を照らす」,『朝鮮学報』, 第 249・250 輯合併号, 天理：朝鮮学会
金珍娥 (2019b)「日本語と韓国語の談話に現れる〈対聞き手敬語表現〉を照らす」『朝鮮学報』, 第 251 輯, 天理：朝鮮学会
金周源 (2018)「絶滅危機に瀕するアルタイ言語の記録」, 髙木丈也訳, 野間秀樹編著 (2018) 所収
木村英一 (1959)『老子の新研究』, 東京：創文社
金水敏・今仁生美 (2000)『現代言語学入門 4 意味と文脈』, 東京：岩波書店
金文京 (2010)『漢文と東アジア』, 東京：岩波書店
クーン, トーマス (1971)『科学革命の構造』, 中山茂訳, 東京：みすず書房
権在一 (2018)「中央アジア高麗語の話しことばと書きことば」, 野間秀樹編著 (2018) 所収
串田秀也・定延利之・伝康晴編 (2005)『活動としての文と発話』, 東京：ひつじ書房
熊野純彦 (2006a)『西洋哲学史――古代から中世へ』, 東京：岩波書店
熊野純彦 (2006b)『西洋哲学史――近代から現代へ』, 東京：岩波書店
クリステヴァ, ジュリア (1983)『ことば, この未知なるもの――記号論への招待』, 谷口勇・枝川昌雄訳, 東京：国文社
クリプキ, A. ソール (1985)『名指しと必然性――様相の形而上学と心身問題』, 八木沢敬・野家啓一訳, 東京：産業図書
呉人惠 (2003)『危機言語を救え！―ツンドラで滅びゆく言語と向き合う』, 東京：大修館書店

呉人惠編（2011）『日本の危機言語——言語・方言の多様性と独自性』，札幌：北海道大学出版会
黒田亘編（1978）『世界の思想家 23 ウィトゲンシュタイン』，東京：平凡社
黒田亘編（2000）『ウィトゲンシュタインセレクション』，東京：平凡社
クワイン，W.V.O.(1984)『ことばと対象』，大出晃・宮館恵訳，東京：勁草書房
桑野隆（1979）『ソ連言語理論小史』，東京：三一書房
高津春繁（1950; 1992）『比較言語学入門』，東京:岩波書店（1950 年『比較言語学』を改題）
河野六郎（1977）「文字の本質」，『岩波講座 日本語 8 文字』，東京：岩波書店
河野六郎（1979ab, 1980）『河野六郎著作集 1, 2, 3 巻』，東京：平凡社
河野六郎（1994）『文字論』，東京：三省堂
河野六郎・千野栄一・西田龍雄編著（2001）『言語学大辞典 別巻 世界文字辞典』，東京：三省堂
國分功一郎（2017）『中動態の世界——意志と責任の考古学』，東京：医学書院
小坂井敏晶（2011）『増補 民族という虚構』，東京：筑摩書房
児玉徳美（2002）『意味論の対象と方法』，東京：くろしお出版
後藤斉（2015）『人物でたどるエスペラント文化史』，東京：日本エスペラント協会
小西友七・南出康世編（2007）『ジーニアス英和辞典 第 4 版 机上版』，東京：大修館書店
小林司（2005）『ザメンホフ 世界共通語（エスペラント）を創ったユダヤ人医師の物語』，東京：原書房
小林秀雄（1961）『モオツァルト・無常という事』，東京：新潮社
小林龍生（2011）『ユニコード戦記』，東京：東京電機大学出版局
小松英雄（2006）『日本書記史原論 補訂版』，東京：笠間書院
小森陽一（1988）『構造としての語り』，東京：新曜社
子安宣邦（2003）『漢字論』，東京：岩波書店
サール，ジョン・R.（2006）『表現と意味——言語行為論研究』，山田友幸監訳，東京：誠信書房
齋藤晃編（2009）『テクストと人文学——知の土台を解剖する』，京都：人文書院
齋藤希史（2007）『漢文脈と日本近代 ——もう一つのことばの世界』，東京：日本放送出版協会
酒井直樹（1993）「翻訳の問題」，『批評空間』，No.11，東京：福武書店
酒井直樹（1996）『死産される日本語・日本人：「日本」の歴史——地政的配置』，東京：岩波書店
酒井直樹・西谷修（2004）『増補「世界史」の解体——翻訳・主体・歴史』，東京：以文社
酒井直樹，ブレット・ド・バリー，伊豫谷登士翁編（1996）『ナショナリティの脱構築』，東京：柏書房
坂本百大編（1986）『現代哲学基本論文集Ⅰ』，土屋俊他訳，東京：勁草書房
坂本百大編（1987）『現代哲学基本論文集Ⅱ』，神野慧一郎他訳，東京：勁草書房
佐久間鼎（1946）『ゲシタルト心理学』，東京：弘文堂
佐々木敦（2009）『ニッポンの思想』，東京：講談社
佐藤卓己（2019）『流言のメディア史』，東京：岩波書店
佐藤通次（1961）『独和言林』，東京：白水社
真田信治・庄司博史編（2005）『事典 日本の多言語社会』，東京：岩波書店
サピア，エドワード（1998）『言語』，安藤貞雄訳，東京：岩波書店
サピーア，エドワード（1957）『言語——ことばの研究』，泉井久之助訳，東京：紀伊國屋書店

ザメンホフ，L. L.（1997）『国際共通語の思想 エスペラントの創始者ザメンホフ論説集』，水野義明編訳，東京：新泉社
塩川伸明（2004）『民族と言語――多民族国家ソ連の興亡Ⅰ』，東京：岩波書店
柴田巌・後藤斉編，峰芳隆監修（2013）『日本エスペラント運動人名事典』，東京：ひつじ書房
シャフ，アダム（1969）『意味論序説』，平林康之訳，東京：合同出版
シャルチエ，ロジェ（1992）『書物から読書へ』，水林章他訳，東京：みすず書房
シャルチエ，ロジェ（1996）『書物の秩序』，長谷川輝夫訳，東京：筑摩書房
シャルティエ，ロジェ＆グリエルモ・カヴァッツロ編（2000）『読むことの歴史――ヨーロッパ読書史』，田村毅他訳，東京：大修館書店
ジャン，ジョルジュ（1990）『文字の歴史』，矢島文夫監修，高橋啓訳，大阪：創元社
荀子（1961, 1962）『荀子』，金谷治訳注，東京：岩波書店
庄司博史編（2015）『世界の文字事典』，東京：丸善出版
白川静（1996）『字通』，東京：平凡社
ジルソン，エチエンヌ（1974）『言語学と哲学――言語の哲学定項についての試論』，河野六郎訳，東京：岩波書店
鈴木重幸（1972）『日本語文法・形態論』，東京：むぎ書房
ステーテン，ヘンリー（1977）『ウィトゲンシュタインとデリダ』，高橋哲哉訳，東京：産業図書
スミルノフ＝ソコリスキイ，ニコライ（1994）『書物の話』，源貴志訳，東京：図書出版社
徐京植（2005）『ディアスポラ紀行――追放された者のまなざし』，東京：岩波書店
ソシュール，フェルヂナン・ド（1940）『言語学原論』小林英夫訳，東京：岩波書店．ソシュール（1928）岡書院の改訳新版
ソシュール，フェルディナン・ド（1940; 1972）『一般言語学講義』小林英夫訳，東京：岩波書店．ソシュール（1940）の改版
ソシュール，フェルディナン・ド（2003）『フェルディナン・ド・ソシュール 一般言語学第三回講義 エミール・コンスタンタンによる講義記録』，相原奈津江・秋津伶訳，京都：エディット・パルク
ソシュール，フェルディナン・ド（2007）『ソシュール一般言語学――コンスタンタンのノート』，影浦峡・田中久美子訳，東京：東京大学出版会
互盛央（2009）『フェルディナン・ド・ソシュール：「言語学」の孤独，「一般言語学」の夢』，東京：作品社
互盛央（2010）『エスの系譜――沈黙の西洋思想史』，東京：講談社
互盛央（2014）『言語起源論の系譜』，東京：講談社
高田明典（2011）『現代思想のコミュニケーション的転回』，東京：筑摩書房
高橋哲哉（2003）『デリダ――脱構築』，東京：講談社
高橋英光（2010）『言葉のしくみ―認知言語学のはなし』，札幌：北海道大学出版会
高史明（2015）『レイシズムを解剖する――在日コリアンへの偏見とインターネット』，東京：勁草書房
滝浦真人（2015）『日本の敬語論――ポライトネス理論からの再検討』，東京：大修館書店
瀧田寧・西島佑編著（2019）『機械翻訳と未来社会――言語の壁はなくなるのか』，東京：社会評論社
竹市明弘編（1984; 2000）『哲学の変貌 現代ドイツ哲学 ガーダマー，アーベルほか』，東京：岩波書店

竹市明弘編訳（1985）『分析哲学の根本問題』，京都：晃洋書房
竹内整一（2012）『やまと言葉で哲学する――「おのずから」と「みずから」のあわいで』，東京：春秋社
武内義雄（1927）『老子の研究』，東京：改造社
田中克彦（1981）『ことばと国家』，東京：岩波書店
田中克彦（1989）『国家語をこえて――国際化のなかの日本語』，東京：筑摩書房
田中克彦（2007）『エスペラント――異端の言語』，東京：岩波書店
多和田葉子（2012）『エクソフォニー――母語の外へ出る旅』，東京：岩波書店
ダメット，マイケル（1998）『分析哲学の起源――言語への転回』，野本和幸他訳，東京：勁草書房
ダメット，マイケル（2010）『思想と実在』，金子洋之訳，東京：春秋社
丹治信春（1997; 2009）『クワイン――ホーリズムの哲学』，東京：平凡社
チェイフ，W.L.（1974）『意味と言語構造』，青木晴夫訳，東京：大修館書店
千野栄一（2002）『言語学フォーエヴァー』，東京：大修館書店
チポラ，カルロ・M.（1983）『読み書きの社会史――文盲から文明へ』，佐田玄治訳，東京：御茶の水書房
チャオ，ユアン・レン（1980）『言語学入門――言語と記号システム』，橋本萬太郎訳，東京：岩波書店
チャン・デュク・タオ（1979）『言語と意識の起源』，花崎皋平訳，東京：岩波書店
中国語学研究会編（1969; 1979）『中国語学新辞典』，東京：光生館
趙義成訳注（2010）『訓民正音』，東京：平凡社
チョムスキー，ノーム（1963; 1966）『文法の構造』，勇康雄訳，東京：研究社出版
チョムスキー，ノーアム（1976）『言語と精神』，川本茂雄訳，東京：河出書房新社
チョムスキー，ノーム（2004）『言語と認知――心的実在としての言語』，加藤泰彦・加藤ナツ子訳，東京：秀英書房
チョムスキー，ノーム・黒田成幸（1999）『言語と思考』，大石正幸訳，東京：松柏社
辻野裕紀（2016）「言語教育に伏流する原理論的問題――功利性を超えて――」，『言語文化論究』37，福岡：九州大学大学院言語文化研究院
辻幸夫編（2003）『認知言語学への招待』，東京：大修館書店
津田幸男（2006）『英語支配とことばの平等』，東京：慶應義塾大学出版会
津田幸男編著（2005）『言語・情報・文化の英語支配――地球市民社会のコミュニケーションのあり方を模索する』，東京：明石書店
角田太作（1991）『世界の言語と日本語』，東京：くろしお出版
ディピエトロ（1974）『言語の対照研究』，小池生夫訳，東京：大修館書店
デカルト（1963）『改訳 方法序説』，小場瀬卓三訳，東京：角川書店
デュフレンヌ，ミケル（1968）『言語と哲学』，長谷川宏訳，東京：せりか書房
寺村秀夫（1982）『日本語のシンタクスと意味 I』，東京：くろしお出版
デリダ，ジャック（1970）『声と現象』，高橋允昭訳，東京：理想社
デリダ，ジャック（1972）『根源の彼方に――グラマトロジーについて（上）（下）』，足立和浩訳，東京：現代思潮社
デリダ，ジャック（1977）『エクリチュールと差異（上）』，若桑毅・野村英夫・阪上脩・川久保輝興訳，東京：法政大学出版局

デリダ，ジャック(1983)『エクリチュールと差異（下）』，梶谷温子・野村英夫・三好郁朗・若桑毅・阪上脩訳，東京：法政大学出版局
デリダ，ジャック(1989)『他者の言語――デリダの日本講演』，高橋允昭編訳，東京：法政大学出版局
デリダ，ジャック(2001)『たった一つの，私のものではない言葉――他者の単一言語使用』，守中高明訳，東京：岩波書店
デリダ，ジャック(2013)『エクリチュールと差異〈新訳〉』，合田正人・谷口博史訳，東京：法政大学出版局
藤堂明保・相原茂(1985)『新訂 中国語概論』，東京：大修館書店
トゥルベツコイ(1980)『音韻論の原理』，長嶋善郎訳，東京：岩波書店
時枝誠記(1941; 1979)『国語学原論』，東京：岩波書店
戸田浩暁(1974; 1988, 1978; 1988)『新釈漢文大系 64, 65 文心雕龍 上下』，東京：明治書院
ドブレ，レジス(1999)『メディオロジー宣言』，西垣通監修，嶋崎正樹訳，東京：NTT 出版
トマス，ジェニー(1998)『語用論入門――話し手と聞き手の相互交渉が生み出す意味』，浅羽亮一監訳，田中典子・津留崎毅・鶴田庸子・成瀬真理訳，東京：研究社出版
冨田恭彦(2007)『アメリカ言語哲学入門』，東京：筑摩書房
トラバント，ユルゲン(2001)『フンボルトの言語思想』，村井則夫訳，東京：平凡社
永井均(1995)『ウィトゲンシュタイン入門』，東京：筑摩書房
中川裕(2019)『アイヌ文化で読み解く「ゴールデンカムイ」』，東京：集英社
中島隆博(2017)『思想としての言語』，東京：岩波書店
中西進校注(1978)『万葉集 全訳注原文付（一）』，東京：講談社
中村敬(1993)『外国語教育とイデオロギー――反英語教育論』，東京：近代文芸社
中村完(1995)『論文選集 訓民正音の世界』，仙台：創栄出版
中山京子・東優也・太田満・森茂岳雄編著(2020)『「人種」「民族」をどう教えるか――創られた概念の解体をめざして』，東京：明石書店
西田龍雄編(1981)『講座言語 5 世界の文字』，東京：大修館書店
西谷修(2002)『不死のワンダーランド』，東京：青土社
西成彦(2014)『バイリンガルな夢と憂鬱』，東京：人文書院
新田義弘・子安宣邦・丸山高司・村田純一・丸山圭三郎編(1993)『岩波講座 現代思想 4 言語論的転回』，東京：岩波書店
日本国語大辞典第二版編集委員会(1979)『日本国語大辞典 第二版』，東京：小学館
野家啓一(1985)「言語と実践」，大森荘蔵他編(1985a)所収
野家啓一(1993)『言語行為の現象学』，東京：勁草書房
野家啓一(2005)『物語の哲学』，東京：岩波書店
野家啓一(2014)「高校生のための「論考」出前講義」，ヴィトゲンシュタイン(2014)所収
野間秀樹(1990)「朝鮮語の名詞分類――語彙論・文法論のために」，『朝鮮学報』，第 135 輯，天理：朝鮮学会
野間秀樹(1997)「朝鮮語の文の構造について」，『日本語と外国語の対照研究 Ⅳ 日本語と朝鮮語（下巻）』，国立国語研究所著，東京：くろしお出版
野間秀樹(2001)「オノマトペと音象徴」，『月刊言語』，第 30 巻第 9 号，8 月号，東京：大修館書店
野間秀樹(2007a)「試論：ことばを学ぶことの根拠はどこに在るのか」，野間秀樹編著(2007)

所収
野間秀樹 (2007b)「音声学からの接近」，野間秀樹編著 (2007) 所収
野間秀樹 (2007c)「音韻論からの接近」，野間秀樹編著 (2007) 所収
野間秀樹 (2007d)「形態音韻論からの接近」，野間秀樹編著 (2007) 所収
野間秀樹 (2007e)「動詞をめぐって」，野間秀樹編著 (2007) 所収
野間秀樹 (2008a)「言語存在論試考序説 I 」，野間秀樹編著 (2008) 所収
野間秀樹 (2008b)「言語存在論試考序説 II 」，野間秀樹編著 (2008) 所収
野間秀樹 (2008c)「音と意味の間に」，『國文學』，10 月号，東京：學燈社
野間秀樹 (2008d)「朝鮮語の教科書が目指すもの」，『外国語教育研究』，第 11 号，東京：外国語教育学会
野間秀樹 (2009a)「ハングル——正音エクリチュール革命」，『國文學』，2009 年 2 月号，東京：學燈社
野間秀樹 (2009b)「現代朝鮮語研究の新たなる視座：〈言語はいかに在るか〉という問いから——言語研究と言語教育のために」，『朝鮮学報』，第 212 輯，天理：朝鮮学会
野間秀樹 (2009c)「引用論小考」，『朝鮮半島のことばと社会』，油谷幸利先生還暦記念論文集刊行委員会編，東京：明石書店
野間秀樹 (2010)『ハングルの誕生——音から文字を創る』，東京：平凡社
野間秀樹 (2012a)「文法の基礎概念」，野間秀樹編著 (2012) 所収
野間秀樹 (2012b)「文をめぐって」，野間秀樹編著 (2012) 所収
野間秀樹 (2012c)「文の階層構造」，野間秀樹編著 (2012) 所収
野間秀樹 (2012d)「待遇表現と待遇法を考えるために」，野間秀樹編著 (2012) 所収
野間秀樹 (2012e)「表現様相論からの接近」，野間秀樹編著 (2012) 所収
野間秀樹 (2014a)『日本語とハングル』，東京：文藝春秋
野間秀樹 (2014b)『韓国語をいかに学ぶか——日本語話者のために』，東京：平凡社
野間秀樹 (2014c)「知とハングルへの序章」，野間秀樹編 (2014) 所収
野間秀樹 (2014d)「対照言語学的視座と言語教育——今日の日韓対照言語学と日本における韓国語教育から」，『日本语言文化研究 第三辑』，李东哲・安勇花主编，延边：延边大学出版社
野間秀樹 (2018a)「〈対照する〉ということ—— 言語学の思考原理としての〈対照〉という方法」，野間秀樹編著 (2018) 所収
野間秀樹 (2018b)「ハングルという文字体系を見る——言語と文字の原理論から」，野間秀樹編著 (2018) 所収
野間秀樹 (2018c)「知のかたち，知の革命としてのハングル」，『対照言語学研究』，第 26 号，東京：海山文化研究所
野間秀樹 (2018d)「言語の対照研究，その原理論へ向けて——言語存在論を問う」，『社会言語科学』，21 巻 1 号，東京：社会言語科学会
野間秀樹 (2018e)『言語存在論』，東京：東京大学出版会
野間秀樹 (2021)『史上最強の韓国語練習帖 超入門編』，東京：ナツメ社
野間秀樹編 (2014)『韓国・朝鮮の知を読む』，東京：クオン
野間秀樹編著 (2007)『韓国語教育論講座 第 1 巻』，東京：くろしお出版
野間秀樹編著 (2008)『韓国語教育論講座 第 4 巻』，東京：くろしお出版
野間秀樹編著 (2012)『韓国語教育論講座 第 2 巻』，東京：くろしお出版

野間秀樹編著 (2018)『韓国語教育論講座 第 3 巻』, 東京：くろしお出版
野本和幸 (1986)『フレーゲの言語哲学』, 東京：勁草書房
野本和幸 (1997)『意味と世界——言語哲学論考』, 東京：法政大学出版局
野本和幸・山田友幸編 (2002)『言語哲学を学ぶ人のために』, 京都：世界思想社
野矢茂樹 (2005)『他者の声 実在の声』, 東京：産業図書
野矢茂樹 (2006)『ウィトゲンシュタイン『論理哲学論考』を読む』, 東京：筑摩書房
野矢茂樹 (2011)『語りえぬものを語る』, 東京：講談社
バーク, ピーター (2009)『近世ヨーロッパの言語と社会——印刷の発明からフランス革命まで 』, 原聖訳, 東京：岩波書店
バード, イザベラ (1998)『朝鮮紀行——英国婦人の見た李朝末期』, 時岡敬子訳, 東京：講談社
ハーバマス, ユルゲン (1990b)『意識論から言語論へ』, 森元孝・干川剛史訳, 東京：マルジュ社
バイイ, シャルル (1970)『一般言語学とフランス言語学』, 小林英夫訳, 東京：岩波書店
ハイデガー (1960, 1961, 1963)『存在と時間 (上) (中) (下)』, 桑木務訳, 東京：岩波書店
ハイデガー (1980)『ハイデガー』, 原佑編, 東京：中央公論社
ハイデガー (2013abcd)『存在と時間 (一) (二) (三) (四)』, 熊野純彦訳, 東京：岩波書店
ハイデッガー, マルティン (1994a)『形而上学入門』, 東京：平凡社
ハイデッガー, マルティン (1994bc)『存在と時間 上下』, 細谷貞雄訳, 東京：筑摩書房
ハイデッガー (1996)『言葉への途上 ハイデッガー全集 第 12 巻』, 亀山健吉, ヘルムート・グロス訳, 東京：創文社
ハイデッガー (1997)『有と時 ハイデッガー全集 第 2 巻』, 辻村公一訳, 東京：創文社
ハイデッガー (2000)『形而上学入門 ハイデッガー全集 第 40 巻』, 岩田靖夫, ハルトムート・ブッナー訳, 東京：創文社
ハインテル, E. 他 (1979)『言語哲学の根本問題』, 磯江影孜他訳, 京都：晃洋書房
朴泳濬・柴政坤・鄭珠里・崔炅鳳 (2007)『ハングルの歴史』中西恭子訳, 白水社
橋爪大三郎 (2009)『はじめての言語ゲーム』, 東京：講談社
橋本進吉 (1946)『國語學概論』, 東京：岩波書店
橋本萬太郎 (1981)『現代博言学』, 東京：大修館書店
ハッキング, I.(1989)『言語はなぜ哲学の問題になるのか』, 伊藤邦武訳, 東京：勁草書房
服部宇之吉校訂 (1913)『漢文大系 荀子集解』, 東京：冨山房
蜂屋邦夫訳注 (2012)『老子』, 東京：岩波書店
バフチン, ミハイル (1980)『ミハイル・バフチン著作集 4 言語と文化の記号論』, 北岡誠司訳, 東京：新時代社
バフチン, ミハイル (2002)『バフチン言語論入門』, 桑野隆・小林潔編訳, 東京：せりか書房
林香里 (2017)『メディア不信 何が問われているのか』, 東京：岩波書店
原宏之 (2007)『言語態分析 コミュニケーション的思考の転換』, 東京：慶應義塾大学出版会
ハリス, ロイ & タルボット・J・テイラー (1997)『言語論のランドマーク——ソクラテスからソシュールまで』, 斎藤伸治・滝沢直宏訳, 東京：大修館書店
バリバール, エティエンヌ & イマニュエル・ウォーラーステイン (1997)『人種・国民・階級』, 若森章孝・岡田光正・須田文明・奥西達也訳, 東京：大村書店
バルト, ロラン (1979)『物語の構造分析』, 花輪光訳, 東京：みすず書房
バルト, ロラン (1987)『言語のざわめき』, 花輪光訳, 東京：みすず書房

バルトリハリ (1998a)『古典インドの言語哲学 1 ブラフマンとことば』，赤松明彦訳注，東京：平凡社
バルトリハリ (1998b)『古典インドの言語哲学 2 文について』，赤松明彦訳注，東京：平凡社
ハン・ガン (2017)『ギリシャ語の時間』，斎藤真理子訳，東京：晶文社
バンヴェニスト，エミール (1983)『一般言語学の諸問題』，岸本通夫監訳，河村正夫・木下光一・高塚洋太郎・花輪光・矢島猷三共訳，東京：みすず書房
ピム，アンソニー (2010)『翻訳理論の探求』，武田珂代子訳，東京：みすず書房
廣松渉 (1979)『もの・こと・ことば』，東京：勁草書房
フィリプソン，ロバート (2013)『言語帝国主義 英語支配と英語教育』，平田雅博・信澤淳・原聖・浜井祐三子・細川道久・石部尚登訳，東京：三元社
フーコー，ミシェル (2006)『フーコー・コレクション 3 言説・表象』，小林康夫・石田英敬・松浦寿輝編，東京：筑摩書房
フェーブル，リュシアン・アンリ＝ジャン・マルタン (1985)『書物の出現 上下』，東京：筑摩書房
福永光司 (1971)『中国文明選 第十四巻 芸術論集』，東京：朝日新聞社
福本喜之助・寺川央編訳 (1975)『現代ドイツ意味理論の源流』，東京：大修館書店
藤井専英 (1966, 1969)『新釈漢文大系 5, 6 荀子』，東京：明治書院
藤本幸夫 (1988)「古代朝鮮の言語と文字文化」，岸俊男編 (1988) 所収
藤本幸夫 (2014)「朝鮮の出版文化」，野間秀樹編 (2014) 所収
藤本幸夫編 (2014)『日韓漢文訓読研究』，東京：勉誠出版
フック，シドニー編 (1974)『言語と思想』，三宅鴻・大江三郎・池上嘉彦訳，東京：研究社出版
フッサール，エトムント (2004)『ブリタニカ草稿』，谷徹訳，東京：筑摩書房
ブルームフィールド，L.(1962; 1982)『言語』，三宅鴻・日野資純訳，東京：大修館書店
フレーゲ，ゴットロープ (1986)「意義と意味について」，土屋俊訳，フレーゲ他 (1986) 所収
フレーゲ，G.(1988)『フレーゲ哲学論集』，藤村龍雄訳，東京：岩波書店
フレーゲ，G. (1999)『フレーゲ著作集 4 哲学論集』，黒田亘・野本和幸編，東京：勁草書房
フレーゲ，G. 他 (1986)『現代哲学基本論文集 I』，坂本百大編，土屋俊他訳，東京：勁草書房
フンボルト，ヴィルヘルム・V. (1948; 1998)『言語と人間』，岡田隆平訳，東京：ゆまに書房（東京：創元社 1948 を再版）
フンボルト，ヴィルヘルム・フォン (1984)『言語と精神――カヴィ語研究序説』，亀山健吉訳，東京：法政大学出版局
ヘーゲル，G.W.F. (1997ab)『精神現象学 上下』，樫山欽四郎訳，東京：平凡社
ヘーゲル，G.W.F. (2018ab)『精神現象学 上下』，熊野純彦訳，東京：筑摩書房
ベンヤミン，ヴァルター (1995)『ベンヤミン・コレクション 1 近代の意味』，浅井健二郎編訳，久保哲司訳，東京：筑摩書房
ベンヤミン，ヴァルター (1996)『ベンヤミン・コレクション 2 エッセイの思想』，浅井健二郎編訳，三宅晶子・久保哲司・内村博信・西村龍一訳，東京：筑摩書房
ベンヤミン，ヴァルター (2010)『ベンヤミン・コレクション 5 思考のスペクトル』，浅井健二郎編訳，土合文夫・久保哲司・岡本和子訳，東京：筑摩書房
ベンヤミン，ヴァルター (2011)『ベンヤミン・アンソロジー』，山口裕之編訳，東京：河出書房新社
ポイボー，ティエリー (2020)『機械翻訳 歴史・技術・産業』，高橋聡・中澤敏明訳，東京：

森北出版
ボウグランド，R. de・ドレスラー，W. U. (1984)『テクスト言語学入門』，池上嘉彦他訳，東京：紀伊國屋書店
ボエシ，エティエンヌ・ド・ラ (2013)『自発的隷従論』，西谷修監修，山上浩嗣訳，東京：筑摩書房
ボルツ，ノルベルト (1999)『グーテンベルク銀河系の終焉』，識名章喜・足立典子訳，東京：法政大学出版局
前田英樹編・訳・著 (2010)『沈黙するソシュール』，東京：講談社
マクリーニー，イアン・F. & ライザ・ウルヴァートン (2010)『知はいかにして「再発明」されたか——アレクサンドリア図書館からインターネットまで』，冨永星訳，東京：日経 BP 社
マクルーハン，M. (1986)『グーテンベルクの銀河系——活字人間の形成』，森常治訳，東京：みすず書房
町田和彦編 (2011)『世界の文字を楽しむ小事典』，東京：大修館書店
町田和彦編 (2021)『図説 世界の文字とことば』，東京：河出書房新社
町田健 (2008)『言語世界地図』，東京：新潮社
松阪陽一編 (2013)『現代哲学への招待 Anthology 言語哲学重要論文集』，G. フレーゲ他著，野本和幸他訳，東京：春秋社
マテジウス，ヴィレーム (1981)『機能言語学〈一般言語学に基づく現代英語の機能的分析〉』，ヨゼフ・ヴァヘク編，飯島周訳，東京：桐原書店
マテジウス，ビレーム (1986)『マテジウスの英語入門——対照言語学の方法』，千野栄一・山本富啓訳，東京：三省堂
マノヴィッチ，レフ (2013)『ニューメディアの言語——デジタル時代のアート，デザイン，映画』，堀潤之訳，東京：みすず書房
マルクス，カール (1963)『経済学・哲学手稿』，藤野渉訳，東京：大月書店
マルクス (1964)『経済学・哲学草稿』，城塚登・田中吉六訳，東京：岩波書店
マルクス (2010)『経済学・哲学草稿』，長谷川宏訳，東京：光文社
マルクス・エンゲルス (1956; 1978)『ドイツ・イデオロギー』，古在由重訳，東京：岩波書店
マルクス，K.・F. エンゲルス (1966)『新版ドイツ・イデオロギー』，花崎皋平訳，東京：合同出版
マルクス・エンゲルス (2002)『新編輯版ドイツ・イデオロギー』，廣松渉編訳，東京：岩波書店
マルティネ，アンドレ (1972)『一般言語学要理』，三宅徳嘉訳，東京：岩波書店
マルティネ，アンドレ (2003)『「印欧人」のことば誌——比較言語学概説』，神山孝夫訳，東京：ひつじ書房
丸山圭三郎編，富盛伸夫・前田英樹・丸山圭三郎他著 (1985)『ソシュール小事典』，東京：大修館書店
マングェル，アルベルト (1999; 2013)『読書の歴史——あるいは読者の歴史』，原田範行訳，東京：柏書房
マンディ，ジェレミー (2010)『翻訳学入門』，鳥飼玖美子監訳，東京：みすず書房
三尾砂 (2003)『三尾砂著作集 I』，東京：ひつじ書房
三上章 (1960)『象は鼻が長い』，東京：くろしお出版
三上章 (1960-1972)『三上章著作集』，1-8 巻，東京：くろしお出版
三ツ木道夫 (2008)『思想としての翻訳』，東京：白水社
南不二男 (1974; 1982)『現代日本語の構造』，東京：大修館書店

宮岡伯人編 (1996; 2001)『言語人類学を学ぶ人のために』，京都：世界思想社
ムーナン，G. (1975)『意味論とは何か』，福井芳男・伊藤晃・丸山圭三郎訳，東京：大修館書店
ムカジョフスキー，ヤン (1975)『チェコ構造美学論集 美的機能の芸術社会学』，平井正・千野栄一訳，東京：せりか書房
メイ，ヤコブ L. (1996)『ことばは世界とどうかかわるか ――語用論入門』，東京：ひつじ書房
メイエ，アントワヌ (1977)『史的言語学における比較の方法』，泉井久之助訳，東京：みすず書房
メイエ，アントワーヌ (2017)『ヨーロッパの言語』，西山教行訳，東京：岩波書店
目加田誠 (1975, 1976, 1978)『新釈漢文大系 76, 77, 78 世説新語 上中下』，東京：明治書院
メルロ＝ポンティ，M. (1993)『意識と言語の獲得』，木田元・鯨岡峻訳，東京：みすず書房
森田伸子 (2005)『文字の経験――読むことと書くことの思想史』，東京：勁草書房
森田伸子編著 (2013)『言語と教育をめぐる思想史』，東京：勁草書房
森本浩一 (2004)『デイビドソン：「言語」なんて存在するのだろうか』，東京：日本放送出版協会
ヤーコブソン，ローマン (1973)『一般言語学』，川本茂雄他訳，東京：みすず書房
ヤーコブソン，ローマン＆モーリス・ハレ (1973)『音韻論と音声学』，村崎恭子訳，ヤーコブソン (1973) 所収
ヤコブソン，R. (1984)『言語とメタ言語』，池上嘉彦・山中桂一訳，東京：勁草書房
安田敏朗 (1997)『帝国日本の言語編制』，横浜：世織書房
安田敏朗 (1998)『植民地のなかの「国語学」』，東京：三元社
柳父章・永野的・長沼美香子編 (2010)『日本の翻訳論 アンソロジーと解題』，東京：法政大学出版局
山口巌 (1995)『類型学序説――ロシア・ソヴエト言語研究の貢献』，京都：京都大学学術出版会
山口巌 (1999)『パロールの復権：ロシア・フォルマリズムからプラーグ学派へ』，東京：ゆまに書房
山田孝雄 (1936; 1951)『日本文法學概論』，東京：寶文館
山梨正明 (1995)『認知文法論』，東京：ひつじ書房
山梨正明 (2009)『認知構文論――文法のゲシュタルト性』，東京：大修館書店
山本真弓編著，臼井裕之・木村護郎クリストフ (2004)『言語的近代を超えて――〈多言語状況〉を生きるために』，東京：明石書店
斧谷彌守一 (2001)『言葉の二十世紀――ハイデガー言語論の視角から』，東京：筑摩書房
吉田和彦 (1996)『言葉を復元する』，東京：三省堂
ライオンズ，J. (1973; 1986)『理論言語学』國廣哲彌訳，東京：大修館書店
ライカン，W.G. (2005)『言語哲学 入門から中級まで』，荒磯敏文・川口由起子・鈴木生郎・峯島宏次訳，東京：勁草書房
ラカプラ，ドミニク (1993)『思想史再考――テクスト，コンテクスト，言語』，山本和平・内田正子・金井嘉彦訳，東京：平凡社
ラネカー，ロナルド・W. (2011)『認知文法論序説』，山梨正明監訳，碓井智子他訳，東京：研究社出版
リーチ，ジェフリー (1977)『現代意味論』，安藤貞雄監訳，澤田治美・田中実・樋口昌幸訳，東京：研究社出版
リーチ，N. ジェフリー (1986)『意味論と語用論の現在』，内田種臣・木下裕昭訳，東京：理想社
リーチ，N. ジェフリー (1987)『語用論』，池上嘉彦・河上誓作訳，東京：紀伊國屋書店
リービ英雄 (2010)『我的日本語』，東京：筑摩書房

リービ英雄 (2019)『バイリンガル・エキサイトメント』，東京：岩波書店
李基文 [Lee Ki-Moon](1975)『韓国語の歴史』村山七郎監修，藤本幸夫訳，東京：大修館書店
リャン，ソニア (2005)『コリアン・ディアスポラ——在日朝鮮人とアイデンティティ』，中西恭子訳，東京：明石書店
リンス，ウルリッヒ (1975)『危険な言語——迫害のなかのエスペラント』，栗栖継訳，東京：岩波書店
ルーシー，ライオネル (2005)『記号学を超えて——テクスト，文化，テクノロジー』，船倉正憲訳，東京：法政大学出版局
ルセルクル，ジャン＝ジャック (2008)『言葉の暴力——「よけいなもの」の言語学』，岸正樹訳，東京：法政大学出版局
ルリヤ，A. R. (2010)『偉大な記憶力の物語——ある記憶術者の精神生活』，天野清訳，東京：岩波書店
レイコフ，ジョージ (1993)『認知意味論：言語から見た人間の心』，池上嘉彦・河上誓作訳，東京：紀伊國屋書店
レカナティ，フランソワ (2006)『ことばの意味とは何か——字義主義からコンテクスト主義へ』，今井邦彦訳，東京：新曜社
レッシグ，ローレンス (2007)『CODE VERSION 2.0』，山形浩生訳，東京：翔泳社
ロックウッド，W.B. (1976)『比較言語学入門』，永野芳郎訳，東京：大修館書店
ロドリゲス (1993a)『日本語小文典（上）』，池上岑夫訳，東京：岩波書店
ロドリゲス (1993b)『日本語小文典（下）』，池上岑夫訳，東京：岩波書店
ロドリゲス，ジョアン (1993c)『日本小文典』，日埜博司編訳，東京：新人物往来社
ロビンソン，アンドルー (2006)『文字の起源と歴史——ヒエログリフ，アルファベット，漢字』，片山陽子訳，大阪：創元社
和久希 (2017)『六朝言語思想史研究』，東京：汲古書院
王力 (1984)《中國語言學史》，香港：中國圖書刊行社

Aristotle (1938; 1983) *Aristotle: Categories.* On Interpretation. Prior Analytics, translated by Harold P. Cooke, Hugh Tredennick, Cambridge, Massachusetts: Harvard University Press
Aristotle (1963; 2002) *Aristotle: Categories and De Interpretatione,* translated with notes by J. L. Ackrill, Oxford: Clarendon Press
Austin, J.L. (1962; 1975) *How to Do Things with Words,* 2nd ed. J.O.Urmson & Marina Sbisà (eds.), Cambridge, Mass.: Harvard University Press
Austin, Peter K. & Julia Sallabank (2011) *Cambridge Handbook of Endangered Languages,* Cambridge: Cambridge University Press
Baker, Mona (ed.)(1998) *Routledge Encyclopedia of Translation Studies,* London, New York: Routledge
Bally, Charles (1932; 1965) *Linguistique générale et linguistique française,* Berne: Francke
Barthes, Roland (1986) *The Rustle of Language,* translated by Richard Howard, Oxford: Basil Blackwell
Beaugrande, Robert-Alain de & Wolfgang Ulrich Dressler (1981) *Introduction to Text Linguistics,* Essex: Longman
Black, Max (ed.) (1964) *Philosophy in America,* London: George Allen & Unwin

Bloomfield, Leonard (1933; 1984) *Language,* Chicago & London: The University of Chicago Press. (1933) Holt, Rinehart and Winston, Inc.
Chao, Yuen Ren (1968) *Language and Symbolic Systems,* Cambridge: Cambridge University Press
Cho, Sungdai & John Whitman (2019) *Korean: A Linguistic Introduction,* Cambridge, New York: Cambridge University Press
Chomsky, Noam (1957; 1976) *Syntactic Structures,* The Hague, Paris: Mouton
Coulmas, Florian (1989) *The Writing Systems of the World,* Oxford: Basil Blackwell
Coulmas, Florian (2003) *Writing Systems: An Introduction to their Linguistic Analysis,* Cambridge: Cambridge University Press
Coward, Rosalind & John Ellis (1977) *Language and Materialism: Developments in Semiology and the Theory of the Subject,* London, Boston: Routledge and Paul
Daniels, Peter T. & William Bright (eds.) (1996) *The World's Writing Systems,* New York: Oxford University Press
DeFrancis John (1989) *Visible Speech: The Diverse Oneness of Writing Systems,* Honolulu: University of Hawaii Press
Derrida, Jacques (1967) *De la grammatologie,* Paris: Les Éditions de Minuit
Derrida, Jacques (1976) *Of Grammatology,* translated by Gayatri Chakravorty Spivak, Baltimore: Johns Hopkins University Press
Derrida, Jacques (1983) *Grammatologie,* übersetzt von Hans-Jörg Rheinberge und Hanns Zischler, Frankfurt am Main: Suhrkamp
Di Pietro, R.J. (1971) *Language Structures in Contrast,* Rowley, Massachusetts: Newbury House
Dufrenne, Mikel (1963) *Language & Philosophy,* translated by Henry B. Veatch with a foreword by Paul Henle, Bloomington: Indiana University Press
Dummett, Michael (1993; 2014) *Origins of Analytical Philosophy,* London; New York: Bloomsbury Academic
Fischer, C., S. Kishitani, B. Lewin (Hrsg.) (1974) *Japanische Sprachwissenschaft,* Tokyo: Sansyusya Verlag
Frege, Gottlob (1967) *Kleine Schriften,* (Herausgegeben von) Ignacio Angelelli, Hildesheim: Georg Olms Verlag
Frege, Gottlob (1997) *The Frege Reader,* (ed.) Michael Beaney, Oxford ; Cambridge, Mass.: Blackwell
Garfinkel, Harold (1967; 1984) *Studies in Ethnomethodology,* Cambridge, UK: Polity Press
Gelb, I. J. (1963) *A Study of Writing,* Chicago: University of Chicago Press
Harris, Roy (2002) *Rethinking Writing,* London: Continuum
Harris, Zellig (1951) *Structural Liguistics,* Chicago: Phoenix Books
Hegel, Georg Wilhelm Friedrich (1988; 2011) *Phänomenologie des Geistes,* Hamburg: Felix Meiner Verlag
Heidegger, Martin (1959) *Unterwegs zur Sprache,* Gesamtausgabe, Bd. 12, Frankfurt am Main: Vittorio Klostermann
Heidegger, Martin (1962) *Being and Time.* translated by John Macquarrie & Edward Robinson,

New York: HarperCollins
Heidegger, Martin (1971; 1982) *On the Way to Language,* translated by Peter D. Heartz, New York: HarperCollins
Heidegger, Martin (1976) *Acheminement vers la parole,* traduit par Jean Beaufret, W. Brokmeier et F. Fédier, Paris: Gallimard
Heidegger, Martin (1977) *Sein und Zeit.* Gesamtausgabe. Bd. 2. Frankfurt am Main: Vittorio Klostermann
Heidegger, Martin (1980) *Introduction à la métaphysique,* traduit par Gilbert Kahn, Paris: Gallimard
Heidegger, Martin (1983) *Einführung in die Metaphysik,* Gesamtausgabe, Bd. 40, Frankfurt am Main: Vittorio Klostermann
Humboldt, Wilhelm von (1960) *Über die Verschiedenheit des menschlichen Sprachbaues und ihren Einfluß auf die geistige Entwicklung des menschengeschlechts,* Mit Nachwort des Verlegers, Bonn: Dümmlers Verlag
Humboldt, Wilhelm von (1988a) *Wilhelm von Humboldt's gesammelte Werke,* Band 7, Berlin: W. de Gruyter
Humboldt, Wilhelm von (1988b) *On Language: The Diversity of Human Language-structure and its Influence on the Mental Development of Mankind,* translated by Peter Heath, with an Introduction by Hans Aarsleff, Cambridge, New York: Cambridge University Press
Humboldt, Wilhelm von (1999) *On Language: On the Diversity of Human Language Construction and its Influence on the Mental Development of the Human Species,* edited by Michael Losonsky, translated by Peter Heath, Cambridge, New York: Cambridge University Press
Humboldt, Wilhelm von (2003) *Über die Verschiedenheit des menschlichen Sprachbaues und ihren Einfluß auf die geistige Entwicklung des menschengeschlechts. Über die Sprache,* Wiesbaden: Fourier Verlag
Illich, Ivan & Barry Sanders (1988) *ABC: The Alphabetization of the Popular Mind,* San Francisco: North Point Press
Izutsu, Toshihiko (translated and annotated) (2001) *Lao-tzŭ: The Way and Its Virture,* Tokyo: Keio Univerisity Press
Jakobson, Roman (1990) *On Language,* Linda R. Waugh & Monique Monville-Burston (eds.), Cambridge: Harvard University Press
Jespersen, Otto (1924; 1968) *The Philosophy of Grammar,* London: George Allen & Uniwin Ltd
Jespersen, Otto (1961) *A Modern English Grammar on Historical Principles, Part II Syntax* (First Volume), London: George Allen & Uniwin Ltd
Jones, William (1786) The Third Anniversary Discourse, Delivered 2 February 1786 (On the Hindus), *Asiatick Researches* 1: 415-431. (1806).
https://archive.org/stream/asiaticresearche01asia#page/414/mode/2up
Kim-Renaud, Young-Key (ed.) (1997) *The Korean Alphabet: Its History and Structure,* Honolulu: University of Hawai'i Press
King, Ross (2021) Editor's Preface: Vernacular Reading in the Sinographic Cosmopolis and Beyond, *Literary Sinitic and East Asia: A Cultural Sphere of Vernacular Reading,* by Kin

Bunkyō, edited by Ross King, Leiden: Brill

Kripke, Saul A. (1972) *Naming and Necessity,* Cambridge, Massachusetts: Harvard University Press

Kristeva, Julia (1981) *Le langage, cet inconnu: Une initiation à la linguistique,* Paris: Éditions du Seuil

Lakoff, George (1987) *Women, Fire, and Dangerous Things: What Categories Reveal about the Mind,* Chicago & London: University of Chicago Press

Lee, Ki-Moon & S. Robert Ramsey (2011) *A History of the Korean Language,* Cambridge, New York: Cambridge University Press

Lewandowski, Theodor (1985) *Linguistisches Wörterbuch,* Wiesbaden: Quelle & Meyer Heidelberg

Lyons, John (1968) *An Introduction to Theoretical Linguistics,* London: Cambridge University Press

Martin, Samuel E. (1975) *A Reference Grammar of Japanese,* New Haven and London: Yale University Press

Martin, Samuel E. (1992) *A Reference Grammar of Korean,* Tokyo: Charles E. Tuttle

Marx, Karl (1932; 1982) *Kar Marx, Friedrich Engels Gesamtausgabe* (MEGA); 1. Abt., Bd. 2, Berlin: Dietz

Marx, Karl (1964) *Economic and Philosophic Manuscripts of 1844,* edited, with an Introduction by Dirk J. Struik, translated by Martin Milligan, New York: International Publishers

Marx, Karl (1988) *Economic and Philosophic Manuscripts of 1844,* translated by Martin Milligan, New York: Prometheus Book

Marx, Karl (1996) *Manuscrits de 1844,* Traduction inédite de Jacques-Pierre Gougeon, Indtroduction de Jean Salem, Paris: Flammarion

McLuhan, Marshall (1962; 1966; 2011) *The Gutenberg Galaxy: The Making of Gypographic Man,* Toronto: University of Toronto Press

Merleau-Ponty, Maurice (1973) *Consciousness and the Acquisition of Language,* translated by Hugh J. Silverman, Evanston: Northwestern University Press

Merleau-Ponty, Maurice (1990) La conscience et l'acquisition du langage, Maurice Merleau-Ponty à la Sorbonne, *Bulletin de psychologie,* 236 XVIII 3-6, novembre, 1964, Paris: Groupe d'Études de Psychologie

Mey, Jacob L. (1996) *Pragmatics: An Introduction,* Malden, Massachusetts: Blackwell

Moseley, Christopher (ed.) (2010) *Atlas of the World's Languages in Danger,* 3rd edition, Paris: UNESCO Publishing

Noma, Hideki (2005a) When Words Form Sentences; Linguistic Field Theory: From Morphology through Morpho-Syntax to Supra-Morpho-Syntax, *Corpus-Based Approaches to Sentence Structures,* Usage-Based Linguistic Informatics 2, Takagaki, et al. (eds.), Amsterdam & Philadelphia: John Benjamins

Noma, Hideki (2005b) Korean, *Encyclopedia of Linguistics,* Volume 1, (ed.) Philipp Strazny, New York: Fitzroy Dearborn; Routledge

Ong, Walter J. (1982; 2002; 2012) *Orality and Literacy: The Technologizing of the Word,* 30th Anniversary Edition, with additional chapters by John Hartley, London & New York:

Routledge
Parijs, Van Philippe (2011) *Linguistic Justice for Europe and for the World,* Oxford: Oxford University Press
Pocock, J. G. A. (1960;1989) *Politics, Language, and Time: Essays on Political Thought and History,* Chicago and London: The University of Chicago Press
Quine, Willard Van Orman (1960; 2013) *Word and Object,* Massachusetts: The MIT Press
Quine, Willard Van Orman (1977) *Le mot et la chose,* traduit par Joseph Dopp et Paul Gochet, Paris: Flammarion
Ramsey, S. Robert (1987; 1989) *The Languages of China,* Princeton: Princeton University Press
Ries, John (1931) *Was ist ein Satz? ——Beiträge zur Grundlegung der Syntax,* Heft III, Prag: Taussig & Taussig
Rogers, Henry (2005) *Writing Systems: A Linguistic Approach,* Oxford: Blackwell Publishing
Rorty, Richard (ed.) (1967; 1992) *The Linguistic Turn: Recent Essays in Philosophical Method,* Chicago, Illinois: University of Chicago Press
Sampson, Geoffrey(1985) *Writing Systems: A Linguistic Introduction,* Stanford: Stanford University Press
Sapir, Edward (1921; 1970) *Language: An Introduction to the Study of Speech,* London: Granada
Saussure, Ferdinand de (1916; 1972) *Cours de linguistique générale,* Paris: Payot
Saussure, Ferdinand de (1931; 1967; 2001) *Grundfragen der allgemeinen Sprachwissenschaft,* 3. Auflage, übersetzt von Herman Lommel, Berlin: Walter de Gruyter
Saussure, Ferdinand de (1959; 1966) *Course in General Linguistics,* translated by Wade Baskin, New York: McGraw-Hill
Searle, John (1964) What is a Speech Act?, in: Max Black(ed.)(1964)
Searle, John R. (1969) *Speech Acts: An Essay in the Philosophy of Language,* London; New York: Cambridge University Press
Trubetzkoy, Nikolaus S.(1939; 1958; 1989) *Grundzüge der Phonologie,* Prague (1st ed.), Göttingen: Vandenhoeck & Ruprecht (2nd ed.)
Trubetzkoy, N. S. (1971) *Principles of Phonology,* translated by Christiane A. M. Baltaxe, Berkeley & Los Angeles: University of California Press
Vachek, Josef (1973) *Written Language: General Problems and Problems of English,* The Hague & Paris: Mouton
Vachek, Josef (1989) *Written Language Revisited,* Philip A. Luelsdorff (ed.), Amsterdam & Philadelphia: John Benjamins
van Dijk & A. Teun (1977) *Text and Context. Explorations in the Semantics and Pragmatics of Discourse,* London: Longman
Vygotsky, Lev S. (1934) *Thinking and Speaking,* Edited and translated in part by Eugenia Hanfmann and Gertrude Vakar, and in part by Norris Minnick, Massachusetts: The M.I.T. Press
https://www.marxists.org/archive/vygotsky/works/words/index.htm
Vygotsky, Lev S. (1962) *Thought and Language,* Edited and translated in part by Eugenia Hanfmann and Gertrude Vakar, Massachusetts: The MIT Press
Vygotsky, Lev S. (2012) *Thought and Language,* Massachusetts: The MIT Press

Waley, Arthur(1934; 2016) *The Way and Its Power: Lao Tzu's Tao Te Ching and Its Place in Chinese Thought,* Connecticut: Martino Fine Books

Wittgenstein, Ludwig (1922; 1981) *Tractatus Logico-Philosophicus,* translated from the German by C.K.Ogden, with an Introduction by Bertrand Russell, London: Routledge & Kegan Paul

Wittgenstein, Ludwig (2001) *Tractatus logico-philosophicus,* traduit par Gilles-Gaston Granger, Paris: Gallimard

Zuboff, Shoshana (2019) *The Age of Surveillance Capitalism: The Fight for a Human Future at the New Frontier of Power,* London: Profile Books

Академия наук СССР (1954) *Грамматика русского языка,* Том II, Синтаксис, Москва: Издательство академия наук СССР

Дзидзигури, Ш. В. (1968) *Грузинский язык: краткий обзор,* Тбилиси: Издательство Тбилисского Университета

Карцевский, Сергей И.(1925) *Русский язык : Грамматика,* Прага: Издательство Пламя

Климов, Г. А. (1965) *Кавказские языки,* Москва: Издательство «наука»

Филин, Ф. (ред.) (1979) *Русский язык —— энциклопедия,* Москва: Издательство «Советская энциклопедия»

Холодович, А. А. (1954) *Очерк грамматики корейского языка,* Москва: Издательство литературы на иностранных языках

野間 秀樹 のまひでき

●言語学者．美術家

●著書に『言語存在論』（東京大学出版会），『ハングルの誕生』（平凡社．アジア・太平洋賞大賞）＝『한글의《ハングレ》 탄생《タンセン》』（金珍娥《キム・ジナ》・金奇延《キム・ギヨン》・朴守珍《パク・スジン》共訳．돌베개《トルベゲ》），『韓国語をいかに学ぶか』（平凡社），『日本語とハングル』（文藝春秋），『한국어《ハングゴ》 어휘와《オフィワ》 문법의《ムンポベ》 상관구조《サングァングジョ》』（韓国語 語彙と文法の相関構造．太学社《テハクサ》．大韓民国学術院優秀学術図書），『新・至福の朝鮮語』（朝日出版社），『絶妙のハングル』（日本放送出版協会），『史上最強の韓国語練習帖 超入門編』（ナツメ社），『韓国語学習講座 凜１入門』（共著．大修館書店），『ニューエクスプレス韓国語』（共著．白水社）など．

●編著書に『韓国・朝鮮の知を読む』（クオン．パピルス賞）＝『한국의《ハングゲ》 지《チ》 (知)를《ルル》 읽다《イクタ》』（김경원《キム・ギョンウォン》訳．위즈덤하우스《ウィジュドムハウス》），『韓国語教育論講座 1-4 巻』（くろしお出版），『韓国・朝鮮の美を読む』（共編．クオン）など．

●大韓民国文化褒章．ハングル学会周時経《チュ・シギョン》学術賞．

●東京外国語大学大学院教授，ソウル大学校韓国文化研究所特別研究員，国際教養大学客員教授，明治学院大学客員教授・特命教授などを歴任．

●韓国・朝鮮と日本，双方の血を嗣ぐ．

●リュブリアナ国際版画ビエンナーレ，ブラッドフォード国際版画ビエンナーレ，ワルシャワ，プラハ，ソウル，大邱などでの美術展に出品，現代日本美術展佳作賞，東京や札幌で個展．

●本書のジャケットに使用した写真は，個展におけるインスタレーションから．石で割ったガラスの割れ目に，オイルを混ぜた黒土を，手で擦りつけている．　www.aurora.dti.ne.jp/~noma/

言語《げんご》 この希望《きぼう》に満《み》ちたもの
TAVnet《タブネット》時代《じだい》を生《い》きる

2021年7月1日 初版第1刷発行

著　者 野間 秀樹
発行者 櫻井 義秀

発行所 北海道大学出版会

〒060-0809　北海道札幌市北区北9条西8丁目 北海道大学構内
tel. 011-747-2308　fax. 011-736-8605　http://www.hup.gr.jp/

（株）アイワード

ISBN978-4-8329-3413-9

問いが全てを変える　言語この希望に満ちたもの

母語でない言語とは，もしかしたら母語となっていたかもしれない言語だ

ことばによって死んではいけない

言語未生以前論

言語場の人類史的な変容を見据える

言語こそは私たちが共にあることの砦

回路を走るのは，意味でも思いでもない

ことばというかたちである

与えられたことばを撃ち，私たちのことばを

言語疎外論

言語は本質的に教え＝学ぶものだ

類としての学びの記憶　個としての学びの記憶　これが全ての始まりである

他者が私のために存在していた

ことばのパンデミックを

生きるための言語

言語を生きる構えを

差別のことば 抑圧のことばとすれ違うとき

私たちの思想や感性は必ず擦過傷を負う

自らのことばを造る

ことばは単なる情報などではない

速度や質量や

質感をもってやって来る

ことばが私たちを繋ぐのではない

私たちがことばを繋ぐのだ

環境パンデミックから身体パンデミックへ

言語は単なる道具などではない

ことばは意味を持たない それは意味となるのだ

そして意味とならないこともある 意味とならない哀しみ

言語こそ希望に満ち溢れている

言語間を逍遥する

心の武装　知の武装

ことばが存在をアクティヴェイトする

言語はいかに在るのか　言語の原理論を

人の世に言語が生まれると　文字が生まれると

言語のメルトダウン

言語間言語

言語≠民族≠国家

言語存在論

TAVnet時代を生きる

他者の言語に照らす

──そして　花　が　美　し　い